中国机械工业教育协会"十四五"普通高等教育规划教材
新文科：数智创新系列

智慧营销学

赵占波　张语涵　姚　凯　著

《智慧营销学》
课程总入口

本书分析了互联网时代新技术给营销带来的挑战和机遇，提出了智慧营销的概念及其核心理论——4D 营销理论。

全书围绕 4D 营销理论，详细阐述了与智慧营销有关的理论、策略和方法；解释了新时代背景下，如何利用新技术、新工具进行营销创新和更加"智慧"的营销，并对此进行了趋势分析和展望。另外，本书还结合了最新的技术趋势与案例研究，如大数据、人工智能在营销中的应用，以及如何在不断演变的市场环境中预测和引导消费者需求。

本书不仅是一本可供广大营销人员阅读、参考的通俗读物，还可作为市场营销专业学生的参考用书。

图书在版编目（CIP）数据

智慧营销学 / 赵占波，张语涵，姚凯著. -- 北京：机械工业出版社，2024. 11. --（新文科：数智创新系列）（中国机械工业教育协会"十四五"普通高等教育规划教材）. -- ISBN 978-7-111-77142-5

Ⅰ. F713.365.2

中国国家版本馆 CIP 数据核字第 2024LF6471 号

机械工业出版社（北京市百万庄大街 22 号　邮政编码 100037）
策划编辑：刘　畅　　　　　责任编辑：刘　畅　单元花
责任校对：李　婷　张　征　封面设计：王　旭
责任印制：常天培
北京机工印刷厂有限公司印刷
2025 年 1 月第 1 版第 1 次印刷
184mm×260mm・15.25 印张・307 千字
标准书号：ISBN 978-7-111-77142-5
定价：53.80 元

电话服务　　　　　　　　网络服务
客服电话：010-88361066　机　工　官　网：www.cmpbook.com
　　　　　010-88379833　机　工　官　博：weibo.com/cmp1952
　　　　　010-68326294　金　书　网：www.golden-book.com
封底无防伪标均为盗版　机工教育服务网：www.cmpedu.com

推荐序一

中国互联网络信息中心（CNNIC）发布的第53次《中国互联网络发展状况统计报告》显示，截至2023年12月，中国手机网民规模达10.92亿人，网民使用手机上网的比例达99.9%。移动上网时间占比亦不断攀升，移动互联网络日益成为人们首选的信息交流与消费平台。

随着移动互联网时代的到来，企业所处的营销环境正在发生前所未有的深刻变化。移动互联技术的发展及其应用，改变了消费者信息获取、评估、选择、分享与购买的行为，催生了一大批以全天候、多渠道和个性化为特征的新型消费者。面对这样一个全新环境，如何应对移动互联网络时代的机遇与挑战，成为许多企业共同面临的问题。为此，北京大学赵占波教授团队对新互联经济时代企业营销模式变革进行了深入的分析和研究，从理念和工具两个方面帮助企业把握营销模式变革的方向和切入点。

本书对传统企业互联网转型的成功经验进行了广泛深入的调研，系统归纳、总结和概括了移动互联网时代的特征及新型消费者群体的特点，详细描述了传统企业在移动互联网时代面临的困惑。结合一些企业营销变革的实践，为企业提出了一套以消费者需求（Demand）为核心，以数据（Data）决策为基础，以价值传递（Deliver）为手段，以动态（Dynamic）沟通为保障的4D营销理论。书中列举了大量的营销创新实践案例，为企业的转型提供了鲜活的例子和学习的榜样。

我相信，本书的出版将为传统企业的营销创新与变革提供一个洞察的视角和一套极具价值的实操工具，对移动互联网时代的营销变革与发展同样起到促进作用。

徐飞

上海财经大学常务副校长

推荐序二

智慧营销是在传统营销模式面临多重挑战的大背景下提出来的，是通过人的创造性、创新力及创意智慧，将大数据、物联网、区块链、虚拟现实等新技术融合应用于营销领域的新思维、新理念、新方法和新工具，其本质是用新兴科技手段提升营销的精准度和转化效率。

智慧营销包括两个方面的内容：一是讲究人脑与计算机、创意与技术、感性与理性的结合；二是创造以人为中心、以信息技术为基础、以营销为目的、以创意创新为核心、以内容为依托的消费者个性化营销，实现品牌与实效的完美结合，实现虚拟与现实的数字化商业创新、精准化营销传播的全新营销理念与技术。

智慧营销有两个特征：一是平台间、场景间、虚拟与现实的边界正在被打破，甚至消失；二是智能融合成为主流，新技术、新形式带来新体验、新场景。形式上，营销样式逐渐丰富，图文、视频及互动广告等多种形式正在走向智能融合；技术上，数据和算法应用更为成熟，广告投放更为智能化；体验上，新颖有趣的广告带给消费者更有价值的体验；场景上，以VR、AR、OTT及智能音箱为代表的新兴广告更加深度地融入消费者的多元生活场景中。

本书紧跟时代的步伐，针对传统企业在移动互联网时代普遍面临的营销成本高、行业边界不清晰和渠道体系混乱的三大挑战，提出了4D营销理论，为企业实现移动互联时代的转型提供了清晰的视野和缜密的逻辑。移动时代的发展、产业的转型升级、消费特点的改变，要求管理人员从新的视角来审视和思考品牌与用户的关系，策划和开展更为有效的移动互联营销，本书的4D营销理论提供了这种新视角。4D营销理论的构成要素——消费者需求、数据决策、价值传递、动态沟通——可谓智慧营销过程中最重要的四个节点，也是营销策划与执行必须考虑的核心问题。本书在大量调研的基础上，以多个行业的生动案例透彻地解析了4D营销理论的理论基础和实际应用，是对当代营销学的重要贡献，对在校学生和从业人员都很有价值，非常值得一读。

汪涛

武汉大学经济与管理学院教授

教育部青年长江学者

中国高等院校市场学研究会常务副会长兼学术委员会主任

前　言

我们生活在一个信息爆炸、技术迭代的时代，市场营销领域也正在经历一场前所未有的变革。传统的营销理念和方法在数字化浪潮的冲击下显得力所不及，而新兴的技术和工具则为企业开辟了全新的市场空间。在这个背景下，如何结合前沿技术进行有效的营销，成为当今企业必须面对的重要课题。

本书以"智慧营销"为核心主题，全面深入地探讨了在信息时代运用大数据、人工智能等前沿技术进行精准的消费者需求预测、引导和管理，以及如何通过动态沟通策略和渠道实现顾客价值的最大化传递。同时，本书还结合了丰富的案例分析和最新的技术应用展望，为企业提供了一套完整的智慧营销解决方案。

第1章概述了营销环境的巨大变化，包括消费者行为的演变、市场竞争的加剧，以及技术革新的推动，并强调了这些变化给营销创新带来的必要性与迫切性。第2章探讨了智慧营销的内涵、价值和模式，包括传统营销与智慧营销的差异，以及4D营销理论的核心要素。第3~5章讨论了4D营销理论中的消费者需求，其中，第3章从内涵、理解方法、寻找途径出发，聚焦消费者需求；第4章、第5章介绍预测、创造、引导消费者需求，以及管理消费者需求。这部分内容介绍前沿的预测方法和技术，并结合实例帮助读者更深入地把握消费者心理。第6章、第7章概述了大数据的特点、采集和处理方法，如何利用大数据进行精准营销，以及大数据智慧营销新思路和新场景，为基于数据的决策提供支持。第8章、第9章讨论了顾客价值传递的理念和方法，介绍了顾客价值传递的内涵、方式，获取顾客终生价值的途径，以及顾客价值传递的策略，强调了价值传递在建立长期客户关系中的重要性。第10~12章围绕动态沟通的不同方面展开。从动态沟通的内涵、媒介和策略，到具体的智慧广告沟通、智慧公共关系等场景，再到信息流、社会化媒体、移动互联等动态沟通渠道，这部分内容为读者提供了一系列的策略和实践指导。第13章探讨了智慧营销的前沿技术应用和未来发展趋势，如元宇宙、ChatGPT的应用，以及在ESG（Environmental, Social, Governance，环境、社会和治理）背景下的智慧营销等。这些内容将帮助读者把握未来智慧营销的发展方向和趋势。

《智慧营销学》作为一本教材，旨在为学生、营销专业人士及商业实践者提供一本全面系统的智慧营销知识宝典。它不仅阐释了智慧营销的理论基础和实践方法，还结合了最新的技术趋势与案例研究，如大数据、人工智能在营销中的应用，以及如何在不断演变的市场环境中预测和引导消费者需求。本书通过细致的分析和操作性的建议，帮助读者掌握现代科技优化营销策略，提高决策效率，从而在激烈的市场竞争中获得优势，是培养未来营销人才不可或缺的教学资源。

编　者

二维码清单

名称	二维码	页码	名称	二维码	页码
1. 营销创新的必要性和迫切性		024	7.1 大数据营销场景创新		127
教学实训平台（第2章）		043	7.2 基于大数据创新——数字化转型		127
2. 4D营销模型		043	教学实训平台（第8章）		143
3.1 聚焦需求——获取消费者需求		057	8. 顾客价值传递概述		143
3.2 聚焦需求——预测和创造消费者需求		057	教学实训平台（第9章）		159
3.3 聚焦需求——案例导入		057	9. 顾客价值传递策略		159
教学实训平台（第4章）		072	教学实训平台（第10章）		176
教学实训平台（第5章）		091	10. 动态沟通概述		176
教学实训平台（第6章）		108	教学实训平台（第11章）		193
6. 大数据概述		108	11. 动态沟通场景		193
教学实训平台（第7章）		127	12. 动态沟通渠道		210

目 录

推荐序一
推荐序二
前　言
二维码清单

第1章　营销环境发生巨变：营销创新的必要性和迫切性

1.1　营销环境今非昔比　/ 003
　1.1.1　营销新概念　/ 003
　1.1.2　营销新特点　/ 005
1.2　营销技术日新月异　/ 008
　1.2.1　移动通信技术6G　/ 008
　1.2.2　人工智能　/ 010
　1.2.3　沉浸式技术　/ 011
　1.2.4　机器人　/ 012
　1.2.5　数字媒体与数字媒体技术　/ 014
　1.2.6　物联网　/ 015
1.3　营销创新遇到的挑战和面临的机遇　/ 015
　1.3.1　营销创新挑战　/ 015
　1.3.2　营销创新机遇　/ 020
课后思考题　/ 024

第2章　智慧营销概述

2.1　传统营销与智慧营销　/ 027
　2.1.1　传统营销的转向　/ 027
　2.1.2　智慧营销的内涵和特征　/ 028
　2.1.3　传统营销与智慧营销的关系　/ 029
2.2　智慧营销的价值　/ 030
　2.2.1　理论创新　/ 030
　2.2.2　对企业实践的意义　/ 031
2.3　智慧营销模式：4D营销理论　/ 033
　2.3.1　聚焦需求　/ 034
　2.3.2　数据决策　/ 035
　2.3.3　传递价值　/ 036
　2.3.4　动态沟通　/ 036
2.4　智慧营销典型案例：宜家家居　/ 038
　2.4.1　关注消费者的真正需求　/ 038
　2.4.2　基于大数据的决策　/ 039
　2.4.3　向顾客快速传递价值　/ 040
　2.4.4　与顾客保持动态沟通　/ 041
课后思考题　/ 042
实训案例　/ 042

第3章　智慧营销：聚焦消费者需求

3.1　消费者需求的内涵　/ 047
　3.1.1　消费者需求的定义　/ 047
　3.1.2　消费者需求的特征　/ 047
3.2　理解消费者需求　/ 048
　3.2.1　换位思考　/ 050
　3.2.2　消费者需求分析　/ 051
3.3　寻找消费者需求　/ 053
　3.3.1　市场细分　/ 053
　3.3.2　客户培育　/ 054
　3.3.3　寻找潜在需求　/ 055
课后思考题　/ 056
实训案例　/ 056

第4章　智慧营销：预测消费者需求

4.1　预测消费者需求的意义　/ 061
4.1.1　预测消费行为　/ 061
4.1.2　创新商业模式　/ 061

4.2　预测消费者需求的思维　/ 062
4.2.1　从因果到相关　/ 062
4.2.2　量化一切　/ 063

4.3　预测消费者需求的方法　/ 064
4.3.1　深入洞察　/ 064
4.3.2　数据赋能　/ 066

课后思考题　/ 071
实训案例　/ 072

第5章　智慧营销：引导消费者需求

5.1　创造消费者需求　/ 075
5.1.1　需求创造的概念　/ 075
5.1.2　需求创造的源泉　/ 076
5.1.3　需求创造的过程　/ 076
5.1.4　需求创造的关键　/ 078
5.1.5　需求创造的意义　/ 079

5.2　引导消费者需求　/ 080
5.2.1　需求引导概述　/ 080
5.2.2　需求引导的原因　/ 080
5.2.3　需求引导的步骤和关键　/ 082

5.3　消费者需求管理　/ 086
5.3.1　需求类型管理　/ 086
5.3.2　需求管理求异　/ 087
5.3.3　创新消费者需求　/ 088

课后思考题　/ 090
实训案例　/ 090

第6章　智慧营销：大数据概述

6.1　智能互联时代的大数据　/ 095
6.1.1　大数据的定义　/ 095
6.1.2　大数据的特征　/ 095
6.1.3　大数据的价值　/ 097
6.1.4　互联网时代的大数据　/ 098

6.2　智能大数据采集　/ 099
6.2.1　传感器采集　/ 100
6.2.2　系统日志采集　/ 100
6.2.3　网络爬虫采集　/ 100
6.2.4　网络调研采集　/ 101

6.3　智能大数据处理　/ 102
6.3.1　大数据处理框架　/ 102
6.3.2　大数据处理技术　/ 103

课后思考题　/ 108
实训案例　/ 108

第7章　大数据智慧营销

7.1　大数据智慧营销的内涵　/ 111
7.1.1　大数据营销的定义　/ 111
7.1.2　大数据营销的优点　/ 111
7.1.3　大数据营销的现状　/ 113

7.2　大数据智慧营销的新思路　/ 114
7.2.1　大数据智慧营销的意义　/ 114
7.2.2　大数据智慧营销的探索　/ 115
7.2.3　大数据智慧营销的趋势　/ 118

7.3　大数据智慧营销的新场景　/ 119
7.3.1　零售大数据营销　/ 119
7.3.2　移动大数据营销　/ 122
7.3.3　社交媒体大数据营销　/ 123

课后思考题　/ 126
实训案例　/ 126

Contents

第 8 章　智慧营销：顾客价值传递概述

8.1　顾客价值传递的内涵　/ 131
　　8.1.1　顾客感知价值的概念　/ 131
　　8.1.2　顾客感知价值的特征　/ 131
　　8.1.3　顾客价值传递的意义　/ 133
　　8.1.4　顾客价值传递的目的　/ 134
　　8.1.5　顾客价值传递的关键　/ 135

8.2　顾客价值的传递方式　/ 137
　　8.2.1　降低顾客感知成本　/ 137
　　8.2.2　优化顾客感知价值　/ 137

8.3　获取顾客终生价值　/ 138
　　8.3.1　维护客户关系　/ 140
　　8.3.2　开展精准营销　/ 140

　课后思考题　/ 142
　实训案例　/ 142

第 9 章　智慧营销：顾客价值传递策略

9.1　顾客价值传递的过程　/ 147
　　9.1.1　顾客价值传递的步骤　/ 147
　　9.1.2　顾客服务价值链　/ 149

9.2　顾客价值传递策略　/ 149
　　9.2.1　品牌传递价值　/ 150
　　9.2.2　企业文化价值传递　/ 150
　　9.2.3　营销要素价值传递　/ 153

9.3　顾客价值传递的困难　/ 157
　　9.3.1　企业观念　/ 157
　　9.3.2　组织程序　/ 158
　　9.3.3　管理学习　/ 158

　课后思考题　/ 159
　实训案例　/ 159

第 10 章　智慧营销：动态沟通概述

10.1　动态沟通的内涵　/ 163
　　10.1.1　动态沟通的概念　/ 163
　　10.1.2　动态沟通的特点　/ 163

10.2　动态沟通的媒介　/ 164
　　10.2.1　动态沟通媒介的特点　/ 165
　　10.2.2　动态沟通媒介的类型　/ 165
　　10.2.3　动态沟通媒介的标准　/ 166

10.3　动态沟通策略　/ 167
　　10.3.1　体验式营销　/ 167
　　10.3.2　情感营销　/ 169
　　10.3.3　病毒式营销　/ 170
　　10.3.4　线上与线下闭环　/ 170
　　10.3.5　多渠道整合　/ 172

　课后思考题　/ 175
　实训案例　/ 175

第 11 章　智慧营销：动态沟通场景

11.1　智慧广告沟通　/ 179
　　11.1.1　互联网广告的概念与特点　/ 179
　　11.1.2　互联网广告的设置　/ 180
　　11.1.3　互联网广告的发展趋势　/ 182
　　11.1.4　大数据广告推广　/ 184

11.2　智慧公共关系　/ 189
　　11.2.1　互联网公共关系　/ 189
　　11.2.2　互联网公关人才的挑战　/ 190
　　11.2.3　互联网公共关系的管理　/ 190

　课后思考题　/ 192
　实训案例　/ 192

第 12 章　智慧营销：动态沟通渠道

12.1　信息流动态沟通　/ 197
　　12.1.1　信息流沟通的概念　/ 197

12.1.2 信息流的渠道分类 / 197
12.1.3 信息流的沟通分步策略 / 197
12.2 社会化媒体动态沟通 / 201
　　12.2.1 社会化媒体动态沟通的概念 / 201
　　12.2.2 新浪微博 / 201
　　12.2.3 微信 / 203
12.3 移动互联动态沟通 / 205
　　12.3.1 移动互联动态沟通的概念 / 205
　　12.3.2 如何推广移动互联App / 206
课后思考题 / 209
实训案例 / 209

第13章 智慧营销前沿技术应用与展望
13.1 元宇宙与智慧营销 / 213
　　13.1.1 元宇宙概述 / 213
　　13.1.2 元宇宙与智慧营销实践 / 215
13.2 ChatGPT与智慧营销 / 216
　　13.2.1 ChatGPT概述 / 216
　　13.2.2 ChatGPT与智慧营销实践 / 218
13.3 ESG背景下的智慧营销 / 219
　　13.3.1 ESG概述 / 219
　　13.3.2 ESG与智慧营销实践 / 220
13.4 智慧营销趋势展望 / 222
　　13.4.1 技术催生营销新时代——以人工智能（AI）为例 / 222
　　13.4.2 以人为本，注重深度体验——以VR/AR技术为例 / 226
课后思考题 / 228

参考文献 / 229

第1章 营销环境发生巨变：营销创新的必要性和迫切性

案例引入

SHEIN 成功的关键要素

SHEIN 是一家营收增长迅速的电商企业，过去九年每一年营收增长都超过100%。其总部设在中国，但它绕开国内市场，主要面向国外销售，踏足了几乎中国以外所有的主要市场。人们常把 SHEIN 与 Zara、H&M、Fashion Nova 或 ASOS 这样的快时尚、超快时尚品牌相提并论。但事实是，SHEIN 的销售比这些公司更快捷，可以称为"实时零售"（Real-Time Retail）。

快时尚行业一直存在着"不可能三角"，即上新速度、性价比、库存三者间的冲突。"不可能三角"的主要限制因素为库存周转。具体而言，满足极快的新品上新速度需要较多的成本投入生产环节，进行多批次生产；满足高性价比意味着低毛利（让利于消费者）；较高成本且毛利低的情况下，服装企业可能面临产品短缺或是库存过剩带来的降价和利润下降。因此，企业想要盈利，必须拥有灵活的库存，在供不应求和降价之间保持平衡。

在上新速度方面，SHEIN 通过大数据分析用户的购买习惯和购买偏好，发现年轻人更喜欢多元风格的服装，希望有更多潮流样式可选择。因此，SHEIN 决定采取每日上新的模式，每周4万～5万件的上新速度远远超过上新周期较短的 ZARA。在性价比方面，SHEIN 通过用户分析发现自己的绝大多数用户是一些追求潮流的年轻人，他们往往是学生和刚步入社会的年轻人，因此公司决定打造极具性价比的服饰，价格定在消费力不高的竞品 ZARA、H&M 等的低价区间。在库存方面，SHEIN 的存货周转率远高于行业的平均存货周转率。2019 年，SHEIN 的库存周转率达到 4.62 次，超过周转率较高的 ZARA 母公司"Inditex"和 Uniqlo 母公司"迅销"，同时也超过中国休闲服装行业的平均库存水平。SHEIN 的产品从产品设计、打版到上架仅需要 14 天，上架后配送至消费者仅需要 7 天。

SHEIN 在以上三个方面的核心优势，完美解决了服装业的效率之痛，但对旗下员工的工作强度和工作难度的要求却降低了。其对用户属性、购买力，以及用户行为的分析都得益于公司中台大数据团队的"IT 框架+大数据分析"技术。例如，利用 Google Trends 来迅速判断当前的潮流趋势，打造爆款吸引用户，从而产生复购；快速了解新兴市场及抓重点市场，了解新兴市场的用户购买偏好，从而有针对性地设计、制造及创意营销。公司通过大数据分析发现：欧美、中东地区的消费者购买力较强；美国 2020 年人均服装消费约 698 美元，对比中国 2021 年前三季度人均服装消费 1000 元，市场空间更大，且欧美地区已经拥有成熟的电商履约网络体系，以及有网上购物消费习惯的消费者。SHEIN 依靠互联网进行有针对性的精准品牌推广和商业运营。近几年，发达国家的 Z 时代更重视产品的性价比，这也成为 SHEIN 在快时尚领域提高海外渗透率的有利因素。

公司根据营销系统数据，可快速分析竞争对手的动态和销售数据，从而制定应对策略，保障自己的领先地位。在供应链环节方面，SHEIN 的 IT 团队开发了供货系统，可以更好地判断库存水平，合理决定补货量，最小化库存压力。

IT 研发中心、数字智能中心、商品中心和供应链中心环环相扣，构成了 SHEIN 供应链生态。

由此可见，企业要想在市场中立于不败之地，必须从传统的营销方式中走出来，不能盲目地扩大生产或盲目营销而忽视消费者内心最真实的需求。消费者是一个个鲜活的个体，他们有思想、有追求，购买偏好更是千差万别。在数字化时代，利用大数据分析消费者的行为和购买力，智能调控供应链和库存，用智慧营销为企业保驾护航，企业才有可能从白热化的市场竞争中脱颖而出。

（资料参考：https://m.thepaper.cn/baijiahao_13997051；https://www.sohu.com/a/648563992_121124377.）

1.1 营销环境今非昔比

1.1.1 营销新概念

营销是通过满足消费者需求、影响消费者感受、打造产品品牌等方式,最终吸引目标消费者群体的市场活动。在营销过程中,管理者要关注与竞争对手实现差异化,通过确定恰当的产品组合、构建合理的价格体系、选择合适的渠道地点、采取正确的传播方式等手段向目标消费者传达企业或品牌的核心竞争力。在售后,管理者要及时获取并分析消费者的反馈信息,以完善产品及配套服务。

人们常常将"营销""销售"和"促销"混为一谈,其实三者有本质的区别。被誉为"现代营销学之父"的菲利普·科特勒在《营销管理》一书中,对市场营销给出了如下定义:市场营销是指识别并满足人类和社会的需求。营销是一种以顾客为中心的理念,营销不仅要为产品寻找合适的顾客,还要为顾客打造其所需要的产品。销售的目标是达成购买。促销的主要任务是推动消费者购买,以"结束交易"为目标,是短期内可以结束的活动。

营销是企业发展战略中的重要组成部分,其目的是打造企业竞争优势。营销的过程离不开营销战略的制定、实施和管理。合理的营销规划能够使消费者提升对品牌和企业的信任,更容易主动购买,从而更利于后续销售工作的开展。营销策略的实施需要完善的营销规划来推动。在制定营销规划时,可以按照"营销三重点"的步骤进行。

合理的市场营销规划,第一步应当明确利益相关方的利益,第二步应该选择合适的行业或模式,第三步应该进行营销定位和营销要素组合。在第三步中,首先应当分析宏观与微观环境,包括社会、技术、经济、生态和法律等宏观方面,和投资者、供应商、中间商、消费者、竞争者、公众,以及企业内部环境等微观方面;其次应当进行市场细分并确定目标市场,目标市场即目标消费者群体,可以通过定性、定量等分析方法洞察消费者需求,绘制消费者画像;最后确定营销定位。[一]在进行营销要素组合时,要依据定位进行产品、价格、分销和消费者沟通规划。

在市场营销规划过程中,还要注意把握竞争对手在市场中的表现,并将其与自身的营销方案进行对比。在分析竞争对手的营销策略时,应重点把握其所传递的产品价值。在对产品或服务进行定价时,降低价格并非取得市场份额的唯一方法,还可以采用成本定价法、价值定价法等来达到精准定价的目的。为了确保营销策略的成功,还需要有效

[一] 李飞. 营销定位:Marking Positioning [M]. 经济科学出版社,2013.

地与实时变动的市场进行沟通，传递特定的品牌宣传内容[1]。在制定促销策略时，应关注重大营销节点，如节假日促销、季节性销售等，且应提前一年制订活动计划。

营销计划的完成，需要完善的营销规划将企业、品牌和消费者进行紧密连接。营销规划的构成，除因活动、企业的不同而有所差别外，在移动互联情境下，还应该考虑以下5方面：数据、内容、场景、整合和社交。数据是指覆盖消费者与企业交互的、所有环节的数据，对数据进行分析有助于做到精准营销；内容是决定消费者体验的关键因素，企业应探索将消费者所需信息转化为营销内容的途径；场景有助于调动消费者的感官，进而使沟通更加因地制宜；整合是全渠道营销时代的趋势，应突出品牌独特的个性；社交改变了营销的内容、形式和关系，它将营销的边界扩大，使营销不限于企业与个体之间，也存在于个人、政府及其他角色之间。

在营销计划中，场景营销越来越受到重视。"场景"一词最初被广泛应用于影视学、传播学、社会学、营销学等多个学科领域，其外延非常宽泛。最初，场景仅是指电影、戏剧中的情景场面。在传播学领域，梅罗维茨在戈夫曼的"拟剧理论"的基础上提出了"媒介场景"概念，用以强调一种由媒介信息所营造的行为与心理环境氛围。首次将场景与互联网关联到一起的是罗伯特·斯考伯和谢尔·伊斯雷尔，他们在《即将到来的场景时代》一书中提出了"五种技术力量会影响场景革命"（这五种技术分别是定位、社交数据、传感器、可穿戴设备和云计算），并预言互联网将在25年后步入场景时代。按照目前一些智库的解释，场景营销是指转换产品的使用场景，让产品在新场景中有新作用，如浴帽在厨房中就变成了厨帽，牛奶从早餐奶发展到现在的晚餐奶、安睡奶等。将用户活动按照各类场景进行梳理和划分，然后进行差异化营销，根据不同用户的使用习惯和关注点推送不同的业务，最大限度地满足消费者需求，增强用户黏性。例如，人的某些需求在特定的场景下才会被充分激发，找到适当的场景，就找到了营销机会。中国香港的亚热带季风气候使其阴雨天较多，让人心情低落，菲律宾的宿务太平洋航空抓住"下雨"场景，吸引大家到天气晴朗的地方旅游，因此策划了"雨代码"营销活动。宿务太平洋航空利用防水喷漆在中国香港的马路上喷二维码，晴天的时候这个二维码是隐形的，一下雨就显现出来，二维码上简洁的文字告诉在阴雨天气中烦闷不已的大众：菲律宾现在是大晴天！大家只要拿出手机，扫描"雨代码"，如图1-1所示，就能马上进入宿务太平洋航空的官方网站，立即

图1-1　宿务太平洋航空"雨代码"

---

[1] 李阳英，陈荣群. 移动互联网时代网络营销概念及特点解析［J］. 人力资源管理，2017(10)：22-23.

买票,来一场说走就走的旅行。这个营销创意利用了特定的场景,达到了出人意料的效果。活动期间,宿务太平洋航空的官网订票量增长了37%。由此可见,在营销中,场景也蕴含了消费者的痛点,若企业营销戳中了该痛点,可以让消费者感受到自己与企业间的紧密关系,并记住该企业,这将大大提高消费者的购买可能性。

1.1.2 营销新特点

近年来,我国的互联网及移动互联网普及率持续攀升,据2023年第53次《中国互联网络发展状况统计报告》显示,截至2023年12月,我国网民规模已达10.92亿,较2022年12月增长2480万人,互联网普及率达77.5%。手机网民规模更是达到10.91亿,较2022年12月增长2562万人,网民使用手机上网的比例为99.9%。这些数字背后,是人们日常生活习惯的巨变。无论是在线支付水、电、煤气费用,还是通过外卖平台订餐,或是在电商平台挑选商品,乃至通过社交媒体关注明星动态,都已成为日常生活的一部分。在新时代背景下,市场营销也具有了新的特点:

1)网络为营销带来新的特点和变化。首先是跨时空性,网络营销打破了传统营销模式中时间和空间的限制,企业可以全天候向全球范围内的消费者提供服务,没有了传统的营业时间和地点的限制。其次是成本降低,网络经济直接连接了供给、需求两端,省去了生产者和购买者之间的中间环节,流通成本的下降也降低了商品的销售价格。最后是交易流程的简化和消费者体验的提升,线上交易减少了销售的流通环节,使产品及服务的获取更加直接和便捷。在线上促销的同时,企业重视消费者的购物体验,包括支付、物流配送、客服服务,以及退换货流程等方面。网络交易在支付宝支付、微信支付的基础上又新增了信用贷款支付手段,如蚂蚁花呗、京东白条等,有利于消费者更便捷地进行网络购物。

2)传统媒体广告营销模式逐渐式微,新广告方式层出不穷。传统媒体广告收入降低。数据显示,2023年全球传统媒体广告收入萎缩4%,其中电视广告收入缩减6%,降至1580亿美元,而数字媒体广告收入取得了9.4%的增长,达到5870亿美元(占广告销售总额的69%)。2023年中国互联网广告市场规模与2019年的市场规模4367亿元相比,增长了31.26%,4年的复合年增长率为7.04%(2019年与2016年相比,3年的复合年增长率23.7%)。21世纪的市场变化不断加快,企业管理者陷入"变与不变"的困境,掌握和利用变革的能力成为市场营销的重要条件[一],新兴媒体成为变革的重要工具。作为营销信息沟通的媒介,媒体传播越来越社交化、内容化和全球化,微信、抖音等平台重新塑造了社交媒体的营销功能。以广告行业为例,广告主逐步向移动端迁移,

---

㊀ 符家辉. 互联网+时代中小企业营销策略选择 [J/OL]. 现代营销(下旬刊),2017(9):65 (2017-11-01).

且广告投放平台多元化。作为中间服务商,营销公司会顺应广告主的需求进行营销布局,并进入产业链各环节以建立竞争壁垒。营销环境的日新月异,促进了营销方式的改变。在新的营销模式下,广告的主要投放渠道及媒体形式见表1-1。

表1-1 广告的主要投放渠道及媒体形式

网站类型	网站特点及服务内容	典型代表
综合性网站	为用户提供新闻及综合资讯服务,信息量大,用户覆盖广泛,使用频次高,浏览量大	新浪、搜狐、网易、腾讯
垂直网站	业务集中于某些特定细分领域,覆盖特定领域的用户,提供有关这个领域的深度信息服务,信息的专业性、针对性更强	汽车之家、太平洋电脑、美团、携程旅行
搜索引擎	运用特定的计算机程序从互联网上搜集信息,在对信息进行组织和处理后,提供检索服务并将用户检索的信息展示给用户;用户使用频率高,浏览量大	百度、谷歌、360搜索
视频网站	为用户提供视频浏览服务的网站,视频内容包括电影、电视剧、音乐、动漫、游戏、新闻、综艺等多个方面,用户黏性强,浏览量大	优酷土豆、爱奇艺、腾讯视频、搜狐视频
电商网站	电子商务公司建立并运营的网站,主要功能是展示商品及交易信息,是商品买卖及其他交易的网上平台	京东商城、淘宝、拼多多、唯品会
社交网站	利用互联网平台创造用户之间的社会关系网络并提供社交服务的网站,以用户间的互动交流和信息分享为业务特色,用户黏性强,在线时间长	新浪微博、豆瓣、知乎
移动终端	互联网服务商将互联网的技术、商业模式和应用与移动通信技术相结合,为智能手机、平板电脑等移动终端用户提供互联网服务,包含新闻、生活资讯、音乐、视频、游戏、社交等方面,用户数增长很快,前景广阔	微信、QQ、抖音、各类手机App

3)新营销环境下企业更加注重品牌打造。随着市场竞争的加剧和消费者选择的多样化,品牌的价值不断提升。品牌不再仅仅代表一个公司或产品,而是成为消费者信任和忠诚的象征。强大的品牌能够为企业带来更高的市场份额和更稳定的客户基础。现代消费者在做购买决策时,越来越重视品牌的声誉、价值观和社会责任等非物质属性。这些因素在很大程度上影响着消费者的品牌偏好和忠诚度。同时,社交媒体的兴起使得品牌与消费者之间的互动变得更加频繁和直接。通过内容营销,企业可以塑造自己的品牌形象,讲述品牌故事,从而吸引和留住目标客户。数字化技术的应用,如大数据分析、人工智能等,使企业能够更精准地了解消费者的需求和行为,进而制定更有效的品牌策略。

4)消费升级带来需求的改变。消费升级是指随着社会经济的发展和居民收入水平的提高,消费者对商品和服务的需求逐渐从基本的生存需求向更高层次的品质和个性化需求转变。中产阶级的崛起,使消费支出在总支出中的结构和层次升级。简言之,以中产阶级为主要群体的消费升级时代已到来,该类消费者的价格敏感度偏低,对高品质的产品有较强的付费意愿[一]。如今消费者需求已从大众化、标准化转为多样化、个性化。企业应重点关注消费理念的转变，并不断努力满足消费者的需求。例如，星巴克不仅仅提供咖啡，还创造了"第三空间"的概念。这是一种社交场所，介于家庭和工作场所之间。这个概念满足了消费者对社交和体验的需求，使星巴克成为人们休闲、工作、会友的首选地。星巴克不断地进行产品创新、强化品牌价值、优化客户便利性和加强客户沟通，成功地应对了消费升级的挑战，并在全球范围内赢得了广泛的市场优势和影响力。

5）新消费者群体的崛起。随着社会的发展和消费观念的变化，新消费者群体不断崛起，例如以下几类群体：

①00后消费群体：这一群体的年龄在18～22岁，他们通常拥有中等到高等的消费力。00后是"触网"一族，他们的成长与网络息息相关。作为数字原住民，他们熟悉并依赖互联网和社交媒体，对数字化产品和服务有着天然的接受度。

②奢美女性：这一群体指的是年龄在23～49岁的女性，她们具有较高的消费能力，注重生活品质和个性化服务，对奢侈品、美容护肤等领域有较高的消费需求。

③精致型男：年龄在23～49岁的男性，他们追求高品质的生活，愿意为时尚、个人护理等消费品投入更多。

④银发族：这一群体指的是60岁以上的老年人群体，他们中的一部分人拥有中等到高等的消费力。随着老龄化社会的到来，这一群体的消费潜力逐渐被市场重视。

⑤新消费品牌客群：以Z世代为主要目标客群。新消费品牌不仅代表了新的产品和服务，还重新定义了行业和消费体验，因此在年轻群体中获得了极高的关注度和市场认可，形成了一些客群，如追求自我审美个性的"唯我"消费群，新生代女装、茶饮、彩妆客群等。

这些新消费者群体反映了市场的多元化和细分化趋势，企业需要不断创新和调整营销策略，以满足这些群体的特定需求。

> **案例**
>
> **消费升级背景下，全食超市顺势而为**
>
> 2017年6月，电商巨头亚马逊以137亿美元收购美国全食超市（Whole Foods Market），成为当时史上金额最大的交易。这一重大举措不仅引发了业界的广泛关注，也促使人们深思：为何亚马逊愿意花费巨资收购该超市？为何此次战略收购能够获得市场认可？这家超市有何特别之处呢？
>
> 全食超市是美国最大的有机食品连锁超市，也是美国首家获得认证的有机食品零售商，因其在电商冲击下逆势增长的营收表现，被誉为"零售业创新的最后一个样板"。全食超市与亚马逊的联姻，可达到优势互补、共同发展的目的。

[一] 李雁函. 网络经济时代下的市场营销思维转变 [J]. 商场现代化，2017(10)：50-51.

那么，全食超市是如何顺应美国消费升级大潮，打造健康有机生活方式的呢？首先，创始人约翰·麦基（John Mackey）敏锐地察觉到素食文化正逐渐兴起，因此采取"安全、健康"的差异性定位，仅销售有机、天然的食品。在确定销售品类后，麦基认真思考了目标人群及触达该类人群的途径。有机食品偏高的价格，使高收入人群成为其目标消费者群体。紧接着，通过采用内部开发的选址评估模型对初选地址周边人口的受教育程度、收入水平、用车时间等维度进行分析，再加入建设和运营等成本估算，进而确定店铺地址。若想赢得消费者满意，应严格把控产品质量。全食超市搭建了以健康为核心的采购系统，严格审核供应商资质，从源头保证产品新鲜、健康，并建立了食品评判标准，该标准可评估食品的健康程度、天然程度等指标。此外，全食超市还通过企业价值观的输出来培养消费者的饮食习惯，塑造消费者的健康生活方式。例如，营造商品销售氛围，如在超市的出入口摆满鲜花，使消费者购物时保持愉悦的心情；将商品转化为 IP，如在商品旁边陈列讲述该商品背后小故事的卡片或其"成长履历"表，使其成为传播信息，以提升人们对品牌价值观的认可度。此外，全食超市长期坚持公益事业，以符合其"环保健康"的企业形象。

全食超市的产品及服务被大众认可后，它并未满足于只做一个传统型超市，而是推出了"超市＋餐饮"的全新模式，以培养消费者的饮食习惯。全食超市为上班人群推出了新鲜美味、营养丰富的健康餐，希望购买者对全食的食物产生依赖，进而逐步转化为健康生活的支持者。可见，创始人对大众生活理念的敏锐洞察造就了品牌的差异化，对产品品质的严格把控增加了消费者对品牌的信任，对价值观的多渠道营销提升了消费者的忠诚度，对超市商业模式的革新保证了其持续性发展。上述各要素紧密联系、环环相扣，才打造出成功的全食超市。

（资料参考：http://www.xinhuanet.com/world/2017－06/21/c_129637583.htm.）

1.2 营销技术日新月异

技术正以几何级数的增速快速发展着，随着移动通信、人工智能、沉浸式技术、机器人和数字媒体等新技术的运用，营销模式将进一步更新迭代。

1.2.1 移动通信技术 6G

作为新一代的通信技术，6G（the 6th Generation Mobile Communication System，第六代移动通信系统）的发展将会让人们的生活方式发生翻天覆地的变化。

20 世纪 90 年代流行的观念是"要想富先修路"，如今则变为"要想富先触网"。1G 到 4G 是人与人之间的移动通信，1G 实现在移动中进行语音通信；2G 提升了语音通信的质量和普遍性，实现移动通信在全球的大规模应用，同时开启了短信这种非实时沟通模式；3G 进一步提升了通信的容量，同时促进了宽带通信的萌芽，3G 后期，随着智能手机的出现，高速移动数据通信成为迫切的需求；4G 解决了高速移动数据通信的问题，在通信的质量、容量和效率上取得了巨大的进步，也触发了物联网的应用需求，带来了信息消费的空前繁荣；5G 拓展了移动通信的范畴，实现人、机、物三者的互联，5G 技术能使互联网达到极高的速率、极大的容量和极低的时延；6G 实现"人机物"、万事万物间的智能互联[一]。

2019 年是 5G 通信商用元年，据全球移动供应商协会统计，截至 2023 年 5 月，全球已有 99 个国家和地区的 254 家运营商推出了商用 5G 网络服务，我国已建成规模较大、技术较先进的 5G 网络[二]。2023 年，在我国三大运营商披露的成绩单中，5G 套餐用户数合计超 13 亿户。站在 4G "肩膀"上的 5G，传输速率最高将达 10Gbps，使得高速上传下载、8K 视频实时播放、云技术、VR、AR、MR 与生活紧密结合；大容量解决了阻碍物联网技术发展的功耗问题，5G 技术使万物可以实现高效互联，适用的场景包括物联网、智慧家居、无人驾驶、智慧城市等。

2023 年 6 月，国际电信联盟（ITU）完成《IMT 面向 2030 及未来发展的框架和总体目标建议书》（简称《建议书》），明确了 6G 发展目标、未来趋势、典型场景、能力指标等内容。在发展目标方面，6G 系统将推动实现包容性、泛在连接、可持续性、创新、安全性、隐私性和弹性、标准化和互操作、互通性八大目标。在发展趋势方面，6G 将实现人、机、物的连接，实现物理世界和虚拟世界的连接，有望将感知和人工智能等能力融合到网络中，成为承载新用户、赋能新应用的新型数字基础设施。6G 用户和应用将呈现泛在智能、泛在计算、沉浸式多媒体和多感官通信、数字孪生和扩展世界、智能工业、数字医疗与健康、泛在连接、感知和通信的融合、可持续性等九大趋势。在典型场景方面，6G 将在 5G 三大典型场景的基础上持续增强和扩展，包含沉浸式通信、超大规模连接、极高可靠低时延、人工智能与通信融合、感知与通信融合、泛在连接六大场景；在性能指标方面，《建议书》明确了 6G 的 15 个关键能力指标，除传统移动通信的峰值速率、体验速率、频谱效率、区域流量密度、连接密度、覆盖、移动性、时延、可靠性等指标外，6G 还将在安全性/隐私/韧性、定位、感知、智能、可持续发展、互操作等维度新增性能指标[三]。

6G 势必是多种技术、模态、频谱与场景的融合。在 5G 的基础上，6G 提供更高的传输速率、更低的时延、更大的连接规模，从而可以更好地应对复杂的应用场景。无处不在的无线连接、大数据和人工智能技术的应用从生活、生产和社会三个方面催生全新

㊀ 刘光毅，王启星. 6G 重塑世界 [M]. 北京：人民邮电出版社，2021.
㊁ 杜刘通，徐晓燕，杜滢，等. 全球 6G 技术产业发展态势 [J]. 信息通信技术与政策，2023，49(9)：2-6.
㊂ 刘光毅. 中国移动：前瞻 6G 趋势牵手"产学研用"协同创新 [J]. 通信世界，2023(13)：11-12.

的应用场景。在生活方面，全息交互、通感互联、数字孪生人、智能交互等将充分利用脑机交互、AI、分子通信等新兴技术，塑造高效学习、便捷购物、协同办公、健康生命等生活新形态。在生产方面，通过应用新兴信息技术为现有的农业生产、工业生产深度赋能，可为生产的健康发展增添强劲动力，为工业互联网和智能工厂等应用场景的实现提供技术基础，创造实现条件。在社会方面，6G 网络是融合陆基、空基、天基和海基的"泛在覆盖"通信网络，不仅能极大地提升网络性能以支撑基础设施智能化，更能极大地延展公共服务覆盖面、缩小不同地区的数字鸿沟，切实提升社会治理精细化水平，从而为构建智慧泛在的美好社会打下坚实的基础[一]。

2018 年 3 月 9 日，时任中国工业和信息化部长苗圩表示中国已经着手研究 6G。2023 年 3 月 1 日，工业和信息化部部长金壮龙在国务院新闻办新闻发布会上强调，将全面推进 6G 技术研发。2023 年 12 月 5 日，中国 6G 推进组首次对外发布了 6G 核心方案，预计 6G 将在 2030 年左右实现商用。

1.2.2 人工智能

人工智能（Artificial Intelligence，AI）英文缩写为 AI，是研究、开发用于模拟、延伸和扩展人的智能的理论、方法、技术及应用系统的一门新的技术科学[二]。人工智能生产出一种新的能以人类智能相似的方式做出反应的智能机器，该领域的研究包括机器人、多模态数据识别、智能控制、专家系统、自动程序设计、大数据信息存储处理，以及复杂或庞大的任务等。人工智能是可以对人的意识、思维的信息过程进行模拟，可以如人一般思考，也可能超过人类的智能。

人工智能是新一轮科技革命和产业变革的重要驱动力量。1956 年，达特茅斯会议拉开了"人工智能"的序幕，人类历史上首次提出"人工智能"的概念，开启了人类智能科学的新纪元。1966 年，Eliza 诞生，首个人工智能语言处理程序，引发了人机对话的研究热潮。1980 年，专家系统的兴起，让机器具备了专业知识和决策能力。1997 年，IBM 的超级计算机深蓝（Deep Blue）战胜国际象棋世界冠军盖瑞·卡斯帕洛夫，标志着人工智能在复杂计算领域的突破。2011 年，IBM 的人工智能系统 Watson 在北美热播的智力问答节目《危险边缘》中击败人类参赛者，成为知识问答领域的超级智能。2012 年，谷歌的深度学习算法实现图像识别突破，开创了人工智能的新篇章。2016 年，世界顶尖围棋高手李世石接受了谷歌人工智能 AlphaGo 的挑战，AlphaGo 成为首位击败人类职业围棋选手的 AI 机器人，引发全球对人工智能的深刻思考和讨论。2020 年，ChatGPT-3 问世，成为当时最先进的自然语言处理模型，引领了语言生成技术的发展。

一　刘光毅，王启星. 6G 重塑世界［M］. 北京：人民邮电出版社，2021.
二　陆建峰，王琼，等. 人工智能：智能机器人［M］. 北京：电子工业出版社．2020.

2023 年，以 ChatGPT 为代表的大模型技术相继落地，有力地推动了人工智能等前沿技术的突破和应用，为数字经济的发展打开了新思路。我国国家工业信息安全发展中心发布的《2023 人工智能基础数据服务产业发展白皮书》指出，2022 年，中国人工智能基础数据服务产业的市场规模为 45 亿元，预计 2023 年将达到 53.5 亿元。

随着人们对数字营销认识的加深及对精准营销的追求，在营销领域，AI 开始逐步与广告行业融合，并用投资回报率作为衡量营销效果的标准。AI 算法可从繁杂的数据中挖掘出规律，并利用该规律预测未来，该类算法在搜索排序、实时竞价、点击率预估、反作弊诊断等领域均有广泛应用。此外，机器学习算法与传统营销方法结合，可进行多维度人群分析，从消费者需求角度出发，实现精准营销。

针对在线广告的点击、注册、激活、收藏等行为，可通过 AI 算法进行识别和优化，语音识别、语义理解、语音合成等 AI 产品也在移动广告中实现了创新。总体来说，数字营销领域的人工智能应用可概括为五个方面：精准定向、反作弊、跨屏营销、语音互动广告和虚拟现实广告。其中，精准营销的应用最为成熟。

AI 对广告营销的变革给数字营销产业带来了巨大的投资机会。《2023 中国互联网广告数据报告》预测，2023 年我国互联网市场收入规模将突破 3.33 万亿元。互联网营销市场规模预计约为 6750 亿元，比上年增长 9.76%，广告与营销市场规模合计约为 12482 亿元，比上年增长 11.07%[○]。人工智能推动互联网广告产业链重塑。广告主的目的是将广告传达至目标消费者群体，AI 能真正帮助广告主达成其营销的初心。目前，成熟的 AI 商业化应用之一，就是程序化广告行业，精准和高效的投放机制将彻底改变传统广告市场，媒介购买将逐步转变为受众购买。目前，主板和新三板的数字营销板块已经形成了巨大的产业集群，随着电视、报刊等传统媒体的日渐式微，在 PC 端和移动端的新媒体领域，在社交营销、电商营销和场景营销等新模式与智能营销浪潮深度融合的背景下，资本市场孕育着巨大的投资机会。

1.2.3 沉浸式技术

VR/AR/MR 是实现人与虚拟世界进行互动的标志性沉浸式技术。VR（Virtual Reality），即虚拟现实，是由计算机产生的三维交互环境，具有场景化、体验化的特点。通过 VR 设备可将真实或虚拟的体验场景远程传递给消费者，使其沉浸在场景之中，身临其境、真实全面地了解产品全貌，有助于提升消费者的购物体验。AR（Augmented Reality），即增强现实，能够将虚拟的信息应用到真实世界，将真实的环境和虚拟的物体实时叠加在同一空间。通过装有摄像头的设备，如智能手机，便可随时随地获得 AR 带给消费者的真实购物感受。同样是强调沉浸式体验，相对于 VR 的专用设备，AR 更

○ 《2023 中国互联网广告数据报告》，https://baijiahao.baidu.com/s?id=1787779461942100558&wfr=spider&for=pc。

加灵活、便捷。MR（Mixed Reality），即混合现实，是将现实和虚拟世界合并产生新的可视化环境，实现了物理对象与数字对象的共存和实时互动。结合了现实环境、增强现实、增强虚拟和虚拟环境的 MR，对营销方式的改变将难以想象。因此，营销人员应将上述新技术与营销方式完美结合，带给消费者焕然一新的购物体验。

《2023 中国沉浸产业发展白皮书》显示，2023 年中国沉浸产业总产值预估高达 260 亿元，作为文化和科技融合而形成的新型业态，中国沉浸产业已经成长为具有强大生命力和成长性的新兴产业。沉浸式技术最重要的功能之一就是传递及改变场景。例如，在 VR 技术的应用中，中青旅遨游网已经在北京 30 余家线下门店引入 VR 设备，为消费者提供几分钟的"爱尔兰之旅"VR 体验。链家等房屋中介机构也基于 VR 技术推出"虚拟样板间"，消费者可在网上查看房屋状况，进行初步筛选。此外，故宫、八达岭长城等传统旅游景点推出"720°VR 全景"服务，让无法亲临其境的人在网络上欣赏景点的壮观景象，感受其深厚的文化底蕴。

受益于医疗、教育等行业对 AR 需求的增长，AR 行业同样发展迅速。安信证券报道，其他行业产生的下游需求将带动 AR 产品消费端的需求，未来会出现出货量超预期的爆款应用[一]。IDC 的数据也佐证了该观点，2021 年，全球 AR/V 设备的合计出货量达到 1123 万台，预计 2024 年，出货总量将达 2130 万台，同比增长率约为 92.1%[二]。

MR 日趋受到企业的青睐，微软曾在 2017 年 10 月 3 日宣布了公司的 MR 战略，曝光了与三星公司合作打造的高端头显设备 Odyssey，并在随后的 10 月 17 日更新了 Windows10 Creator Update 以普及 MR 战略。可见，微软正致力于建立一个统一的 MR 应用与服务平台。目前，MR 在娱乐领域已有了初步发展，例如，用专业设备 Hololens 玩 MR 游戏 Robo Raid 已成为很多游戏爱好者的日常。另外，MR 技术也已被应用于工业制造、教育、医疗、房产家居等领域，在购物等消费端场景也越来越多地被应用。将来，无论是营销方式还是生活方式，都将受到 MR 更多的影响。

未来，6G 网络的发展将为 VR、AR、MR 技术带来体验升级，用户不再受到时间、地点和网络速度的限制，能全方位沉浸式感受视觉、听觉、触觉、嗅觉、味觉乃至情感等重要感觉的高保真体验。

1.2.4 机器人

机器人作为集各种高科技于一体的"类人"型产品，自推出便受到了研究者、政府等多方的高度关注，机器人行业高歌猛进地发展，相关产品也逐步融入我们的日常生活之

[一] 安信证券. 新材料、新技术、新方案，5G 开辟散热市场新天地. 2019，8. IDC 是国际数据公司（International Data Corporation）的简称，它是全球著名的信息技术、电信行业和消费科技市场咨询、顾问和活动服务专业提供商.

[二] IDC. 全球增强现实和虚拟现实头显追踪报告. 2019，7.

中。例如，人在婴幼儿阶段，有保姆机器人；在上学阶段，有教育机器人；成为上班族后，有机器人同事；退休后，有养老机器人照顾日常起居、保障安全。此外，还有可以与人交流、解读人类情感的社交机器人；有帮助人们打扫卫生、清理垃圾的家务机器人；有在危险地带执行搜救任务的搜救机器人等。多数人相信，未来的世界将是人类与机器人和谐共存的世界，机器人将从事机械性、重复性的工作，而人类将从事智力性的工作。

2017年，中国信息通信研究院、IDC国际数据集团和英特尔共同发布了《人工智能时代的机器人3.0新生态》，其中把机器人的发展历程划分为三个时代，分别称为机器人1.0、机器人2.0、机器人3.0。机器人1.0（1960—2000年）对外界环境没有感知，只能单纯复现人类的示教动作，在制造业领域替代工人进行机械性的重复体力劳动。机器人2.0（2000—2015年）通过传感器和数字技术的应用构建起机器人的感觉能力，并模拟部分人类功能，不但促进了机器人在工业领域的成熟应用，也逐步开始向商业领域拓展应用。机器人3.0（2015年—2020）伴随着感知、计算、控制等技术的迭代升级和图像识别、自然语音处理、深度认知学习等新型数字技术在机器人领域的深入应用，机器人领域的服务化趋势日益明显，逐渐渗透到社会生产、生活的每一个角落。在机器人2.0的基础上，机器人3.0实现从感知到认知、推理、决策的智能化进阶。2020年，英特尔联合多家企业对外发布《机器人4.0白皮书》，提出4.0时代的机器人除了具有感知能力实现智能协作，还具有理解和决策能力，达到自主服务。在某些不确定的情况下，它需要叫远程的人进行增强，或者做一些决策辅助，但是它在90%甚至95%的情况下可以自主完成任务。

牛津大学研究指出，未来十年内，有47%的工作将被机器取代；世界经济论坛在"未来工作报告"中也提到，2025年，全球超过50%的工作将由机器担任。日本驹泽大学经济学系的副教授——井上智洋，在他所写的《2030雇用大崩坏：AI人工智慧让你失去工作，还是不用工作？》一书中指出，2045年人工智能将超越人类智慧，只有不到10%的人类还有工作。英国网站的一份预测报告指出，机器人及其他形式的AI将把世界变成全新的模样，这种"创造性破坏"将打破传统的商业模式、就业模式。同时，报告指出，"创造性破坏"的发展趋势将从线性变为抛物线，并表示"任何国家如果不能利用这场机器人革命，其竞争力排名将迅速下滑并被甩到后面"。

Atlas是一款由波士顿动力公司（Boston Dynamics）创造的仿真人形机器人。在2013年首次亮相时，Atlas便以"360°后空翻"这一高难动作的完成吸引了无数眼球。在2019年9月24日发布的最新视频中，外形更加逼真的Atlas优雅、流畅地完成了一系列体操动作，最后以芭蕾舞式的开腿跳跃进行谢幕，这些常人无法完成的动作给观看者带来了前所未有的震撼。在2023年1月18日发布的演示中，Atlas已经有能力独立地拿起、放下并扔出任何它能抓住的东西。2024年1月30日，Atlas已经可以实现跨越障碍+三级跳。经历三次版本迭代之后，Atlas已经可以脱离电缆，拥有液压动力，外加75kg的质量和1.5m高的身形，拥有导航、避障能力。

在我国，机器人产业规模正在稳步发展。《中国机器人产业发展报告（2022年）》显示,预计 2024 年全球机器人市场规模将有望突破 650 亿美元。中国已将突破机器人关键核心技术作为重要工程,国内厂商攻克了减速器、控制器、伺服系统等关键核心零部件领域的部分难题,核心零部件国产化的趋势逐渐显现。2023 年 1—10 月,机器人产业营业收入超过 1300 亿元,同比增长 9.3%,机器人产品进出口总额达 26.6 亿美元,同比增长 23%,工业机器人产量达 35.3 万套,服务机器人产量达 643.6 万套,机器人产业整体呈现旺盛发展势头,潜力巨大。

目前,多数新兴的机器人制造商聚焦于研发门槛较低的服务型机器人,市面上带有互动娱乐性质的机器人较多。据 CIRP 预计,美国智能音箱的总安装量从 2017 年 6 月的 2000 万台增长到 2021 年 6 月的 1.26 亿台。2022 年上半年中国智能音箱市场销量为 1483 万台,销售额为 42 亿元。这些智能音箱的研发门槛较低,功能偏娱乐性质,但其传递的品牌价值不可忽略。此外,智能音箱可获取大量用户的行为数据,便于勾勒用户画像,洞察消费者需求,实现精准营销。

1.2.5 数字媒体与数字媒体技术

数字媒体(Digital Media)的概念包含两个部分,"数字"强调"数字化",是指以二进制数的形式记录、处理、传播、获取信息。"媒体"强调信息的传播,传播载体包括感觉媒体,如数字化的文字、图形、视频影像和动画等,和表示这些感觉媒体的表示媒体(编码)等[一]。数字媒体技术主要研究与数字媒体信息的获取、处理、存储、传播、管理、安全、输出等相关的理论、方法、技术与系统。数字媒体技术涉及的关键技术及内容主要包括数字信息的获取与输出技术、数字信息存储技术、数字信息处理技术、数字传播技术、数字信息管理与安全等。

在数字媒体产业链中,内容生成和服务是两个最主要的环节,基于一种或多种数字媒体技术,可以应用的领域十分广泛,如电影电视、音乐、游戏、教育、娱乐、3D 数字动漫、手机媒体、城市规划、医疗等。例如,计算机图形技术可以应用于数字娱乐产业,基于人机交互、计算机图形和显示等技术的虚拟现实技术可以应用于娱乐、广播、展示与教育等领域[二]。未来在 6G 和数字孪生技术的支持下,可以构建虚拟"数字人",通过大量的智能传感器可以对人身体的各个部分和情绪精神状态进行精确复制,增强对智能健康的检测和管理,为医疗研究和人类健康生活提供保障;还可以在建筑、制造等领域构建孪生的虚拟工业品,促进信息化和智能制造。在营销领域,数字媒体技术可以广泛地应用在电商、广告等领域,如通过计算机视觉技术探索短视频广告在电商平台中的作用与效果等。

[一] 丁向民. 数字媒体技术导论[M]. 3 版. 北京:清华大学出版社,2021.
[二] 刘歆,刘玲慧. 数字媒体技术基础[M]. 北京:人民邮电出版社,2021.

1.2.6 物联网

个人电脑（互联网，1.0 时代）、智能手机（移动互联网，2.0 时代）两代硬件产品的革新带来了"软件＋硬件＋商业模式"的变革。如今，人机交互、万物互联硬件（互联网，3.0 时代）作为增量数据流量的导入口将引发新一轮的革命：互联网 3.0 不再局限于人与人之间的连接，而是扩大为"万物互联"，在此基础上生成更大规模的数据、带来更强大的人工智能，进而推动社会生产力的发展。随着算法、硬件、数据三大要素的成熟，互联网 3.0 进入高速增长的拐点，通过布局物联网（尤其是人机交互端）硬件，把握增量数据流量入口；同时，利用云计算、大数据深度挖掘数据价值，并借助强大的 AI 技术打造服务闭环，新的营销方式将会出现。

《"十四五"规划和 2035 年远景目标纲要》提出，推动物联网全面发展，打造支持固移融合、宽窄结合的物联接入能力。物联网研究机构 IoT Analytics 预测，2022—2027 年，全球物联网市场规模将以 19.4% 的年复合增长率增长，并在 2027 年达到 4830 亿美元，同时将从消费物联网连接主导向产业物联网连接主导转变[一]。物联网的到来将实现万物皆屏。万物皆屏时代的营销渠道必将更加丰富，全面实现多场景和多形式的营销。

1.3 营销创新遇到的挑战和面临的机遇

1.3.1 营销创新挑战

在互联网时代，传统营销模式已无法满足企业的营销需求，4P 营销要素的内涵也随着新技术的出现而发生变化。在互联网企业中，企业和消费者更加关注产品或服务带来的价值和满意，价格（Price）要素变得隐晦；电商平台成为主流销售渠道，销售渠道（Place）包括线上和线下；促销（Promotion）要素也改为关注广告沟通（Communication）。

网络营销模式已然颠覆了传统营销理念，其传播范围广、制造成本低、触达率高的特性，使网络营销一经产生便很快扩散开来。我国网络营销起步较晚，但发展迅猛，随着网络营销初见成效，国家和企业都对网络营销重视起来。近年来，国家制定了一系列政策、措施以促进该行业的发展，例如国务院于 2015 年出台的《关于积极推进"互联网＋"行动的指导意见》中指出，鼓励企业开展多种形式的网络营销。很多企业也成立了网络营销部门，培养网络营销人才。低成本、高效率的网络营销方式不仅吸引了消费者的注意力，还提升了网络营销效果。比较常见的网络营销方法为通过邮件、视频、

[一] 新华网. http://www.news.cn/tech/20240126/0bdf9c065db349938e0efa76a6acfc9c/c.html.

网页、直播等渠道触达用户。但随着高速发展，新的市场环境中出现了各种问题，互联网不仅在逐渐改变用户的生活方式，也在不断影响着他们的思维方式和价值观念。用户的这些变化给企业营销工作带来了全新的挑战。

（1）传统企业受冲击　传统企业在新的营销环境中受到了以下方面的冲击。

1）技术革新的冲击：随着数字化、网络化、信息化和智能化的发展，传统企业的营销方式需要与时俱进。技术变革不仅改变了消费者的购买行为，也为企业提供了新的营销工具和平台。

2）市场环境的冲击：在市场主体转变、消费行为改变的背景下，企业需要适应市场的变化，如消费者对个性化、多样化的需求增加，以及媒介传播的多元化等。

3）经济条件的冲击：经济环境的变化对企业的利润和成本控制提出了更高的要求。在价格战日益激烈的市场中，企业需要寻找新的增长点和差异化策略来维持竞争力。

4）社会环境与合规的冲击：社会环境和法律法规的变化也对传统企业构成了挑战。企业需要不断更新自己的营销策略，以符合新的法规要求和社会期望。

传统营销模式越来越难以适应消费者日益增加的个性化需求。在当前多元开放、服务为本的社会大环境下，企业缺乏有效连接用户的平台和渠道来进行营销工作，当前的营销策略难以满足消费者和企业双方的需求。在互联网时代，企业必须紧跟时代潮流，以互联网思维来指导营销创新，以消费者需求为导向，及时与消费者沟通，形成差异化优势，塑造品牌形象，从而更好地推动企业营销。

传统酒企汾酒集团引入数字化营销，逆风翻盘

汾酒集团以生产经营中国名酒——汾酒、竹叶青酒为主有业务，同时拥有我国驰名品牌"杏花村"，是久负盛名的大型综合性国有企业，也是国家520户重点企业和山西省12户授权经营企业之一。汾酒有着6000年酿造史、300年品牌史，是名副其实的中华老字号。

然而，中国白酒在全球化市场和年轻消费者心中的形象正面临挑战。长期以来，中老年人群被视为白酒的主要消费者，白酒常被视作用于社交场合的"面子酒"，且其市场似乎局限于中国。这些观念使白酒被贴上了"老""旧""贵"和"伤身体"等负面标签，而其悠久传统和优雅的饮酒文化及礼仪却逐渐被忽视。

2022年对汾酒集团的复兴战略至关重要。根据前三季度财报，公司实现营业收入221.44亿元，同比增长28.32%。这一显著增长得益于公司对数字化营销的有效运用，以及产品结构的持续优化，特别是青花汾酒系列等中高端产品销量的显著提升。同时，公司也在积极扩大产能，为未来的发展奠定基础。

> 汾酒集团董事长曾指出，数字化是汾酒突破发展瓶颈的关键。他提到汾酒的战略决策缺乏数据支持，成本控制缺少量化依据，流程复杂导致效率低下。这些问题不能仅靠人力解决，必须依靠计算机信息系统。因此，汾酒集团对所有业务流程进行了梳理，从内到外对公司的信息化进行了全面革新，建立了一个强大、稳定、灵活且可扩展的数字化核心。为了解决数据重复、分类错误、应用落后、不集成、不协作等问题，汾酒集团专门开展了数据治理工作，建立了新平台和新标准，规范了业务流程，实现了一物一码，集中了全过程管理。

为加速数字化转型并推动高质量发展，汾酒集团于2022年3月28日至29日在深圳与华润创业和华为公司分别签署了战略合作协议。通过与华润创业在信息化、数字化、智能化等领域的深度合作，以及与华为公司在数字化转型、企业文化建设、人力资源管理、市场营销管理等方面的战略合作，汾酒集团将提升数字化竞争力，并在深化改革、管理创新、品牌合作等领域取得进展。

汾酒集团积极拥抱互联网，持续拓展电商渠道，截至2022年，京东汾酒官方旗舰店累计销售保持白酒品牌旗舰店领先，天猫汾酒官方旗舰店累计销售排名行业前三，电商渠道实现稳步增长。同时，大量的终端实时数据和可视化图表的呈现，为汾酒营销数字化提供了源源不断的动力。

（2）信息安全存隐患　随着网络技术的不断进步和应用的广泛化，网络安全威胁的数量和复杂性都在增加。数据泄露、恶意软件攻击、网络钓鱼等事件频发，给个人隐私和企业运营带来了巨大的风险。同时，由于物联网设备的普及和5G技术的应用，网络安全的挑战将更加严峻。此外，人为因素也是导致信息安全问题的重要原因之一，如内部人员泄露信息或误操作导致的安全事故。

信息安全的隐患给营销创新带来了不少挑战。

1）个性化与隐私平衡：互联网的高速发展导致了用户隐私泄露等信息安全问题，注册域名、线上主机、IP地址、业务系统等互联网资产越来越多地暴露在网络中，相关的业务也越来越复杂，随之而来的网络信息安全事件也越发频繁且复杂。这给个人及企业均带来了不同程度的影响，甚至造成了难以挽回的损失。每个人都是互联网时代数据的贡献者，但也可能是受害者。病毒木马、伪基站、弱口令攻击等都是在线交易的隐患，并造成损失。2018年6月19日，某知名快递公司的10亿条快递信息被售卖，这些信息包括收件人与寄件人的姓名、电话、地址等。犯罪团伙将其打包成商品，明码标价，100万条信息售价430元。详细的个人信息是精准诈骗的源头，诈骗者通过从各处获取的消费者的多维度信息，提取用户画像，分析大众心理，有针对性地进行诈骗。"购物退款""航班取消""发放助学金"等为诈骗者惯用伎俩，让不少人上当受骗、蒙受损失。消费者对个性化广告体验和隐私保护有着双重期望。企业需要在提供个性化服务的同时，尊重用户的隐私。这意味着在数据收集和使用上要更加谨慎，可能需要通过内容和社交互动的方式，为用户创造更多价值，以获得他们的同意或认可。

2）数据合规性：随着《数据安全法》和《个人信息保护法》等法律法规的颁布，企业在获取和使用用户数据时必须遵守更严格的规定。这要求企业在进行数字营销时，必须重新评估数据服务的合规性，确保用户数据的获取是基于明确授权的，这可能会增加数据成本，限制可触达用户的比例。

3）创新策略调整：面对信息安全的挑战，企业需要调整其数字营销的创新策略。例如，跨界合作可以成为一种新策略，通过与其他品牌和平台的合作，实现资源共享和受众拓展。同时，企业也需要适应新的趋势和技术，如短视频营销，这要求企业具备实操能力和创新能力。

4）网络安全技术创新：信息技术的进步使利用大数据进行网络安全风险评估变得更加容易，但同时也要求企业在网络安全治理上投入更多的资源，以保证数据的安全性和可靠性。为了应对日益复杂的网络安全威胁，企业需要关注和采纳新的网络安全技术和产品。这包括了解和实施最新的安全解决方案，以及在营销活动中融入这些新技术，以提高整体的安全性。

(3) 技术升级致垄断　互联网降低了一些行业的准入门槛，加剧了市场竞争，在某种意义上推动着企业增加对互联网营销技术研发的投入。随着科技创新和产业融合的加速，部分领先的互联网企业在电子商务、社交媒体、在线支付等领域逐渐形成了强大的市场控制力。这些企业通过不断的技术创新和资本运作，巩固并扩大了自身的市场份额，从而在一定程度上限制了新竞争者的进入和市场的多元化发展。随着营销渠道被垄断，企业之间逐渐拉开差距。我国互联网营销行业的发展只有10多年历史，但行业内企业数量较多，总体规模较大，市场竞争激烈，部分企业因先发优势已在行业内处于领头羊位置，具有独特的核心竞争优势。2023年，在中国互联网综合实力前百家企业榜单中，腾讯、蚂蚁科技、阿里巴巴、百度、美团、拼多多、京东、快手、字节跳动、网易位列前十名，这些互联网巨头也是主要的营销平台。对新进入者而言，如果没有差异化的技术优势，很难与领先企业展开竞争。

技术升级导致的垄断现象，给营销创新带来了一系列的挑战。

1）市场竞争加剧，创新受限。技术垄断企业通常拥有强大的市场控制力和资源优势，这使得其他企业在与之竞争时面临更大的压力。对中小型企业和初创公司来说，它们需要更多的创新和独特性来获得市场份额。垄断企业可能会限制或抑制潜在的创新竞争者，导致创新受限。例如，通过收购或模仿新兴公司的创新产品或服务，垄断企业可以巩固其市场地位，从而阻碍整个行业的创新进程。

2）数据获取困难，成本上升。在数字营销中，数据是非常关键的资源。然而，垄断企业可能控制了大量的用户数据,使其他企业在数据获取和利用上面临困难,这限制了它们进行精准营销和个性化推荐的能力,对营销创新造成影响。

3) 消费者选择减少。技术垄断可能导致消费者的选择受限。当市场上的主要产品和服务由少数几家公司控制时,消费者的选择空间会缩小,这可能会影响他们的购买决策和品牌忠诚度。

4) 监管压力增大。随着垄断现象的加剧,政府和监管机构可能会加强对市场的干预和监管。这可能会导致更多的法规要求和合规成本,为企业的运营带来更大的负担。

(4) 新营销人才匮乏 未来的营销人才应该是具备市场调研、数字营销、数据分析、跨领域知识和创新思维等的复合型人才。然而,优秀的网络营销人才的稀缺使企业需求难以得到满足。出现这一状况的原因多种多样,包括企业对新营销技能的需求升级迅速,而人才培养需要较长时间,导致供需错配;行业内对于经验与资历的要求较高,使新兴人才难以获得入门机会,限制了人才的成长和流动。

新营销人才的匮乏确实给营销创新带来了一系列挑战。

1) 缺乏专业知识和技能,技术和数据的应用困难。营销涉及多个领域;如数据分析、数字广告、内容创作等,专业人才的不足导致企业难以开展有效的营销活动,无法充分利用各种营销工具和平台,从而影响营销效果。现代营销高度依赖技术,如大数据分析、人工智能等。人才短缺意味着企业可能无法有效地利用这些技术来优化营销策略和提高运营效率。

2) 创新能力受限,多元合作沟通障碍。具备创新思维的人才是推动营销创新的关键因素。人才匮乏可能导致企业在制定营销策略和实施计划时缺乏新颖的想法和方法,难以在竞争激烈的市场中脱颖而出。多元化的团队往往能激发更多创新灵感。若缺少具有跨领域能力的新营销人才,企业内部及与合作伙伴之间的沟通与协作可能受到影响,限制了创新思路的产生和实施。

3) 市场洞察能力不足,适应变化的速度慢。了解市场趋势和消费者需求是营销成功的前提。如果缺乏具备深入洞察力的人才,企业可能无法准确地把握市场动态和目标受众的特征,从而影响营销决策的准确性。随着市场的快速变化和技术的不断进步,营销环境也在不断演变。如果缺少能够迅速适应并应对这些变化的营销人才,企业可能会错失重要的机遇或面临更大的竞争压力。即使企业愿意投入资源来培养营销人才,这个过程也需要时间和成本。而且,由于市场对新营销人才的需求普遍较高,即使培养出来也面临着人才流失的风险。

未来,无论是企业还是营销人员自身,都应时时关注、学习并应用新技能,以满足时代对营销人才的要求,在提升自我的同时实现社会价值。企业需要采取措施吸引和培养相关人才,以便适应市场的变化和提升竞争力。同时,也需要加强内部培训和团队建设,以提高现有员工的新营销能力。

1.3.2 营销创新机遇

在这个挑战与机遇并存的时代,大数据与技术的结合会让工具取代越来越多的机械性工作甚至智慧性工作。目前,营销工作越来越依赖技术,企业面临着来自内外部的颠覆和变革,网络营销从流量购买时代转为人群购买时代。营销方式必须顺应时代与技术的发展,以实现多元化的场景营销。例如,基于大数据资源和技术的网络营销,会更加精准有效,网络营销的未来不可限量。

1. 基于技术实现精准营销

大数据、云计算和互联网等技术的发展,意味着万物互联的崛起,以人为中心的连接逻辑渐渐凸显,数字时代的品牌营销和传播方式正潜移默化地经历着巨变。

精准营销通过现代信息技术手段,对消费者的行为数据采集、清洗、存储、挖掘分析,确定细分市场,得到用户画像,预测目标消费者的潜在消费需求,建立消费者数据库,再根据数据建模分析结果,将广告精准投放至目标消费者。当今是一个消费者充分掌握选择权的时代,当企业有能力通过大数据了解并接触消费者时,应建立以满足消费者需求为核心的营销方案。大数据时代的精准营销,真正贯彻了以消费者需求为导向的基本准则,这已成为企业提高利润的利器。精准营销具有以下特点。

1)精准营销时效性强。互联网技术的快速发展使信息的迭代加速,大众的消费行为、购买方式和消费欲望很容易在短时间内变化,在网民有需求时,应及时对其开展营销。基于此营销时间段,全球领先的大数据营销企业 AdTime 提出了一个全新的概念——时间营销策略,即公司通过技术手段了解网民需求的变化,及时响应网民的每个需求,保证其在决定购买的"黄金时间段"内可接收到相应的商品广告。

2)精准营销可以做到个性化营销。互联网时代的营销理念已从"自我导向"转为"受众导向"。以往的网络营销活动以企业本身为导向,机械地选择浏览量大、知名度高的网站来投放营销信息。如今,大数据的出现可以让企业有效定位目标消费者群体、大量获取用户行为及偏好等数据,从而实现对消费者的个性化营销。

3)对于企业而言,精准营销具有较高的性价比。在传统营销模式下,企业和商品信息多通过户外大屏、电视等媒体传播,这些方式侧重品牌曝光,难以做到用户转化,相当比例的广告费都被浪费掉了。精准营销可使企业的信息传播做到有的放矢,向符合品牌定位的用户投放广告,既可增加品牌曝光率,又能提高用户购买率。相较于传统的营销模式,精准营销以更低的成本,获得更高的收入,性价比极高。企业要注意根据实时的效果反馈,及时对广告投放策略进行调整。

2. 基于平台实现跨界营销

跨界营销是指根据不同行业、不同产品、不同偏好的消费者之间的共性和联系,把一些原本不相干的元素进行融合、使其互相渗透,进而彰显一种新的生活态度与审美方式，赢得目标消费者的好感，使跨界合作的品牌都能够得到良好的营销效果的营销思路。基于平台实现跨界营销，为营销创新带来了以下机遇：

1）整合不同资源，创新产品与服务。跨界营销允许企业整合来自不同领域的资源和优势，如技术、数据、客户群等，从而创造更具吸引力的产品和服务，满足消费者多样化的需求，提升用户体验，提高市场竞争力。

2）拓展品牌影响力，实现协同效应。通过与不同行业的合作伙伴结合，企业可以将自己的品牌推向更广泛的消费者群体，增强品牌认知度和影响力，还能够利用合作伙伴的销售网络和客户基础，进一步扩大自身的销售渠道。不同行业之间的合作可以实现资源共享、优势互补，产生协同效应，使合作双方都能从中受益。

3）促进创新思维，响应市场变化。跨界合作鼓励企业跳出传统思维模式，从其他行业中寻找灵感和机会，促进创新思维的形成。在快速变化的市场中，使企业能够快速响应消费者的变化需求，及时调整自己的市场策略。

如今各种各样的移动终端正改变着社会生活的方方面面，短视频、小红书等新兴社交媒体或购物平台的出现，不断革新用户的认知。企业必须清晰地认识到这一现状，并根据消费者不断变化的特点，及时更新营销手段，及时获取用户的反馈信息，掌握消费者的动态。

3. 基于程序实现内容营销

程序化营销的营销内容更加贴近消费者，可有效防止广告流量欺诈的营销方式。该类营销有助于打破数据孤岛，可做到精准、有效地识别每个消费者，精准预测不同消费者的不同需求。

程序化营销依托数据分析对消费者实现精准定位，从而对广告资源进行合理分配。相较于传统的广告代理模式，程序化营销省去了烦琐的谈判过程，而基于数据分析的用户定位广告可使广告投放更精准、效率更高。程序化营销已成为数字营销行业最重要的趋势之一。

程序是"骨架"，内容是"肉"，两者结合才能让营销策略栩栩如生、有效实施。内容的选取依旧至关重要。大数据时代，消费者处于信息接收超负荷状态，他们接触到的信息远多于其愿意了解的信息。信息本身的价值密度越来越低，只有吸引用户注意力的信息，才是有用的信息。随着消费升级，消费者选择有限商品的时代已成历史，将产品信息强推到消费者面前的传统营销模式逐渐失效，多数时候，缺少特点的产品信息会被他们直接当成噪声过滤。因此，时代变更，硬性广告没落，软性广告崛起。广告的作用是创造内容，吸引消费者关注，在消费者不断搜索、犹豫不决时给予必要信息。此外，传统媒体广告成本大幅上升，而企业自己创造内容的成本却在降低，内容营销越来越受企业重视，不少企业增设了独立的内容营销岗位。但值得注意的是，爆款文案可遇而不可求，企业不应期待一夜成名，而应耐心耕耘。车企沃尔沃的广告语曾为"别赶路，去感受路"，与"旅行的意义不在于目的地,而在于沿途的风景和看风景的心情"有着异曲同工之妙。赶路与感受路更是朗朗上口,更容易给消费者留下深刻印象。如近年因走心文案而深受年轻人喜爱的白酒品牌江小白,其文案大多贴近年轻人的心声,如"懂得越多,能懂你的就越少""离别纵有千种理由,相聚只需朋友的酒"等,可让年轻人借酒抒情。

除了传统文案模式,短视频平台更能满足用户碎片化、多场景的需求,吸引用户的关注。CNNIC第53次《中国互联网络发展状况统计报告》显示[1],2023年,中国短视频用户规模为10.53亿,较2022年12月增长4145万人,占网民整体的96.4%。国内短视频市场继续由抖音和快手两大平台主导,抖音月活跃用户数为8亿(2023年12月[2]),快手月活跃用户数为7.12亿(2023年第4季度[3]),二者作为短视频市场的领先者,占据了相当大的市场份额。

微博2024年第一季度,月活跃用户已达5.88亿,作为全球用户规模最大的独立社交媒体,也将短视频营销列为战略重点。如何把广告做得不像广告成为微博平台原生视频广告的主要营销思路。软性广告既减少了用户的抵触情绪,又可实现用户自主二次传播,进而为品牌带来高曝光度。无打扰式的观看体验,让观众感受到了尊重,进而将这份尊重反馈给品牌。所以,微博原生视频广告在给品牌带来好口碑的同时,也增加了用户黏性,成为将流量变现的高效方式之一。虽然在用户转化方面,软性广告比硬性广告更有优势,但软性广告的前期制作难度远远高于硬性广告。软性广告讲究"润物细无声",即将产品恰当地融入故事或场景之中,不刻意凸显产品,而是让观众在故事或场景中注意到该产品,进而将观众转化为购买者。内容的设计及制作是备受考验的,不仅要表达产品自身的功能,更应传递其所包含的价值观。因此,在新营销时代,内容营销将成为企业立身之本。内容生产所耗费的财务成本可能不是最多的,但其在营销链条中所能产生的作用却是最大的。企业若想形成品牌壁垒,增加用户黏性,则应将重点放在高质量内容的产出上,并进行精准营销。

4. 基于体验实现差异化营销

随着经济的发展,人们的消费观念在不断更新,以前人们在购物时仅考虑商品本身,现在更多地关注服务体验。新的营销体系将是"技术+服务+产品+创意"的智慧营销,商品和服务逐渐融合。消费者不仅是消费者,还是信息传播者、是"粉丝",更是产品设计研发的参与者。消费者渐渐掌握了话语权,他们的体验、反馈和评价是企业在数字时代能否存续的关键。因此,企业应将消费者诉求列于首位,想尽办法增强用户黏性、提升用户体验,明晰用户偏好以提升用户满意度,使消费者从受众转为主导者。企业应不

---

[1] https://www.cnnic.cn/n4/2024/0322/c88-10964.html.

[2] https://www.douyin.com/topic/7345274373047126050.

[3] https://finance.sina.com.cn/jjxw/2024-03-22/doc-inapcytw6504146.shtml.

断探索营销创新,在营销策略中践行用户思维,给予消费者更多的话语权。

体验式营销以"顾客的体验"为设计导向,针对每位顾客制定差异化的营销策略,进而生产并销售产品。体验式营销使消费者在感官、情感及行动等方面进行沉浸式体验,该营销覆盖了消费的全过程。作为一种新型营销手段,体验式营销可以给消费者更多直观的产品认识。具体而言,这种营销方式改变了传统营销模式,通过一系列线上、线下的互动活动,使消费者在体验中获得情感、行为上的满足,从而有效地为产品创造附加值。此时,产品不仅仅是产品本身,而是融入了优质服务、文化属性等深层含义的物品,与消费者有了情感的联系。体验式营销使产品与服务结合起来,这不仅有助于完善消费者对产品及服务的认知,也有助于企业提高产品销量并树立良好的品牌形象。

5. 基于智能终端实现移动营销

基于智能终端实现移动营销,是指利用智能手机、智能手表、智能家居设备等智能硬件设备,结合移动互联网和大数据分析等技术手段,进行的品牌推广、产品销售等营销活动。

智能终端的广泛使用和技术进步为移动营销带来了前所未有的机遇。这些设备不仅能够通过各种应用程序和用户交互设计来增强用户体验,还能够提供传统的广告展示功能,创造更多的商业价值。企业可以通过智能终端对用户进行全生命周期的交互体验设计,与用户建立深度沟通与绑定,并因此衍生出新的商业模式。

基于智能终端的移动营销为企业带来了多方面的机遇,具体包括以下几个方面:

1)技术创新。新技术如 AI、物联网、空间计算等的应用,为智能终端产品创新提供了重要机遇,推动了智能终端行业的革命性变化和持续迭代演进。

2)市场扩展。智能终端逐渐渗透和融入零售、办公、教育、安防等多个行业,成为物联网和人工智能的重要载体,这为相关产业带来了快速发展的机遇。

3)功能升级。针对细分市场和特定场景的产品与服务,智能终端的商业化前景更加广阔。智能手机、智能机器人、虚拟现实、可穿戴设备等的功能升级和市场扩张,为各行各业提供了新的发展机遇。

移动营销经历了从连接到内容到融合的发展过程,现在正进入由 AI 创造和重构的新时代。这意味着移动营销将从粗放式管理转向精细化、智能化的管理,为企业提供了更多的创新空间。基于智能终端的移动营销不仅能够帮助企业更好地理解和服务消费者,还能够通过创新的技术手段提升营销效果,实现精准营销和个性化服务。随着技术的不断进步和消费者习惯的变化,智能终端在移动营销领域的作用将越来越重要。

数字经济是信息科技与实体经济深度融合的全新经济形态,激发了数据资源的爆发式、指数化增长及分析应用水平的持续提升,促进了大数据、云计算、物联网、人工智能、虚拟现实等新兴数字技术的迅猛发展及与营销领域的深度融合,为营销创新带来了挑战,也带来了充分的机会。

# 智慧营销学

课后思考题

1. 简述营销创新在当前市场竞争中的重要性，并结合实际案例分析其对企业发展的影响。

2. 简述元宇宙、人工智能、数字媒体技术在营销创新中的作用，并结合实际案例进行分析。

3. 针对传统企业在营销创新过程中可能面临的挑战（如信息安全存隐患、技术升级致垄断等），提出相应的解决方案。

1. 营销创新的必要性和迫切性

第 2 章 智慧营销概述

网易云音乐的智慧营销

网易云音乐，作为网易集团推出的一款定位于"发现与分享"的音乐应用，注入了社交元素。自2013年正式面世以来，每年用户数都在稳定增长。截至2023年在线音乐服务月活跃用户数稳步增长至2.06亿。这一引人瞩目的用户增长归功于其卓越的产品品质和独到的营销策略。

在产品开发初期，网易云音乐深入分析了音乐市场及用户需求，洞悉了人们喜新厌旧的心理，类似于经济学中的"边际效应递减"原理。预见到用户会不断寻求新歌以满足对音乐的新鲜感，网易云音乐将"个性化推荐"作为早期的核心功能，并予以积极推广。此功能帮助用户在繁多的音乐风格中准确寻找心仪的曲目，同时节约了寻歌时间，提升了音乐体验和效率。网易云音乐因此创新了互联网音乐的互动模式，允许用户通过微博、通讯录、附近的人等渠道添加好友，并推出了图文音乐消息功能。平台还邀请原创歌手入驻，促进了粉丝与歌手之间的音乐互动。

这些功能的实现，得益于网易云音乐对数据的科学运用，尤其是其匹配算法。例如，"个性化推荐"功能每日为用户推荐的30首歌曲，便是基于用户在平台上的行为数据分析，包括单曲循环、分享、收藏、主动播放、播放时长等数据。展望未来，平台计划关注"泛音乐"领域，利用大数据构建精准的用户画像，开发音乐数据资源的衍生领域，形成一个"数据＋音乐＋体验"的多元化平台，以实现商业化进程。

产品初步打磨并积累了一定的用户基础后,网易云音乐开始策划营销活动,传递其品牌价值观,以吸引更多用户。网易云音乐在线上、线下持续发力,特别是从2017年3月推出的地铁"乐评专列"活动开始,连续多年推出创新的营销活动。2022年5月20日,网易云音乐巧妙地结合了"恋爱"和"MBTI"两个热门话题,通过H5互动页面推出性格测试,在朋友圈引起了轰动。这些充满浪漫色彩的赞美之词,不仅触动了人心,也引起了共鸣,使人们与平台建立了情感联系,进而成为用户,甚至是忠实用户。这类海报通过共鸣,增强了人们与平台的情感纽带,促成了用户的转化和忠诚度的提升。

为了实现长久的发展,一个平台需要与用户进行持续的动态沟通。网易云音乐包含多个模块,如图2-1所示。音乐社交模式允许用户创建歌单并与平台或其他用户分享,进而实现平台定期向用户推荐可能喜欢的歌单,最终实现与用户的动态沟通。网易云音乐使音乐产品有了自己的思想,使音乐类App不再仅仅是个播放器,而是全新的音乐社交平台。通过各类走心的营销,网易云音乐使自己有了情感属性,可与用户情感互通,增加了用户黏性,潜移默化地改变着用户。

(资料参考:http://media.people.com.cn/n1/2018/0206/c416776-29808990.html;https://www.163.com/tech/article/ICU31RVT00097U7R_pa11y.html。)

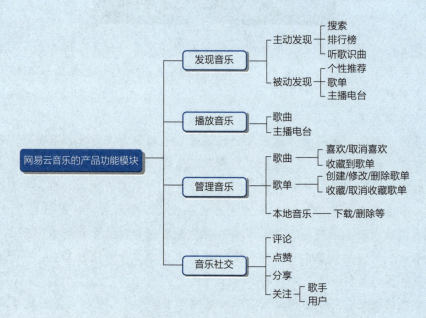

图2-1 网易云音乐的产品功能模块

2.1 传统营销与智慧营销

市场营销学诞生于20世纪初的美国,是归类于管理学的一门学科。市场营销是指企业以满足消费者需求为目标而进行的一系列活动,包括活动的计划、组织、执行、反馈等各环节,是一门以经济学、行为学、管理学及现代科学技术等为理论依据的应用学科。

市场是指买卖双方实现商品交换的场所,是交换关系的总和,是商品供给者及需求者的统一体。在计算市场容量时,不仅需要考虑已有的供给者、需求者,还应考虑潜在的供求关系。市场由人口、购买力及购买欲望构成。人口是市场的基本要素,其决定了市场的规模和容量。购买力是市场的物质基础,其取决于消费者的可支配收入,并决定了消费者愿意为购买此商品或服务所支出的金额。购买欲望由消费者生理或心理需求引发,并产生购买某商品或服务的欲望、动机或愿望。三者结合起来即为一个完整的市场,如图2-2所示。

图2-2 市场构成

市场营销是指以满足人类各种需要和欲望为目的,通过市场变"潜在交换为现实交换"的一系列活动和过程。[①]作为企业的管理活动之一,市场营销的核心在于实现交换。市场瞬息万变,消费者的观念也在不断变化,企业应及时洞察消费者的改变,并以满足消费者需求为出发点来开展市场营销工作。市场营销的具体概念及其包含的实践范畴随市场而变、随时代而变,故企业营销人员不应固守概念,而应关注市场,关注消费者。

市场营销学自诞生以来,历经萌芽期、规范期、迅速发展期及再次重构期等,国外学者两百余年的研究已形成了大量的理论,并广泛应用于各行各业。相较于国外,我国市场营销学起步较晚,直到20世纪80年代前后才逐渐着手进行相关理论的引进及研究。但我国的市场营销理论研究发展较快,也形成了不少高质量的理论,本书详细阐述的4D营销理论便是其中之一。

2.1.1 传统营销的转向

市场营销管理哲学是指在市场营销活动中处理企业、消费者和社会三方利益的态度、思想和观念。随着市场的变化,市场营销管理哲学发展至今大致经历了三个阶段,产生了几种不同的理念。

---

① 郭国庆. 市场营销理论 [M]. 北京:中国人民大学出版社,1999.

第一个阶段是 1920 年至第二次世界大战末期的"生产观念"时代。"生产观念"时代以产定销,即企业生产什么,消费者就买什么。尤其是在大萧条时期之前的时代,企业信奉萨伊定律,认为"供给创造其自身的需求",因此经济中不可能存在生产过剩的情况。这一阶段企业的重心在增产,无须进行营销,因为只要生产出来,消费者自然有购买的需求。

第二个阶段是 20 世纪 50 年代的"产品观念"时代,即消费者开始基于自己的喜好挑选产品,不再是企业卖什么就买什么。相应地,市场上出现大量的同质化产品,企业再也无法轻易地获得高销量,便产生了"推销观念",这是卖方市场向买方市场转化的体现。以消费者需求为核心的市场营销观念开始被广泛引用,旧时的"以产定销"转为"以销定产",即什么商品便于售卖,就生产什么商品。这是市场营销管理哲学的一次根本性变革。

第三个阶段是 20 世纪 70 年代后,企业为了提升购买转化率,对营销的精准度越发关心,不断加强对顾客信息的获取,从而产生了"客户观念"。在这一观念指导下,企业不仅需要获取顾客的交易信息,还希望获取其心理活动、媒体习惯、分销渠道偏好等信息,并确定不同顾客的终生价值,以便开展精准营销。由于美国市场环境的改变,市场营销理论将原有的企业、消费者双主体形式变为企业、消费者、社会的三主体形式,指出市场营销应注重企业收益、消费者满意度及社会利益。这是市场营销管理哲学的又一次变革,企业具有了一定的社会责任感,不再只专注于自身的利益。该观念被视为现代营销观念,沿用至今。例如,众所周知的 4P 模型、4R①模型,都可归于现代营销观念的发展。

2.1.2 智慧营销的内涵和特征

智慧营销是在传统营销模式面临多重挑战的大背景下提出来的,通过人的创造性、创新力,以及创意智慧,将大数据、物联网、区块链、虚拟现实、元宇宙、ChatGPT 等新技术融合应用于营销领域的新思维、新理念、新方法和新工具,其本质是用新兴科技手段提升营销的精准度和转化效率。智慧营销的目的在于充分利用新兴前沿技术和数据详细洞察,为企业的营销模式提供更加精准而有效的优化和增值途径,通过重新界定营销模式,提升客户满意度和忠诚度。

智慧营销一方面讲究人脑与计算机、创意与技术、企业文化与企业业务、感性与理性的结合;另一方面是创造以人为中心、信息技术为基础、营销为目的、创意创新为核心、内容为依托的个性化营销,实现品牌与实效的完美结合,实现虚拟与现实的数字化商业创新、精准化营销传播、高效化市场交易的全新营销理念与技术。

智慧营销主要有两个特征。

---

① 4R 指的是 Relevance(关联)、Reaction(反应)、Relationship(关系)和 Reward(回报)。

第一个特征是，平台间、场景间、虚拟与现实的边界正在被打破，甚至消失。首先，不同类型的平台边界逐渐消失。在过去，不同的平台提供不同的服务，满足用户的不同需求，而在今天，互联网作为主要平台提供了丰富的基础设施，在此基础之上，由其不同业务或合作伙伴提供更为多元的服务，不同类型平台之间的边界消失，传统平台定义被打破。其次，不同场景的边界逐渐消失。一方面，用户的线上使用场景更加多元化，用户不再是在某一特定场景下使用特定的互联网服务，而是可在多元场景下自由切换；另一方面，互联网不断向线下渗透，线上和线下的场景边界也在消失。最后，虚拟与现实之间的边界也在逐渐消失。目前，虚拟与现实的界限仍然明显，尽管已经有了大量VR/AR的应用，但仍较为初级。随着技术的发展，一个全面感知智能的时代，将带来更大的互联网营销机会。

第二个特征是，市场营销经过多年的发展，智能融合成为主流，新技术、新形式带来新体验、新场景。智能融合指的是将新兴技术与市场营销相结合，实现更精准的目标市场定位、客户行为预测、个性化推荐等。智能化的市场营销可以提高效率、降低成本，并提升消费者体验。在形式上，营销形式日益丰富。例如，社交媒体营销、影响力营销、内容营销等新兴形式越来越受到企业的青睐，图文、视频及互动广告等多种形式也呈现智能融合的趋势。这些新形式更加注重与消费者的互动和建立长期关系，而非单一的产品推广。在技术上，数据和算法应用更为成熟，营销方式更为智能化，为营销提供了新的工具和手段，使营销活动更具互动性和沉浸感，有助于抓住消费者的注意力并提高参与度。在体验上，消费者越来越注重体验，营销不再只是简单地传递信息，而是通过新技术和新形式的应用，创造独特的用户体验，打造令人难忘的品牌体验，从而增强品牌忠诚度和口碑传播。在场景上，营销活动有了新环境和背景，如线上虚拟空间、社交媒体平台、移动应用、智能家居设备等。这些新场景为品牌与消费者之间的互动提供了更多可能性，更加深度地融入消费者的生活中。

2.1.3 传统营销与智慧营销的关系

在传统的营销实践中，企业往往依赖于市场调研和人为推测来揣摩消费者的需要，这种方法很难深入精确地理解消费者的真实意图和反馈。随着信息技术的飞速发展和互联网服务的广泛普及，公司逐渐迈入了一个数字化的新环境。智慧营销借助分布式计算技术的强大能力，能够对海量数据进行深入分析，从而揭示出消费者的潜在需求和市场趋势，并据此设计出高度个性化的营销策略。当前，我国正处于一个以大数据、人工智能等技术推动营销领域发展的关键时期。本书的目标在于提供一个高效、精准的营销解决方案框架，旨在帮助企业应对数据处理的挑战，并满足市场对消费者需求日益精细化和个性化的要求。

新技术驱动营销各个环节的升级和转变。新一代信息技术与传统营销深度融合，既提升传统营销效率，又为数字经济时代的营销智慧化转型提供了强大的科技基础。同传统营销相比,智慧营销流程更加优化,打通首尾形成闭环。例如,通过大数据、AI等技术对营销产业的不断渗透,在用户分析、内容创作、广告投放及效果监测环节中加入用户筛选、渠道选择的同时,为不同的消费者群体进行内容定制化,并在获得效果监测结果后及时调整投放策略,形成快速响应的模式,有效改善营销效果,提高营销效率。随着新技术在营销各环节应用的不断深化,各个环节之间的有机协同性也将不断提高,营销效率在传统营销和智慧营销的基础上还有很大的提升空间。

传统营销模式的核心要义在智能互联时代被逐个击破,直至被颠覆——量变引起质变。第一个质变,传统的营销本质是以产品为中心,而智慧营销的本质是沟通,是以人为核心的。第二个质变,传统营销注重的是规模效益,卖得越多越好,而智慧营销强调的是社群经济,卖给对的人,而不是所有人,不求大而全,但求小而美。第三个质变,在传统营销体系中,消费者只能使用和消费,而在智能互联时代,消费者个体的智慧得到培养,并将其"创造和分享"的能力进行无限的释放。

在智能互联时代,媒体的多元化,信息的碎片化,活动的社群化,行为的网络化、社交化及视频化导致人们的认知和行为逐渐改变。相对于传统营销时代,信息的不对称状态被逐渐打破,消费者的话语权在回归,消费意识在觉醒。传统的营销理论体系没有过时,但传统营销模式被智能互联思维逐步颠覆。首先,企业的信息化经营方式从蓝海时代最基本的财务信息化进入如今超级红海时代的立体营销时代。其次,电子商务兴起,原有销售渠道受到严重冲击,企业销售渠道呈现多样化。最后,虽然商业的本质不会变化,但在时代巨变的背景下,商业重心也随之发生了剧变。在智能互联时代,企业的商业重心是掌控消费者。借助网络渠道,企业和消费者之间的信息鸿沟被拉平,消费者主权时代到来,以更方便、更快捷的方式迅速拉近企业和消费者的距离,更好地理解消费者的消费习惯是当前企业营销实践的实质。从本质上讲,智慧营销一切以消费者为核心,一切围绕需求、接触点、消费场景和消费习惯展开。因此,伴随着智能互联时代的兴起,我们有必要提出智慧营销理论。

2.2 智慧营销的价值

随着智能互联时代的到来,企业所处的营销环境正在发生前所未有的巨变。移动技术的发展及其应用,改变了消费者信息获取、评估、选择、购买与分享的行为,催生了一大批以全天候、多渠道和个性化为特征的新消费者群体。面对这样一个全新的市场环境,应当充分运用智慧营销的理论和模式,应对智能互联时代的机遇与挑战。

2.2.1 理论创新

新技术融合下的智慧营销带来的远不止数据的采集、打通和分析,而是基于实际营销场景对消费者和业务的精准洞察,以此实现资源的精准匹配与价值的高效转化。把企业在触达目标消费者过程中产生的多元数据变为新的生产力,通过技术赋能,形成预见未来的营销策略,建立实时交互的智慧营销体系,将成为把握时代机遇的重要战略。本书紧跟时代脉搏,针对传统企业在移动互联网络时代普遍面临的营销成本高、行业边界不清晰和渠道体系混乱等三大挑战,提出了4D营销理论,为企业在智能互联时代实现转型提供了清晰的视野和逻辑。该模型针对智能互联时代的特征及新型消费的特点,详细描述了移动互联网络时代传统企业面临的困惑,结合一些企业营销变革的实践,为企业提出了一套以消费者需求(Demand)为核心,以数据(Data)决策为基础,以价值传递(Deliver)为手段,以动态(Dynamic)沟通为保障的4D营销理论。

2.2.2　对企业实践的意义

在智能互联时代,许多行业显现了快速发展的态势,在具有高频刚需的衣、食、住、行等领域,发生了质的变化。从衣而言,运费险的出现使人们愿意网购衣服回家试穿,将不喜欢的退掉,从而减少在实体店试衣服的排队等待时间;从食来讲,人们愿意为喜茶、鲍师傅等"网红食品"付出品牌溢价,无论是30min的排队等待还是30元的高额定价,消费者都会出于好奇心而心甘情愿地买单;从住而言,民宿等共享经济将私有资源共享化,一个人的住所不再仅仅是个人的小天地,还可以作为商品,成为他人对陌生城市的初步印象;从行来讲,共享出行完美匹配了供需两端,提高了双方的效率,用户愿意为减少打车的等待时间付出溢价,驾驶人愿意为减少空载时间付出溢价,平台有了用户黏性,并可获得稳定收入。这种快速发展使消费者的观念也在不断改变,企业营销策略应紧跟消费者观念的变化,不断进行变革。

消费者需求(Demand)是营销活动的核心,意味着企业必须理解和识别目标市场的需求,了解消费者想要什么、需要什么,以及他们的偏好和期望,才能够提供符合或超出消费者预期的产品和服务。例如,淘宝、网易等电商推出了分期付款模式。相较于信用卡较高的开通门槛,分期付款的流程更加便捷、受众范围更广。年轻人群虽有超前的消费意识,但苦于无信用卡申请资质,而"购物平台金融化"恰恰切中了这个要害。20世纪90年代,人们说的"三大件"是指空调、计算机和录像机,一个板砖般的"大哥大"手机需要花费上万元,对于人均收入仅百余元的中国市场而言,手机绝对是一个奢侈品。但如今,手机已从耐用消费品逐渐转变为"快消品"。Strategy Analytics[⊖]的报告显示,苹果手机用户的换机周期为18个月,三星手机用户的换机周期则为16.5个月。一个设计亮点,或一个新增功能均可能触发用户的换新动机。5G的正式商业落地将在2020—2021年引发5G手机购买热潮。在"科技快消化"的背后,体现了消费者对高科技产品的尝鲜需求,以及对产品体验的重视。企业应把握消费者的"弄潮"心理,

---

⊖ Strategy Analytics是全球著名的信息技术、通信行业和消费科技市场研究机构。

将产品玩出花样。不少小家电企业把握住了这股浪潮，在传统家电中融入了新科技，收获了一批愿为尝新付出产品溢价的用户。例如，英国创新科技公司戴森，其吹风机采用无扇页式的轻奢设计，赢得了大量都市女性的心，引发了中国市场的热销。2017年，戴森的系列产品在中国市场的增速高达 159%，将创始人詹姆斯·戴森推上了英国首富的宝座。

数据（Data）在智能互联时代成为企业了解市场和消费者的重要工具。收集和分析数据可以帮助企业更准确地洞察市场趋势、消费者行为和竞争环境，从而做出更有针对性的营销决策。亚马逊是全球最大的电子商务公司之一，也是数据驱动营销和销售的先行者。它通过利用大量的用户数据来优化其营销策略、产品推荐、库存管理，以及顾客体验。亚马逊拥有庞大的消费者购物数据，不仅包括用户的购买历史，还包括浏览习惯、搜索关键词、点击率、购买时间等。通过对这些数据的收集和分析，亚马逊能够获得深入的市场洞察和消费者行为理解。此外，亚马逊还使用数据来监控竞争对手的价格和促销活动，以实时调整自己的定价策略，保持竞争力。

价值传递（Deliver）：企业需要通过有效的渠道将产品或服务的价值传递给消费者。这不仅包括物理的产品交付，还包括提供良好的客户服务、售后支持和品牌体验等。"6·18""双11"等各种节日大促不断打出价格战，店家优惠、平台优惠及各种平行折扣所带来的数学计算题令消费者身心疲惫。电商平台注意到用户购买意愿降低，于是从价格战转为产品品质的竞争，将品牌定位传递给消费者。例如，京东的品牌理念从"多快好省"转为"只为品质生活"，再转为"不负每一份热爱"，天猫将宣传语从"上天猫就够了"转为"理想生活上天猫"。

动态（Dynamic）沟通策略也应该是动态的，这意味着企业要持续监测市场变化，并通过灵活的营销手段和渠道与消费者保持有效沟通。美国营销专家尼尔·博登（Netflix Borden）非常注重与用户的互动和沟通，其策略是高度动态且个性化的。这包括根据用户的观看历史、评分和偏好来定制沟通信息和推荐内容。Netflix 通过多种渠道与消费者沟通，包括电子邮件营销、社交媒体、个性化的网页内容等。这些渠道并不是静态的，而是会根据用户的行为和反馈进行调整。例如，Netflix 的社交媒体账号经常发布与当前热门内容相关的消息，以吸引用户参与讨论和分享。当 Netflix 推出原创剧集或电影时，它会通过个性化的电子邮件和推荐系统通知用户，这些通知是基于用户的过往观看习惯定制的。此外，Netflix 还会根据用户反馈调整推荐算法，确保推荐内容与个人喜好相匹配。

产品和服务创新需要不断跟踪消费者的需求，并不断超越消费者的期望；基于大数据手段对用户行为数据进行分析、预测；化繁向简、快速向消费者传递价值；与消费者保持动态沟通，积极快速地对消费者的问题进行响应。只有这样，企业才能在智能互联时代生存并盈利。

2.3 智慧营销模式：4D 营销理论

1984 年，美国营销专家尼尔·博登提出了市场营销组合的概念，即市场营销人员综合运用并优化组合多种可控因素，以达到其营销目的的总称。[⊖] 随着时代的发展，市场营销理论经历了 4P、4C、4R 到 4D 的发展历程。其中，最经典的 4P 理论由杰罗姆·麦卡锡（Jerome McCarthy）于 20 世纪 50 年代末提出，并由"现代营销之父"菲利普·科特勒（Philip Kotler）将其发展为营销经典理论。该理论认为完整的市场营销活动应当是将商品或服务以合理的价格、通过恰当的渠道和促销手段，投放至指定市场的行为过程。该过程可大体概括为四个部分，即产品（Product）、价格（Price）、渠道（Place）和促销（Promotion）。

1990 年，罗伯特·劳特朋（Robert Lauterborn）等学者针对 4P 理论存在的问题，从消费者需求的角度出发提出了与 4P 理论相对应的 4C 理论，即将市场营销过程概括为消费者（Consumer）、成本（Cost）、便利（Convenience）和沟通（Communication）。该理论强调企业应以消费者和市场为中心，而非以企业自身为中心。

1996 年，美国著名学者唐·舒尔茨（Don E. Schultz）顺应营销实践的发展提出基于关系营销的 4R 理论。该理论以市场竞争为导向，着眼于企业与顾客的互动共赢，认为企业应主动为大众创造需求、提供价值，方可获得理想的回报。4R 理论重新阐释了市场营销活动的四个要素：关联（Relevance）、反应（Reaction）、关系（Relationship）及回报（Reward）。

市场营销理论随着时代的变化而变化，从以产品为中心转为以人为核心；从注重规模经济转为重视社群经济，力求小而美，而非庞又杂；消费者从商品使用的被动方转为参与分享与创造的主动方。但这并不表示经典的营销理论体系已然崩塌，它们仍对今日的营销活动有着巨大影响。只是在新互联时代，人们的认知与行为变化加速，信息不对称状态逐渐被打破，从而使话语权由企业转向了消费者。不可否认的是，互联网思维对传统营销体系提出了挑战，但万变不离其宗。企业管理者应顺应时代潮流，突破传统营销管理理念，进行有针对性的变革，寻求新发展。如今这些变化，大多是因为企业和消费者之间的信息鸿沟被拉平，信息不对称程度越来越低，使企业与消费者的距离越来越近，从而使企业逐步以消费者为核心，拓展营销模式的内涵与边界，如图 2-3 所示。

企业的商业模式和营销模式是不断发展的，互联网的出现改变了企业的商业模式，互联网思维也对传统营销模式提出了挑战，这必然要求相应的理论推陈出新。在智能互

⊖ BORDEN. The concept of the marketing mix [J]. Journal of Advertising Research, 1984(2): 7-12.

联时代，技术应用、消费模式、消费者思想均发生着重大转变，本书通过对传统营销理论的探讨和对智能互联时代的敏锐洞察，提出了以消费者需求为基础，以互联网思维为灵魂的4D营销理论，如图2-4所示。该模型涵盖了四个关键要素：消费者需求（Demand）、数据（Data）决策、价值传递（Deliver）、动态（Dynamic）沟通。

图2-3 互联网思维下的新消费者模式

图2-4 4D营销理论

（1）消费者需求　企业首先要了解消费者的需求是什么，然后不仅要对符合消费者需求的产品和服务进行大力宣传，还要用超出消费者期望的方式去满足他们。

（2）数据决策　在互联网普及的当下，社会化应用及云计算技术使网民的网络行为能够被追踪、分析等，而这些数据是海量的，也是不断变化的，企业或第三方服务机构可以借助这些数据为企业的营销提供咨询、策略、广告投放等方面的服务。

（3）价值传递　企业在进行营销策略选择时，应优先考虑如何将产品的各项价值，如功能、特性、品质、品种式样、品牌等所产生的价值更加便利地传递给客户，而非只考虑企业自身生产、销售的方便程度。

（4）动态沟通　随着新技术的兴起，尤其是社交网络的出现，企业与消费者的沟通已经不再是一对一、点对点的静态机制，而是演变成多对多、立体化的动态沟通机制。

2.3.1 聚焦需求

需求作为市场营销理论的研究基础，人们对它的认识经历了产品本位、消费者本位到聚焦消费者需求的演化。产品本位是指从企业角度出发，以产品为导向，关注效用、外观、包装和规格等基本产品要素。产品本位策略产生于短缺经济时代，那时产品种类少，消费者没有选择的余地。因而企业推出何种产品、向消费者宣传何种产品，均易被消费者接受。通俗地讲，产品本位策略即"消费者请注意"。

消费者本位是指将企业产品或服务的研发和交付与目标消费人群当前及未来的需求挂钩，尽可能地提高消费者的长期经济价值。消费者本位策略即本书多次详述的"以消费者为中心"理念，即"请注意消费者"。

聚焦消费者需求是指收集、整理和分析消费者信息，从而了解、预测并创造消费者需求，即"我了解消费者"。购买的决定权掌握在消费者手中，消费者不断评估自己的经济能力和需求，从而改变其消费行为。若企业想迎合消费者，就必须跟上其需求的变化。

如果企业真正了解消费者，就能及时修正营销活动所传达的信息，调整所提供的产品或改变触达消费者的渠道。

2.3.2 数据决策

在智能互联时代，人们时时刻刻浸润在网络之中，从而使得大量的数据被网络记录，形成企业重点关注和分析的行为数据，如地理位置、交易记录、搜索记录等。这些数据维度众多，且在不断更新变化，为分析用户行为和特征提供了充足的资源。用友集团作为领先的企业服务商，通过多渠道获取客户信息，进行多维度分析，如图 2-5 所示。若没有精确、前瞻性的数据分析工作，管理方案、经营模式、降本增效等诸多企业决策就无从谈起。

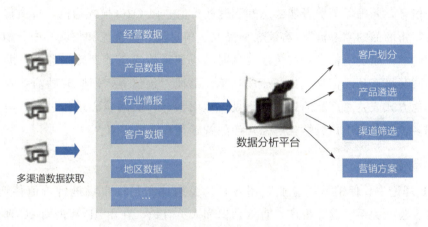

图 2-5 用友数据分析流程

大数据技术的发展，使传统商业模式正潜移默化地发生改变。随着社交网络的全球化，"数据大爆炸"正逐步改写营销规则。例如，社交网络的实名制使企业注意到了"人际关系链"，在现实中互相认识的人之间有着基本的信任关系，可以利用这一点大大提升营销转化率。换句话说，社交网络的营销价值类似于品牌口碑效应，但互联网的出现使"口口相传"变得更加容易，使这种高转化率的传统营销方式不限于线下场合。但企业应合理使用这种高效的营销方式，将用户交易数据与交互数据相结合，以判断是否适用该方法。

大数据已成为当前营销实践和理论的焦点，在营销管理、品牌管理、活动管理、客户关系管理等领域逐渐得到应用，并积累了丰富的实践案例，如图 2-6 所示。

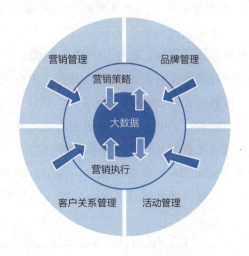

图 2-6 大数据营销应用实践

2.3.3 传递价值

营销活动传递方式的选择标准经历了由渠道原则、便利原则到价值传递原则的变化。渠道原则注重分销渠道的扩张,希望消费者可以在尽量多的地方见到自家产品、了解自家产品,但并未考虑消费者的购买习惯。便利原则在渠道原则的基础上增加了对服务环节的考量,如重视顾客的购后信息反馈,及时处理问题商品等。该原则虽然考虑了顾客的留存,希望提高顾客的品牌忠诚度,但并未考虑"拉新",即新顾客的获取。

在智能互联时代,营销渠道向"移动化"升级,消费者触网率越来越高,在网络上留下的行为数据也越来越多,企业应对相关数据进行分析,预测消费者的关注点,把握住每个触达并转化消费者的机会。若想快速促成交易,企业需要用恰当的营销手段传达有价值的信息,并确保消费者能够感知到这些价值。以 O2O 模式为例,价值传递原则希望企业在零售商品的"五流"(客流、商品流、信息流、资金流和物流)中,积极传递有效的、正向的产品价值信息。在传递信息时,应注重传递消费者感兴趣、有助于消费者判断是否购买该产品的信息,如产品的功能、品质、价值等,同时鼓励消费者通过购后反馈或其他方式表达对产品的建议与意见,从而参与产品的核心运作过程。消费者参与的环节越多,产品的用户属性就越强,产品就越符合市场需求。

2.3.4 动态沟通

在 4P 理论中,促销是指企业利用各种信息载体向目标市场进行价值传递的活动,包括广告、公共关系、营业推广、直效营销和人员直销。在由 4P 理论向 4C 理论演变的过程中,促销演变为以消费者为核心的沟通。4C 理论认为,企业促销活动的目的是在企业和消费者之间建立良好的沟通机制,从而维护好企业与消费者之间的关系。科技进步使沟通已经不再是企业与消费者之间一对一、点对点的静态沟通,而是动态多点沟通,即多对多、立体化的动态沟通。

根据美国营销学者安东尼·梅菲尔德(Antony Mayfield)[1]的定义:社交媒体是不同在线媒体的统称,给予用户极大的创作空间,赋予了个体创造和传播内容的能力,让用户通过网络充分表达自己的观点。史亚光、袁毅[2]根据社交网络理论,总结出了社交网络传播模式,如图 2-7 所示。该模式描述了信息在社交网络上的传播过程。

图劳(Thurau)等的研究指出,随着互联网的逐渐普及,用户可以通过网络上的用户评价平台与其他用户分享其对于产品、服务和体验的看法,从而形成网络口碑。欣德勒(Schindler)和毕卡德(Bickart)研究了网络口碑对用户决策的影响。他们研究发现,网络口碑会通过消除不一致认知等手段,帮助用户决定购买何种商品。口碑营销可

---

[1] Antony Mayfield. What Is Social Media. 2007.

[2] 史亚光,袁毅. 基于社交网络的信息传播模式探微 [J]. 图书馆论坛,2009,29(6):220-223.

以低成本地快速传播、触达用户，同时，类似于软性广告的方式会减少用户的抵触情绪。一些评价类网络平台，不仅为用户提供了表达观点的机会，更为商家带来了机遇，促使商家充分运用网络口碑进行营销。企业不仅可以从网络上获取用户对于产品的实时评价，还可以自己写软文，对产品进行营销宣传，把握网络口碑的实时动向。杨学成等的研究说明了网络口碑对用户决策过程的影响，如图2-8所示。

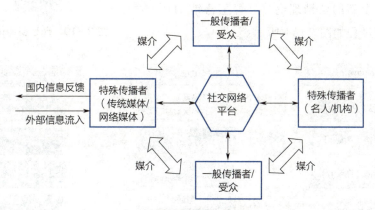

图2-7 社交网络传播模式

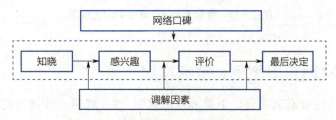

图2-8 网络口碑对用户决策过程的影响

国内学者夏雨禾的研究表明，绝大部分微博互动属于群体性互动，主要有三种扩散模式：链状、环状和树状。微博互动的链状模式，如图2-9所示。

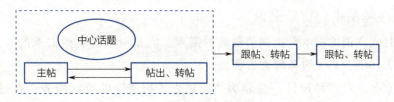

图2-9 微博互动的链状模式

随着社交网络等新兴平台成为消费者频繁使用的工具，消费者对于品牌的感知和购买决策在很大程度上受到网络和社交媒体的影响。同时，企业在与目标消费者沟通时，需要重视KOL⊖的影响力。企业与消费者的沟通方式应从一对一转为立体化、动态化的

⊖ KOL全称为Key Opinion Leader，意思是关键意见领袖。

方式，通过线上与线下营销闭环实现多渠道整合传播，通过 KOL 等有影响力的人群实现病毒式口碑传播，做到实时响应、全面覆盖，如图 2-10 所示。

在营销经典理论的基础上，综合以上论述，本书构建了一个新的营销理论——智慧营销 4D 理论，其演变过程如图 2-11 所示。

图 2-10 动态多点传播

图 2-11 智慧营销 4D 理论的演变过程

2.4 智慧营销典型案例：宜家家居

智慧营销模式使宜家家居（以下简称"宜家"）在互联网经济盛行的今天，仍然能够保持高速增长。它在全球拥有 300 多家门店，常年雄踞家具行业第一的位置。去过宜家的消费者都能感受到家一般的感觉，宜家对自己的评价是，"价值驱动型公司，对居家生活充满热情，产品体现了创造更加美好的居家生活的理念"。

2.4.1 关注消费者的真正需求

互联网时代营销的根本是把握消费者的需求。宜家对消费者的需求的解读体现在其产品、实体店环境、员工服务等方方面面。

宜家每年会针对产品设计一份题为"家居生活报告"的统计报告。在过去的 10 年中，宜家采访了来自多达 40 个国家/地区的 25 万人，通过量化研究、定性访谈、专家访谈和家访，充分了解世界各地人们的经历，深入调查消费，了解如何能创造更美好的家，如图 2-12 所示。

通过调研分析，宜家总结了消费者居家生活的八项重要需求，分别是日常基本需求（掌控感、舒适感、安全感）、定期的联系（呵护感、归属感）、富有意义的时刻（愉悦感、成就感）和未来规划（期待感），并对每一项需求的重要性进行赋分，如图 2-13 所示。

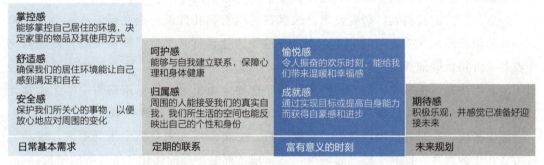

图 2-12 宜家 10 年消费者调研

掌控感 能够掌控自己居住的环境，决定家里的物品及其使用方式		愉悦感 令人振奋的欢乐时刻，能给我们带来温暖和幸福感	
舒适感 确保我们的居住环境能让自己感到满足和自在	呵护感 能够与自我建立联系，保障心理和身体健康		
安全感 保护我们所关心的事物，以便放心地应对周围的变化	归属感 周围的人能接受我们的真实自我，我们所生活的空间也能反映出自己的个性和身份	成就感 通过实现目标或提高自身能力而获得自豪感和进步	期待感 积极乐观，并感觉已准备好迎接未来
日常基本需求	定期的联系	富有意义的时刻	未来规划

图 2-13 宜家关于消费者居家生活的八项重要需求

在消费者八项需求分析的基础上，2024 年 4 月 8 日，宜家在上海发布《中国居家生活趋势报告 2023》，基于全球的消费者调研数据，进一步提出 2023 年有三大矛盾阻碍了消费者通过满足八项需求来获得更美好的居家生活，分别是"多做"和"少做"之间的矛盾、"共处"和"隐私"之间的矛盾，以及"追求生活品质"和"量入为出"之间的矛盾。宜家认为，了解这些矛盾产生的原因有助于采取更多措施来满足人们的需求，帮助他们实现梦想。根据三大矛盾，宜家分别提出了对消费者的建议和解决方案。宜家以消费者为核心，从消费者的真实需求出发，并将洞察到的细微变化体现在点滴细节中，用心感受、洞察了消费者的需求。

2.4.2 基于大数据的决策

宜家在开店之初便运用大数据技术提升顾客购买率和销售额。

宜家的会员制度不仅提升了顾客忠诚度，更重要的是，通过分析会员数据，了解消费者的家庭生命周期和收入情况，并依次进行精准的商品推荐。

首先，会员数据可以推测顾客的家庭生命周期，宜家通过分析顾客购买的产品来推断其是新婚夫妇还是宝宝即将降临的准父母。人们在家庭生命周期的每个阶段都会购买代表性的物品，如准父母一般会购买健康无污染、安全结实的婴儿床，并且在母婴类商品上不吝花费。宜家在保证健康和安全的基础上略微提升价格，即可获取更高收益。

其次，宜家可根据顾客所购买产品的价格、质量、规模，以及交易记录等推断顾客的家庭收入情况及所需产品，并有针对性地进行推荐。

再次，宜家商场的每个产品和展示空间搭配，都是基于对顾客的市场调查、数据分析、店长及团队经验的综合结果，最终呈现最优的场景。许多顾客并非真正想购物，而是被宜家精心设计的环境所吸引的游客。通过记录顾客在商场内的全流程购物行为，深入分析顾客的购物习惯和偏好，据此优化商品布局，如宜家将商场划分为超热区、热区和冷区。在超热区，布置最畅销的产品，提高销售额和利润；在靠近宜家餐厅热门区，摆放其经典商品，设置9.9元低价区；在冷区，放置让顾客感到惊喜的商品来提升热度，如在商场门口的位置、扶梯间等冷门区域放置低价的毛刷、衣架或小毛巾。可以说，从进入宜家开始，顾客的消费行为就已经被宜家安排好了。

最后，宜家的营销人员研究发现，顾客在连续看到几件低价商品后，往往会产生将下一件低价商品加入购物车的冲动。为实现这一转化，宜家采取了低价策略，商场内充斥着各类价格低廉的商品，如2.9元的杯子、7.9元的平底锅等。这些低价商品不仅吸引了游客的注意，也激发了他们的购买欲望。这种全面覆盖的优惠策略为原本无购物计划的游客提供了进行小额消费的机会，从而无形中增加了顾客的转化率。

总体来说，宜家通过市场调研、数据分析、会员制度和大数据应用等手段，成功地将游客转化为顾客，提升了顾客忠诚度，并实现了商品布局的优化和销售额的增长。

2.4.3 向顾客快速传递价值

宜家的核心价值观立足于"关爱人类和地球"的愿景，力求在业务实践中贯穿这一理念。为实现可持续发展，宜家不断革新工作模式，从传统的线性生产消费模式转向循环经济模式。作为对自然资源与人力资源极为依赖的企业，此种转变不仅保障了宜家的商业未来，同时维护了公司价值链的稳固。

宜家需要将这样的价值理念传递给顾客。在产品设计方面，一个显著的实例是，宜家商场逐步淘汰了白炽灯泡，转而推广更为节能的荧光灯泡。宜家宣布其照明产品100%采用LED光源，这种光源在同等亮度下相较于白炽灯节约能源高达85%，且使用寿命更长。通过顾客在商场中的反馈，宜家发现消费者对于这种高效节能的照明产品持接受态度。多数顾客在了解到LED光源的环保特性及其节能优势后，愿意支付更高的价格购买这些产品。宜家的灯具展销区如图2-14所示。在产品材料方面，宜家致力使用可持续来源的材料，如经认证的可持续森林木材、有机棉和回收塑料等。这些材料的使用减少了对环境的污染，同时也向顾客传达了宜家对环境保护的承诺。

宜家经常举办与可持续生活相关的教育活动，如提供家居节能小贴士、推广垃圾分类和回收等。这些活动帮助顾客了解可持续生活方式的重要性，并鼓励他们在日常生活中实践。宜家定期发布可持续性报告和进展更新，向顾客展示其在可持续发展方面的成就和挑战。这种透明度建立了顾客的信任，并证明了企业对其可持续价值观的承诺。

图2-14 宜家的灯具展销区

2.4.4 与顾客保持动态沟通

在新时代营销中，保持与消费者的沟通渠道畅通是极为重要的，这要求企业能动态地获取消费者的真实需求信息，从而调整产品设计解决方案。

宜家的线上沟通渠道有官方网站、社区、微博、公众号及会员俱乐部等。宜家官方网站支持59个国家和地区的语言选择，这样全面的语言设置吸引近25亿顾客访问该网站。官方网站提供了在线客服、电话服务、电子邮件等多种沟通渠道，如图2-15所示。

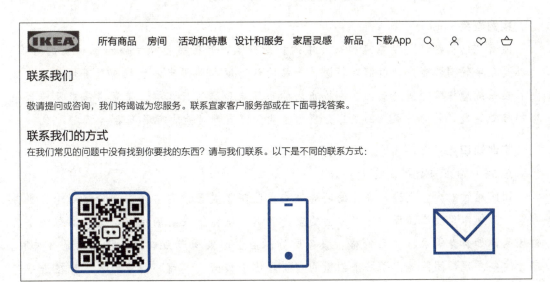

图2-15 宜家官方网站

在宜家与消费者的沟通渠道中，最重要的是会员俱乐部。会员俱乐部通过一系列的增值服务，如每月特惠、免费咖啡等，鼓励会员到店消费，实时收集消费者的购物信息，了解消费者的真实需求，及时调整商品方案。

宜家杂志是宜家针对全球会员发布的家居杂志，每年出版四期，目前推出了电子版。杂志上刊登的照片都是会员自己在宜家网站上报名提供的，这充分调动了会员的积极性。杂志中汇集了很多家居装饰的范例和搭配方案，展示了多种不同风格的宜家家居，让顾客有美的感受，充分体验到宜家充满创意的家居设计效果。

宜家把握住每一个线上和线下接触顾客的渠道，并与顾客进行全渠道沟通互动，从而获得顾客对商品的反馈、对企业价值观的看法等一手信息，进而促使企业向顾客更满意的方向发展。

（资料参考：https://www.ikea.cn/cn/zh/life-at-home/.）

课后思考题

1. 智慧营销与传统营销的区别是什么？
2. 智慧营销的价值体现在哪些方面？请举例说明。
3. 基于4D营销理论，设计一个针对某个产品或服务的智慧营销方案，要包括目标市场、定位策略、传播渠道等方面的内容。

实训案例

需求分析与智慧营销——轻医美品牌实现校园市场突围

案例概要：

随着"颜值经济"在经济和社会中的持续升温，轻医美行业呈现迅猛增长的势头。尤其是在年轻消费者中，他们对轻医美产品的认可度和购买忠诚度均有显著增长。本案例旨在系统地探索轻医美产品在高校市场的市场定位、目标客群、消费者需求及传播策略等核心议题，并通过深入的数据分析为企业制定有针对性的市场策略。

实训知识点：

1. 用户需求与数据决策

团队通过对大学生进行详尽的问卷调查，收集了关于消费者需求、价格观念、服务期望、品牌印象及产品评价等多方面的宝贵数据。研究结果明确指出购买意愿与多个关键因素，如自身需求、产品价格、服务质量、企业形象和产品口碑之间存在显著关联。基于这些发现，团队提出了一个创新的"新媒体＋校园＋电商"商业模式，旨在进一步提升品牌的市场知名度和公信力。

2. 价值传递与动态沟通

团队深入挖掘了轻医美产品的独特价值和竞争优势，为品牌构建了鲜明而具有吸引力的品牌形象。在价格策略上，通过结合成本加成法和竞争导向定价法，制定出既具有市场竞争力，又能满足大学生消费者支付能力和价值追求的价格方案。同时，团队还采纳了一个综合性的"新媒体＋校园社群＋电商"业务模式，以确保在线上和线下多渠道中与目标消费者建立紧密联系。

数据分析与实训操作:

本案例中涉及的关键数据可教学实训平台(edu.credamo.com)上进行细致的分析和处理,如描述性统计、相关性分析、多元线性回归等。这为学员提供了一个实践性的学习平台,使他们能够基于真实数据进行各种市场分析和模拟操作,如制定新的价格策略、策划营销活动或评估市场潜能等。综合这些实践性的活动,学员不仅能够深刻理解轻医美产品在高校市场的市场背景和竞争态势,还能显著提升他们的市场分析和策略制定能力。

实训问卷、数据与建模分析可登录教学实训平台注册(edu.credamo.com),加入"智慧营销"课程(在我的课程-学生端点击"加入课程",输入加课码:jkm_6015279262177280;教师可以在课程库中搜索该课程并直接导入),在相关章节的实训项目中获取。

教学实训平台

教学视频
2.4D营销模型

第 3 章 智慧营销：聚焦消费者需求

驴妈妈旅游网"帐篷客"酒店创新案例

随着现代消费者对旅游体验要求的提高，传统的酒店住宿已不能完全满足部分消费者对个性化和亲近自然的要求。针对这一市场趋势，驴妈妈旅游网推出了"帐篷客"酒店项目，旨在为寻求独特自然体验的消费者提供高品质的露营服务。

"帐篷客"酒店位于风景秀丽的安吉地区，通过精心策划将豪华舒适的住宿设施与自然环境完美结合。每个帐篷都配备了高端床品、完善的卫生设施、温控设备等，同时保留了野外露营的乐趣。此外，酒店还提供了多种户外活动，如星空观赏、生态徒步、户外烧烤等，以满足消费者对自然探索的需求，体现在以下几个方面：

1）个性化服务：通过提供可定制的住宿和活动选项，让消费者根据自己的兴趣和需求来规划旅行，从而提升了其满意度和忠诚度。

2）高品质体验：坚持"少即是多"的原则，在不破坏自然环境的前提下，提供舒适豪华的住宿体验，满足了消费者对高品质休闲度假的追求。

3）便捷的预订平台：利用互联网技术，打造了易于操作的在线预订系统，使消费者能够轻松安排行程，提高了用户体验。

4）社区互动：建立了线上社区，鼓励消费者分享自己的体验和故事，增强了消费者之间的互动，同时也为潜在消费者提供了参考信息。

"帐篷客"酒店成功开创了"景区＋帐篷露营"的全新度假模式，为消费者提供了一种新型的旅游选择。商业成就：凭借独特的定位和优质的服务，该酒店创造了平均房价超过3000元、全年平均入住率超90％的神话，节假日需要提前一个月预定，显示出其极高的市场吸引力。项目的成功不仅提升了安吉地区的旅游形象，而且带动了当地经济的发展，将安吉从传统的观光旅游目的地转变为高品质的休闲度假地。

驴妈妈"帐篷客"酒店的创新案例充分展示了聚焦消费者需求的重要性。通过深入洞察市场趋势和消费者偏好，结合互联网技术和自然资源优势，驴妈妈旅游网成功打造了一个既满足消费者对个性化和高品质体验需求，又具有商业价值和社会效益的创新项目。

（资料参考：http://jx.cnr.cn/2011jxfw/xxzx/20160304/t20160304_521531916.shtml.）

3.1 消费者需求的内涵

3.1.1 消费者需求的定义

商品经济的基本逻辑是企业生产满足消费者需求的商品,并与消费者进行交换以获取利润。但什么是消费者需求?凯恩斯认为,需求是人们对商品和服务的欲望,通过提供一般购买力而达到相应的目的。经济学家约翰·穆勒(John Stuart Mill)认为需求是指需求的数量,这个数量随价格的变动而变动。在此基础之上,马斯洛提出了需求层次理论,将需求划分为有着丰富场景和价值逻辑的五个层次,这说明了消费者需求往往是动态变化的。除了消费者内部心理驱动需求的变化,外部宏观环境(如社会文化、社会环境、气候变化、政策导向等)及微观环境(如家庭生命周期阶段的变化、参照群体的意见、主流媒体的宣传)也会为消费者需求的变化添加外部驱动力。

在大数据时代,商品市场琳琅满目,消费者的购买力庞大,消费者需求的变化速度以指数级增长,企业需要对获取的消费者数据和用户行为数据进行细致的分析才能得到精准的用户画像,进而实现精准营销。

3.1.2 消费者需求的特征

在传统市场中,需求具有多样性、迭代性和弹性等特征。需求的多样性是指由于消费者的基本信息,包括个人年龄、收入、教育层次、生活习惯等因素的不同,消费者需求也各不相同。需求的迭代性是指随着产品的更新换代和个人收入的增长,消费者对产品的需求也会不断更新。一般而言,收入越高,消费者对产品的质量、功能、包装的要求也会相对提高,这体现了一定的迭代性。针对不同类型的产品,消费者需求的弹性也不相同。首先,商品的需求弹性受自身价格的影响,在其他因素不变的情况下,一般商品的价格越高,消费者对它的需求越低,若价格变动的程度大于需求量的变化程度,即价格弹性大于1,则称该商品富有弹性;反之,为缺乏弹性。其次,商品的需求弹性受消费者收入的影响,称为收入弹性。收入弹性衡量消费者收入每增加1元时需求量增加多少,对于正常商品,消费者收入越高,对某种产品的需求越多。最后,商品的需求弹性受替代品的影响。在商品A的价格不变的情况下,替代品B的价格越高,对于商品A的需求量越多。因此,消费者购买商品的数量、品级等均会随商品自身价格、收入水平及替代品价格的变化而变化。在大数据时代,除了以上特征,消费者需求还呈现出可预测性和可创造性两个特征。

需求的可预测性是指电商及零售商平台会从各个方面记录用户行为。一个账号成为一个消费者的代表,企业会记录每个账号的交易数据、行为数据,如主动搜索产生的关键字，将上述数据汇总形成连续数据，通过分析消费者的习惯、行为推断消费者的偏好，从而预测消费者需求，为消费者推荐合其心意甚至超出其预期的商品。目前来看，很多电商平台在通过这种方法向消费者推荐商品，便是后台根据用户搜索的关键字和消费行为，为每位用户精心推荐的商品。

需求的可创造性是在消费者意识到自己的需求前推出产品，将消费者的潜在需求转化为真实需求。对消费者而言，这是一种被动的需求，和过去的主动提出需求后再满足需求有着很大的差别。在被动的需求下，消费者没有意识到或无法用语言表达需求，不代表没有需求；相反，企业创造需求比挖掘需求更有价值。但企业创造需求需要深入了解消费者的想法和经历，只有真正理解顾客价值才有可能实现需求的创造。企业与消费者建立真正的联系，不断倾听消费者的心声，可以提升企业创造需求的能力。电商平台的直播推荐很好地解释了需求的可创造性。很多主播通过直播平台，针对目标消费者群体推荐商品，获得了很大的成功。

3.2 理解消费者需求

无论技术如何进步、营销方式如何创新，营销工作的重点依然是洞察消费者的真正需求。只有理解消费者的痛点，才能帮其解决问题，最终取得成功；只有精准掌握消费者需求，才能使产品获得成功。消费者进行消费的原因在于需求没有得到充分满足，这需求包含生理上的口渴、饥饿、寒冷，以及各种心理上的失调。进一步消费以充分满足需求，可理解为一个再平衡的过程。但有些需求是消费者自身难以意识到的，因此在其产生消费以前企业需要刺激消费者的需求，通过对产品或服务的创新提供全新的价值，通过广告创意展现不同的价值，在确定消费者的物质需求被一定程度上满足后，逐渐拓展到其他需求上。由于需求依然有庞大的空间可以拓展，因此，引导消费的关键在于理解消费者需求，并尽可能地予以满足。

每个消费者都是社会的一分子，同时也作为独立的个体生活在不同的社会文化或经济环境之中。消费者因为性格、修养、经济条件与教育程度等因素存在差异，在进行消费时会有不同的偏好。企业经营活动的核心就是消费者，因而企业要从满足消费者需求为出发点深入研究、寻找消费者复杂多变的购买动机，根据规律研发能够吸引消费者、满足消费者需求的产品等。

过去，企业无须也难以通过量身定制个性化的产品或服务满足消费者，消费者也愿意迁就于所面对的有限选择，这在一定程度上降低了需求。然而，在移动互联网时代，人们可选择的产品或服务突破了地域、时间的限制，从而大大增多。在这样的背景下，企业必须提高产品或服务带给消费者的价值，利用合理的方式取得消费者的相关信息，最后以市场为导向满足消费者的个性化需求。

互联网的产品创新思维由产品导向转变为消费者需求导向,比起产品本身的优劣,消费者更注重产品是否能解决自身的痛点。因此,企业必须精准评估目标群体的需求,包括群体本身也不自知的潜在需求。理解消费者的需求需要以消费者为中心,进行换位思考和消费者需求分析。

> **案例**
>
> ### 优衣库——以顾客为中心
>
> 中国市场已经成为全球快消品牌巨头优衣库（UNIQLO）投入最多的市场。截至2023年8月底,优衣库在中国的门店数约925家,这一数字占到了其全球门店总数的32%左右。为了适应数字化趋势并革新未来的服装零售营销模式,优衣库的母公司迅销集团（Fast Retailing Co., Ltd.）实施了名为"有明计划"的战略。
>
>
>
> 在2018年11月,优衣库推出了一项名为"掌上旗舰店一键随心购"的服务,通过官网、官方应用程序、微信小程序,以及实体门店等渠道实现了线上与线下的整合。消费者可以在线上获取新品信息、优惠活动和穿搭建议,并能够预购限量设计师系列商品,实现随时随地的即时购买。同时,在实体门店内,顾客可以通过扫描商品二维码来了解产品详细信息,并查看店内及线上商店的库存情况。对于在线购物的顾客,他们还可以选择到店换货或线上下单后在门店自取,甚至实现跨地取货。此外,在微信朋友圈,顾客还能够分享自己喜爱的商品给朋友。
>
> 优衣库整合了微信公众号粉丝、线下自有客流、商业流量,以及腾讯社交流量这四大主要渠道,集合数据进行分析,创建了精确的顾客画像,并将与顾客的关系从单向的流量接触转变为多维度的"数字接触点"。门店导购人员也与"掌上旗舰店"服务相辅相成,如门店能够在最快一小时内完成备货,提供试穿、更换颜色尺寸、免费修改裤长等个性化服务。
>
> "服适人生"（Life Wear）是优衣库长期坚持的品牌理念,这一理念贯穿于其"智慧零售"实践的整个过程。优衣库认识到,尽管技术和数据非常重要,但提升商品质量和顾客体验才是核心所在。根据2018年的零售市场调研报告,消费者需求呈现新的趋势,大多数顾客在购物时会参考朋友或意见领袖（KOL）的建议,社交和口碑成为他们决策的重要依据；无论在线上还是线下,顾客都期望获得全面的商品信息。为了满足这些新兴需求,"掌上旗舰店"进行了相应的设计和调整:商品查询功能使顾客无论在线上还是线下均能获得详细的商品信息；分享功能可以让顾客轻松将商品转发至朋友圈并获得更多好友的评价；统一的渠道提供了一致的产品和服务；预购服务则

 智慧营销学

满足时尚潮人对第一时间获取限量设计师款式的需求。"掌上旗舰店"还允许顾客根据不同的穿衣场合进行选择,并根据季节变化提供穿搭推荐。顾客在浏览第一屏内容后,还可以直接点击预约"门店试穿"。在数字化转型和智慧零售的过程中,优衣库始终强调技术和数据的重要性,但更注重优质的产品和顾客体验。优衣库的实践为服装零售行业的有益案例,证明深入挖掘和满足消费者需求是最为有效的策略。

(资料参考:https://www.thepaper.cn/newsDetail_forward_26009532.)

3.2.1 换位思考

何谓换位思考?简单来说,就是站在别人的角度去思考。"换位"不只是简单地换个位置而已,而是真正深入他人的当时情景中。每个人都有自己固有的知识信念系统,对事物都有自己的看法,正如王国维说过的,"有我之境,以我观物,故物皆着我之色彩"。每个人都有自己的世界,每个人看到的世界都不一样,只有放下自己的成见,再深入他人的世界,沉浸到他人具体的生活情景中,才能说是真正的换位思考。营销的本质就是一个需求交换的过程,只有真正换位思考,才能准确把握消费者的真正需求,而不是自以为是的消费者需求。

 案例

换位思考了解用户

派翠西亚·摩尔(Patricia Moore)于1979年进入美国知名设计公司雷蒙德·洛威工作,她的家人因为罹患关节炎而饱受生活不便之苦。因此,她在针对新型冰箱设计的头脑风暴会上提议,设计让关节炎患者也能够轻松打开门的冰箱。没想到上司一脸不以为然地看着她说:"我们不为那些人设计。"对此感到愤愤不平的摩尔,决定采取行动。她在脸上涂上乳胶,让自己看起来衰老而满脸皱纹;她戴上厚重的眼镜来模糊自己的视线,戴上耳塞让自己听不清楚;她在身上绑上支架,在腿上缠上夹板,穿上鞋底高低不同的鞋子,让自己变成驼背又行动不便、必须用拐杖才能行走的老太太。接着,她亲自造访美国100多个城市,找出老年人每天所遭遇的现实困境。例如,需要在陡峭的地铁阶梯爬上爬下,推开百货公司厚重的门,赶在交通灯变换前穿越马路,使用开罐器,打开冰箱门等。这场变装体验让她成为大众通用设计的开创者,她设计的作品让5~85岁的人都能方便地使用,如装上橡胶把手的削皮器,即使罹患关节炎的人也能够轻松使用,如今几乎成为每个家庭的必备之物。摩尔的换位思考不只让自己完全融入从而成为使用者,更是启发了整个时代的设计师的思维,甚至推动国会通过了《美国残疾人法》。其实,通用设计理念可以用八个字来说明,即"设身处地,将心比心"。把用户思维导入日常生活中,对自己和周围的人一定有帮助,若公共空间设计充分考虑每位使用者的需求,社会将变得更加友善。

企业不仅要销售自己的产品，更要帮助消费者解决他们所面临的问题，要了解消费者的需求就必须先换位思考，要进行换位思考就必须先了解目标消费者的年龄、收入、习惯、经济条件、政治面貌、文化水平、购买的心理及动机等。不同的消费者群体和不同的细分市场之间可能存在极大的差异，要深入研究并差别对待才能够了解不同群体的真实信息。阻止人们进行换位思考的原因通常有二：内在视角和发明事实。内在视角是人们与生俱来的直觉：若遇到这样的问题，"我"会怎么做。这是作为人演化出来的本能，然而营销需要的不是自己的答案，而是消费者在这种情况下的选择。发明事实常发生在营销者想创造尚不存在的新概念时，因为人们普遍相信自己有意愿并且有能力改变他人固有的想法，然而正因为这是人们普遍的意识，所以即便证据充分也不一定能成功说服他人。我们真正应该考虑的是消费者脑中存在的事实，并以此为基础，尝试将这些与主要的市场需求联系起来。

3.2.2 消费者需求分析

进行消费者需求分析是要从众多需求中找出能达成购买的需求，而需求的重要性，或者说需求能带来的价值，则取决于消费者对于满足这项需求所愿意支付的价格。若人们需要花费极大的代价才能解决问题，说明该需求背后可能有巨大的市场空间。分析消费者需求的常用理论有马斯洛的需求层次理论、Kano 模型⊖等。多数人熟知的马斯洛需求层次理论是把人的需求以由低到高的层次分为五种，分别为生理需求、安全需求、社交需求、尊重需求及自我实现的需求，它仅能从宏观层面把握消费者需求并且关注产品本身能满足的消费者需求。Kano 模型认为消费者的需求是多方面、多层次的，但由于资源和条件的限制使得单个产品不可能满足消费者的所有需求。因此，需要对消费者需求进行排序。根据不同的需求与用户满意度之间的关系，Kano 模型将消费者需求分为五种：基本型需求、期望型需求、兴奋型需求、无差异型需求与反向型需求。

1. 基本型需求

基本型需求指的是产品或服务必须满足消费者的基本需求。当该需求满足不充分时，顾客很不满意，但当该需求被充分满足时，顾客满意度不会受多少影响。人们对生活必需品的需求属于基本型需求。例如，在网络无处不在的今天，稳定、快速、方便的网络连接已成为基本需求。如果一个人处在没有网络信号的地方，无疑会感到极度不便。但是，如果他们始终能够轻松地接入网络，这并不会带来额外的满意感。

⊖ Kano 模型是东京理工大学教授狩野纪昭（Noriaki Kano）发明的对消费者需求进行分类和优先排序的有用工具，以分析消费者需求对用户满意度的影响为基础。

2. 期望型需求

期望型需求与顾客满意度呈线性关系：需求越得到满足，顾客满意度越高，反之则越低。这类需求的典型代表有电子产品的新功能。以智能手机为例，除了基础的电话和媒体播放功能，消费者可能还期望其他附加功能，如闹钟、计时器。如果手机包含了这些期待的功能，顾客满意度会直线提升；如果没有，满意度会相应降低。

3. 兴奋型需求

兴奋型需求指的是产品完全出乎顾客意料的属性或功能所激发的需求。如果此类需求被有效激发，顾客感到惊喜，满意度会大幅提升。但如果此类需求未被激发，顾客满意度也不会降低。与期望型需求的不同之处在于，兴奋型需求是顾客并没有提前感知的。例如，在推出蓝牙无线耳机之前，若不使用声音外放功能，人们打电话只能通过手持的方式，听音乐需要接入有线耳机，而无线蓝牙耳机将蓝牙功能和无线耳机完美结合，给很多顾客带来了惊喜，这让他们告别了冗长的耳机线和将它收纳起来的困扰。对于大多数没有预想过可以通过无线的方式听音乐的消费者来说，这是意外的惊喜，会提升其满意度；反过来，若没有这个新功能，也不会造成消费者对现有产品满意度的下降。

4. 无差异型需求

无差异型需求可理解为可有可无的需求，顾客并不会过于关注这类需求，该需求也不会为企业增加收益。这类需求被满足与否，顾客满意度都不会受到影响。但是从企业的角度来讲，这类需求的满足会产生一定的人力、物力成本，投入市场后反而不会影响顾客的体验，不会导致顾客满意或者不满意。例如，理发店里通常会准备一些报刊，供等候接受理发服务的人翻阅，但很少有人会真正拿起来阅读。理发店提不提供报刊都不会对理发店的业务造成正面或负面的影响，提供报刊反而会增加购买成本。企业应尽量避免满足此类需求。

5. 反向型需求

反向型需求指的是消费者没有此需求，该需求被满足后会导致满意度下降。企业在了解消费者需求后，应该投其所好，生产出大家需要的产品，而不是讨厌的产品。既然会引发不满，为什么还会有人做？这可能是由于一小部分顾客有此需求，而企业对此类需求的判断存在偏差，以为小部分顾客的需求是多数顾客的需求，导致新产品引发更多顾客的不满，现实中不乏此类事情的发生。

Kano 模型的局限性在于，它并非直接测量顾客满意度的定量工具，而是对不同的消费者需求进行区分，这需要引入干系人进行判断，分析其主观意图。对于某些产品来说，期望型需求优先于基本型需求。需求类型的划分会随着时间的推移不断变化。Kano 模型更加适用于与最终用户直接相关的需求分析。通过 Kano 模型对需求进行细分，可以制定出一种结构化的分析方法，若再引入量化分析方法，并将结果汇总，便可得到需求优先级排序。

根据 Kano 模型的原理，可以最大限度地帮助企业了解不同层次的消费者需求、识别消费者需求。需求定位包含一系列流程。用户跟踪调研是一种研究时间较长且互动较为复杂的定性或定量研究方式，因为可能造成用户厌倦等负面影响，一般还是以种子用户或其他忠实用户作为调研对象，调研消费者对于产品迭代的看法等。不过，调研问卷的结果容易受主观认知差异的影响，如个体间经济、文化、社会甚至调研时环境、情绪的不同都可能导致结果偏差，而各项数据变化的过程是客观且易于比较的，在对两者进行交叉分析的前提下，能够更准确地定位核心的消费者需求。有些现象通过数据分析出来，可能调研的结果却难以匹配，这时需要对样本用户进行深度访谈。访谈的样本数无须太多，但要具有代表性，最好是典型的种子用户。可以借助某些指标来筛选，挖掘核心需求，结合数据反馈还原用户操作行为，并询问访谈目标与其背后的动机，更完整地了解用户的使用细节。最后，通过经验与想象力构建产品或服务的使用场景，并设想在这样的场景下可能产生的所有结果，对每种结果进行分析，在与用户访谈的过程中逐层深入，挖掘核心需求。

3.3 寻找消费者需求

互联网最大的特点是能够突破二八法则的限制，对长尾市场的用户进行定制化的服务，更好地实现利润最大化。所谓二八法则，是由意大利经济学家维尔弗雷多·帕累托（Vilfredo Paredo）在 19 世纪末提出的，最早是用来描述英国社会财富分配的现象，即 80% 的社会财富集中在 20% 的人手中。通俗地说，20% 的"头部"是最重要的，剩余 80% 的"尾端"是次要的。在现实中，企业若在把握好最重要的 20% 目标消费者的基础上，抓住剩余 80% 的消费者，对消费者进行充分分析后精准归类，能提高目标市场占有率，实现企业增值。

3.3.1 市场细分

市场细分是美国市场营销学家温德尔·史密斯（Wendell R.Smith）于 20 世纪 50 年代提出来的概念，是指营销者通过市场调研，根据消费者需求、购买行为或习惯等差异性特征，将同一产品市场划分为诸多消费者群体，这一概念此后受到广泛应用。由于受到资金、人力等实体资源的限制，企业难以满足所有的市场需求，这一现象在消费者追求个性化需求的当今越发明显。为了避免市场的激烈竞争，企业需根据自身优势，选定特定细分市场来更好地满足部分消费者的需求，这是一种能够有效适应消费者需求差异化的方法。以蒙牛乳业的特仑苏品牌为例，"不是所有牛奶都叫特仑苏"这句广告语家喻户晓，凸显了特仑苏与普通牛奶的明显差异，明确了品牌定位。针对消费者的理念、需求和动机的改变，特仑苏以"更好"为核心不断进行创新与升级，推出了低脂奶、有机奶、谷粒牛奶、M-PLUS高蛋白牛奶等，满足了不同细分市场的需求。

3.3.2 客户培育

经过细分、定位市场后，企业需要通过开发新市场来建立客户关系，开发渠道包括目标群体探索、电话拜访、网络推广等，挖掘、分析客户数据则是培育客户的重要前提。通常的客户培育需要考虑以下几点：

1) 在客户培育过程中，企业须具备强大的洞察力，才能发觉潜在需求并予以满足。企业要洞察各类客户的不同潜在需求，找出共性，发现痛点，并尽最大努力解决痛点，满足大部分消费者共同的潜在需求。例如，宜家在产品设计之前，会研究客户生活中的细节，观察不同客户对同一件事的反应，然后才开始进行产品的研发与改进。

2) 企业须具备换位思考的能力，站在客户的角度体会，而不是一味地推销自家产品及服务。这种换位思考需要企业及员工有较强的共情能力，以客户的视角来考虑问题，而不是按照自己的思维方式思考。在这一点上，亚马逊公司是值得众多企业学习的。早在2015年，亚马逊就率先推出了Dash按钮，如图3-1所示。这个按钮的目

图3-1 亚马逊推出的Dash按钮

的在于解决人们生活中消耗性必需品的"临时购买需求"，其操作原理为：将按钮连上无线网络，设定好每次购买的产品种类和数量，在需要购买时按下按钮即可。作为Dash的升级版，亚马逊于2016年推出了一项全新的服务。这项服务可以与智能家电相结合，使客户在缺少某样生活必需品的时候自动进行网上订购。这避免了客户在使用时才发现生活必需品被用光的尴尬情况。例如，亚马逊将客户的智能洗衣机与无线网络连接，可以实现对消耗性较强的洗衣粉进行实时监测，当剩余量少到某个数值的时候，自动进行订购。亚马逊这一服务，正是从客户角度出发，把自己当作客户来思考问题：若是自己在洗衣服时没有洗衣粉了该怎么办呢？若有人时时刻刻关注洗衣粉的用量，并不断填充洗衣粉，就不会出现此类尴尬场景。

3) 强化专业技能，熟悉竞争者的状态与行业现状也非常重要。知己知彼，百战不殆，企业应了解竞争对手，包括竞争对手的优劣势、竞争对手的未来计划、各自的细分领域与主要客户群体、产品体系的差异、是否掌握定价权等。

4) 创造消费者需要的产品，在合理的时间以合理的方式推出，让消费者细致、全面地了解企业提供的价值，进而成为企业的顾客。所谓营销，就是在对的时间、对的地点、将对的产品卖给对的人。寻找对的人就是向潜在顾客推广营销理念。将潜在顾客转化为有效的顾客是需要企业花些心思的，提供好的产品是一方面。另一方面，大多数消费者

对于产品的需求都会受到营销的影响。因此,如何有效引导消费者购买成为企业应该思考的事情。例如,优惠券对于消费者的诱惑是很大的,消费者面对优惠券时会产生一种"不买即吃亏"的心理。因此,优惠券也是众多企业在做市场营销时愿意使用的手段。对于生产弹性较小的消耗性生活必需品的企业来说,这种方式能够使其迅速增加收入。

5) 售后电话回访不仅能维系企业与消费者的关系,还能了解消费者的使用情况、产品是否存在问题等。及时了解消费者的反馈,作为产品未来迭代的依据,条件允许时甚至可以进行定期拜访。企业越为消费者着想,消费者越可能成为企业的忠实用户。亚马逊的Dash按钮与自动下单服务便是维系企业与消费者关系很好的方式,有效提升了消费者对亚马逊的忠诚度。

综上所述,企业可以培养、发展自己的潜在顾客,不断提升顾客对自己的忠诚度,培养出一批属于自己的顾客。

3.3.3 寻找潜在需求

一切商业机会,都从消费者需求中来。研究消费者的隐性需求非常重要,但将其引导、转化成为显性需求更为关键。隐性需求,又称为"无意识需求""潜在需求",是消费者尚未意识到的、朦胧抽象的、没有具体载体的潜在的消费需求。如果消费者需求是他们能够表述清楚的,即产品的基本功能需求,这被称为显性需求,那么相对而言,隐性需求便是消费者在潜意识中产生且无法言说的,期望产品能满足享受、愉悦、尊重、自我表达等更高层次的需求。消费者可能无法明确表达自己的需求,但企业有义务寻找消费者需求,并提供将需求具象化、清晰化、显性化的解决方案。当这样的解决方案出现时,产品就能快速得到消费者的认同。

随着社会生产力的迅速发展,消费需求日益呈现出多样化、个性化。企业应当与时俱进地转变营销理念,建立基于个性化消费需求的定制化营销理念。隐性的消费者需求的特征与消费者的心理因素密切相关,企业应深入解析隐性的消费者需求的特征及驱动其演化的内在机制,并通过变革营销策略的方式有效开发隐性的消费者需求。

寻找消费者需求

无印良品,被誉为"生活形态提案店"(LifeStyle Store),倡导一种简约、自然和舒适的生活哲学,并拒绝空洞无实的品牌化,追求生活本质。无印良品的多数商品设计紧贴消费者尚未明确表达出的潜在需求,这种精准满足消费者期待的做法让众多消费者乐意为其产品买单。从一个提供高性价比日常用品的店铺开始,无印良品逐步演变为一个通过设计理念、美学立场、材料选择、流程审查、简约包装和形象宣传等多方面来创造和推广全新生活方式的一站式服务中心。如今，它已被视为日本当代最具代表性的品牌之一。

在商品设计方面，无印良品致力于探索提升生活便利性和品位的方法。为此，他们经常派遣设计师上门拜访消费者，详细记录房间的每一个角落以及每件商品的摆放和使用情况。这些照片随后成为讨论和分析的基础，旨在深挖消费者的潜在需求并激发设计灵感。例如，设计师发现大多数人睡前阅读结束的最后一个动作是摘下眼镜并关掉床头灯，而第二天早上醒来的第一个动作是摸索着找眼镜，因此他们设计了一款中间凹陷的床头灯底座，方便用户将眼镜放置在灯杆上。另一个例子是，针对浴室中洗发水、护发素等容器形状和大小不一致，且多为圆筒形而难以稳定放置的问题，无印良品推出了方形容器，以优化浴室使用体验，更好地满足消费者需求。无印良品的设计宗旨只有一个：满足实际生活的需要。这听起来简单，却颇具挑战性。无印良品的前社长松井忠三曾表示："我们始终遵循'与其创造商品，不如发掘需求'的理念。"为了洞察消费者需求，无印良品不仅进行市场调查、家访，还成立了顾问委员会，专门关注社会趋势并提供意见。委员们分享他们在世界各地的观察成果。例如，他们注意到中国无论在小巷还是摩天大楼之间，窗户外常常可以看到挂满衣物的晾衣竿，于是无印良品将其商品化，使得晾晒更为便捷。无印良品真正做到了寻找消费者的痛点，并帮助解决生活中的种种不便。许多品牌自认为产品卓越无比，或者试图将自己的设计理念强加于消费者，而无印良品的创新与创意则源自对消费者生活细节的深入观察和对生活场景痛点的深刻理解。

（资料参考：https://www.muji.com.cn。）

课后思考题

1. 在智慧营销中，为什么获取消费者需求是一个重要的步骤？请谈谈你的看法。
2. 你认为有哪些方法可以帮助企业获取消费者的需求信息？请列举并解释其中一种方法。
3. 以一个实际的企业或品牌为例，分析其是如何通过获取消费需求来指导自己的营销策略的。请写出具体的案例和分析。

实训案例

市场细分与客户培育——赢得年轻人：乡村度假目的地新媒体营销模式、效果和策略研究

案例概要：

根据《上海市崇明区总体规划暨土地利用总体规划（2017—2035）》，崇明计划在

2035年发展成为全球领先的"世界级生态岛"。尽管该岛拥有丰富的自然和生态资源,但在吸引年轻游客方面面临挑战,如新媒体营销不足和目标群体逐渐老化。为解决这些问题,本研究在江浙地区开展调研,通过市场细分,提出针对不同群体的营销策略,提升崇明岛的知名度和吸引力,吸引更多游客前来体验其独特的生态风光和农业项目。

实训知识点:

市场细分与客户培育

在旅游市场中,年轻人被认为是一个至关重要的消费群体。他们与老年人在旅游需求和偏好上有明显的区别,更偏向于寻求个性化、体验式,以及时尚的旅游方式。此外,新媒体平台在他们选择旅游目的地和产品时起到了决定性的作用,表明了其对于数字化信息和交流的强烈依赖。

为了满足这一特定的消费群体,崇明旅游业务需要采取相应的策略。首先,加强在新媒体上的市场营销活动,从而提升其品牌的知名度和影响力。其次,为年轻人设计与自然环境相结合的创新旅游产品和服务,以满足他们对于趣味性、创意性和互动性的需求。同时,也需要考虑到老龄化顾客群体的需求,提供更为贴合他们兴趣和期望的旅游体验,确保崇明在旅游市场中能够获得持续的竞争优势。

数据分析与实训操作:

在案例的数据分析和实训操作中,学员将使用问卷调查数据进行描述性统计分析。这有利于深入理解市场细分和客户培育的核心概念。此过程将为学员提供实际操作经验,从而提升其数据分析和实际应用能力。

3.1 聚焦需求——获取消费者需求

3.2 聚焦需求——预测和创造消费者需求

3.3 聚焦需求——案例导入

第4章 智慧营销：预测消费者需求

案例引入

塔吉特消费者需求预测

塔吉特是美国仅次于沃尔玛的第二大零售公司。在《财富》杂志发布的2021年全球500强企业排行榜中，塔吉特名列第78位。该公司因其在大数据分析领域的精准营销实践而备受瞩目，尤其是在一个涉及预测顾客怀孕情况的案例中表现突出，被誉为"大数据零售行业的佼佼者"。

2012年，一位美国男子因塔吉特向他的17岁女儿发送婴儿纸尿裤和童车优惠券而到当地的塔吉特门店表达抗议。尽管门店经理对此表示了歉意，但他们并不知情这一营销策略其实是公司总部基于数据挖掘和个性化推荐算法所做出的决策。令人惊讶的是，一个月后，该父亲返回该门店并为之前的误会道歉，因为他女儿确实怀孕了。这一事件展示了塔吉特通过数据分析比父亲本人更早发现其女儿怀孕的情况。

塔吉特等大型零售商长期致力于收集和分析关于消费者行为的海量数据。为了深入了解顾客的消费习惯，塔吉特为每位顾客分配了一个独特的识别码，用以跟踪他们的购物活动。无论顾客是通过信用卡支付、使用优惠券、填写反馈表，还是仅仅浏览公司网站，塔吉特都会搜集这些信息以构建详细的消费者档案。

对于零售商而言，了解顾客是否怀孕至关重要，因为这通常会引起夫妻生活方式和消费习惯的转变，使他们开始关注新的商店和更安全的产品，并对母婴品牌产生忠诚度。塔吉特分析了登记在婴儿礼物登记簿上的消费者的购买行为，注意到女性顾客通常会在怀孕第三个月左右开始购买无香料润肤乳，并在此后逐渐购入营养补充品。最终，塔吉特确定了约 20 种与怀孕期间消费相关的商品，并通过这些商品的购买模式为顾客计算"怀孕预测分数"，从而相对准确地预估预产期，以便在孕期不同阶段向顾客发送定制化优惠券，刺激消费欲望。

同样，淘宝、京东等电商平台也会根据用户的浏览和购物历史，利用大数据分析技术推送个性化的商品推荐，提供更贴合个人需求的购物体验。此外，加拿大旅游应用 Hopper 利用大数据预测机票价格变动，百度指数可以追踪关键词热度趋势，谷歌通过分析海量搜索数据来监测流感情况，对冲基金则通过分析社交网络数据来预判股市动向。

随着互联网技术的不断发展，大数据的商业价值越来越高。在当前的商业环境中，企业借助大数据赋能来推动发展已成为一种普遍趋势。以顾客为中心的企业应当把握这一趋势，运用大数据技术预测和满足消费者的需求，进而提供更高质量和水平的产品和服务。

（资料参考：corporate.target.com/.）

4.1 预测消费者需求的意义

4.1.1 预测消费行为

每个人或多或少都曾认为自己个性鲜明,行为与众不同。如果有人表示他明白我的喜好,猜中我中午会去哪家餐厅,周末会看哪场电影,我可能会付之一笑。然而,当数据量足够大的时候,我们确实可以发现个体的行为很多时候是趋同的,因此消费者的许多行为并非无法预测。

麻省理工学院一个致力于大数据研究的实验室曾做过如下实验。研究人员向参与实验的大学生和市民免费发放智能手机,但实验参与者需要将手机上的数据信息提供给研究者。研究者基于这些海量的真实数据去洞察每个参与者的日常生活行为。结果发现,其实绝大多数人的生活并没有那么丰富多彩。事实上,人们平日总是往返于家和公司之间,经常光顾某几家餐厅,常联系的好友也是固定的几个人。由此可见,借助大数据技术预测个体的生活轨迹和行为并非难事。

4.1.2 创新商业模式

随着我国经济的发展,人民生活水平不断提高,消费者对于生活各个方面的需求也在发生着翻天覆地的变化。从基本的生活需求到休闲娱乐、教育医疗等更高层次的追求,消费者的需求已经变得多样化和个性化。在这样的背景下,企业如果不能及时洞察并适应这些变化,就很可能被激烈的市场竞争淘汰。许多曾经辉煌的实体零售品牌,由于未能充分重视互联网的发展,受到电子商务的巨大冲击,因而逐渐衰退,这一现象便是一个鲜明的例证。伴随着互联网的兴起,B2B、B2C、C2C、O2O等商业模式应运而生,并且迅速成为大家熟知的概念。自20世纪90年代以来,"商业模式"这一术语开始被广泛使用,尤其是在互联网经济背景下,它被用来系统解释企业的竞争优势和创新能力。即便在2001年互联网泡沫破灭之后,这一概念依然被广泛讨论和应用。商业模式是为了拓展企业经营战略框架而生成的概念,旨在更清晰地应对现代商业分析的多样化、网络化和复杂化。从某种程度上来说,商业模式中的利益相关者都是广义上的顾客。因此,以消费者为中心,从消费者的需求出发,一直是寻找和创新商业模式的关键途径。以书籍销售为例,传统的实体书店存在诸多不便和价格折扣少的问题,这就催生了B2C电商,如当当网。然而,即使在今天,人们已经习惯了在淘宝、京东等大型电商平台上购书,这并不意味着其他线上售书的市场机会没有了。例如,成立于2017年年初的多抓鱼,就是一个C2B2C模式的二手书交易平台,它满足消费者对二手书的需求。平台从用户手里收购闲置的二手书,进行统一清理、翻新、消毒和包装,然后出售给对书的新旧并不敏感、乐意以较低成本购买二手书的用户。

在传统商业模式中，产品设计往往是"闭门造车"，最终导致市场对产品的反应与企业的预期有一定的差距。在物质条件匮乏的年代，大规模生产只具有基本功能的产品也许尚有出路。随着经济发展，生活条件逐渐改善，人们开始追求消费升级，年轻一代需要别具特色的产品来满足他们的个性化需求。在互联网时代，企业要顺应宏观趋势，利用大数据把握细分市场的风口，实现精准投放广告。在移动互联网时代，企业更要以顾客为中心，致力于满足消费者需求。以运动品牌阿迪达斯为例，通过与经销商开展合作，收集到更精准的终端消费数据，它得以在恰当的时间，在不同区域推出受消费者欢迎的产品。在阿迪达斯从"批发型"公司转向"零售驱动型"公司的过程中，与经销商的密切合作使经销商的库存降低，在减少成本的同时提高了单店销售率。企业可以借鉴阿迪达斯的经验，利用大数据合理预测产品销量，减少商品库存堆积或脱销的情况。

在互联网时代，消费者不仅是产品的驱动者，更是市场的参与者。COSMO Plat 是海尔推出的全球首家引入消费者全流程参与体验的工业互联网平台，通过这一平台，消费者可以全流程参与产品设计、采购、制造、物流、体验和迭代升级等诸多环节。消费者参与设计，不知不觉将自己的需求与想法融入产品中，使最终的产品直接反映了消费者的真实需求。

在移动互联网时代，线上与线下融为一体。越来越多的消费者在线下购物时选择移动支付，也有人在门店了解心仪的商品之后在电商平台下单，滴滴、美团等O2O应用软件已成为众多消费者日常生活的一部分。随着消费者行为发生重构，企业也应顺应趋势随之调整。对大型企业和平台而言，打通线上与线下的数据联系有利于建立更为准确、立体的用户画像，把握消费者群体的共性，洞察某一类群体的偏好，且有利于交叉销售。对小型企业来说，以数据为起点预测需求有利于企业找到潜在的利基点，提供更加个性化的产品和服务，发展成"小而美"的企业。

互联网和大数据的发展使企业能够更精准地洞察消费者需求，从而提高产品研发投入的回报率，促进业务模式流程的优化和商业模式的创新。企业的竞争力也能随之加强，还能促进行业内的你追我赶，形成良性竞争，帮助企业找到转型之路。

4.2 预测消费者需求的思维

4.2.1 从因果到相关

一直以来，我们对因果关系更为注重，分析思维也常以"知因求果"和"执果索因"为主。然而，大数据的应用并不需要以因果规律为前提。互联网时代下的大数据思维最大的特点之一就是从因果思维转向相关思维，不需要像科学研究那般严谨，只需要知道，当一个事件甲发生时，另一事件乙也大概率要发生即可，时间先后、伴随发生并不能说明有因果联系，但也暗示了某些相关性。对于企业而言，只需要把握这种相关性并做出相应决策，便有足够的空间来施展拳脚。

基于关联规则的推荐系统现已成为各大电商的必备利器。沃尔玛通过分析销售记录和当天的天气状况，注意到每当飓风季节临近，不仅手电筒销售量攀升，蛋挞的销量也在增长。于是，每当季风来临时，沃尔玛便把蛋挞放在飓风用品旁，最终实现了销量双增长。无独有偶，赛百味近年发现店内在售的 20 种不同三明治之间存在销量联系，便抓住这一机会扩大顾客食品清单。基于关联规则的推荐系统的优势在于，它善于发现新的兴趣点且无须专业领域知识。但是，对于关联规则的提取难度较大，且可解释性较差。例如，人们无法解释为何手电筒与蛋挞这两个既不是互补品也不是替代品的商品，在飓风季节呈现正比的销售量变化。企业可以通过数据挖掘从大量的历史交易数据中获得规则，包括同时购买的商品之间的关联规则和按时间依次购买商品的序列模型。

世界是极为复杂的，然而，很多时候我们只需要知道"是什么"，暂时不需要进一步探究更深层次的"为什么"。在这个科技飞速发展的时代，对于有些应用，追求相关性比追求因果性要有效率。若执着于因果关系，得到结果的时候很可能已经时过境迁。追求相关性不是对因果关系的抛弃，因果关系仍是科学的基石，只是在高度信息化时代，企业为了充分利用即时信息进行实时预测，更要侧重把握相关性。如果试错成本不高，企业完全可以"先开枪、再瞄准"，这样的效率才能跟得上这个日新月异的时代。

4.2.2 量化一切

信息本身是有价值的，它能够帮助企业了解市场状况、消费者偏好、技术发展等，有价值的信息能够为企业提供洞察力，帮助其做出更明智的决策。许多被人忽视或误以为不能量化的信息，在数据化之后，均有较大的商业价值潜力。例如，坐姿，如果仅用文字来描述，很少有人能联想到它的商用价值，而事实上，身形、坐姿及重量分布均可以被量化。《大数据时代》一书中提到过这样一个案例，日本先进工业技术研究所的越水重臣教授团队在汽车座椅下安装了 360 个压力传感器，用于测量驾驶人对椅子施加压力的方式，并按 0~256 的数值范围对其量化，生成每个驾驶人的精细数据。基于该项技术，汽车能够识别驾驶人是否车主本人，因而该研究结果可应用于汽车防盗等领域。进一步地，我们还可以基于这些数据，研究驾驶人坐姿与行驶安全之间的关系，甚至可以判断出驾驶人是否处于疲劳驾驶状态，进而提出警示以保障行车安全。

量化一切思维指的是一种以数据为基础，通过量化方法来理解和分析问题的思考方式。在商业决策中，这种思维方式要求企业收集关于消费者行为、市场趋势、竞争对手动态等方面的数据，并将这些数据转化为可衡量和分析的指标。当信息被量化或数据化后，它变得更加具体和操作性强。数据化的信息可以输入到各种分析模型中，如统计分析、机器学习算法等，从而产生洞察、预测未来趋势、优化产品设计、提高营销效率等作用。这种转化过程使信息不仅仅是被动的知识，而是可以主动用来指导实践的工具。

4.3 预测消费者需求的方法

4.3.1 深入洞察

为了更准确地预测消费者需求,企业必须深入洞察消费者行为。尽管消费者可能并不完全明白自己的需求,且市场调研的样本选择可能存在局限性,导致调研结果有偏差,因此投入时间和资源去观察消费者、分析他们的行为和心理动机变得至关重要。菲利普·科特勒(Philip Kotler)在《营销十宗罪》中指出,企业营销的不足往往源于对市场机会的忽视和未能有效组织资源来满足目标顾客的需求及期望。优秀的企业总是能够洞察消费者需求,抓住市场先机,并使产品或服务超越顾客预期。

消费者并非真的了解自己

在现代市场经济中,企业的成长与创新紧密相连,尤其是在满足和塑造消费者需求方面。这一过程包含两个关键层面:一是提升现有产品和服务的品质,以增强消费者的体验;二是通过前瞻性的创新,主动创造新的消费者需求,实现市场的扩展和品牌的差异化。

以苹果手机为例,其产品需求的广泛性并非仅仅源于对现有消费者需求的满足,而是在于苹果对消费者深层次需求的洞察和引领。尽管三星等品牌也能满足消费者对于手机基本功能的需求,但苹果通过持续的产品创新和卓越的服务,以及对品牌价值的不断重塑,成功地满足了消费者未明确表达的更高层次的需求。苹果的设计文化促使员工从设计师的角度出发,关注用户的需求,从而在产品设计和细节上不断创新,提供了超出消费者预期的贴心产品和服务,巩固了苹果在市场上的领先地位。美国苹果公司联合创始人史蒂夫·乔布斯(Steve Jobs)有一段经典的自问自答,身着紧身牛仔裤的乔布斯指着自己的窄小裤兜说:"如果我们想在裤兜里塞进去一个产品,那它应该是什么?"紧接着,乔布斯拿出了苹果手机:"没错,就是它!""消费者并不知道自己需要什么,直到我们拿出自己的产品,他们才发现,这就是他们要的东西!"这正是对消费者潜在需求的深入挖掘和创造的典型例证。这表明,消费者并不总是清楚地知道自己需要什么,直到企业通过创新产品揭示他们的潜在需求。

淘宝的成功也同样证明了企业在创造需求方面的重要作用。淘宝的出现并非单纯响应消费者已有的购物需求,而是通过互联网技术创新,改变了传统的消费模式,进而塑造了新的线上购物需求,并影响了消费者的生活方式和企业的销售策略。再如,耐克宣称"能提供一双世界上独一无二的耐克鞋",消费者只要登录耐克的官方网站,轻点鼠标挑选底色、减震装置、内衬、钩形标志等一系列"制鞋零件",就能很快收到耐克公司邮寄的一双由消费者本人设计的、世界上独一无二的耐克鞋!耐克公司只是将一双完整的鞋子拆分为各种散件,并且允许消费者通过网络技术自由地进行搭配组合,满足消费者个性化需求的产品就顺利完成了。

我们常常听到消费者说,"要是有这样的产品就好了",这就是消费者的潜在需求,把它转换成企业管理者的语言,就是乔布斯所提出的"消费者的裤兜里,应该装进怎样的产品"。洞察消费者的需求始终是企业的制胜秘诀。

营销的核心在于识别未满足的需求和欲望,并估计需求量的大小,选择目标市场并提供相应的产品或服务。细分市场和深入了解目标顾客有助于预测需求并把握市场机遇。例如,西尔斯的高管最初认为他们的商品面向所有人,但进一步交流后意识到并非每个群体都是有效的购买者。科特勒强调,专注于特定的目标顾客群比试图吸引所有顾客更为有效。

百事可乐定位年轻人群体,雪花啤酒聚焦20~35岁的年轻人,江小白则通过独特的包装和文案吸引年轻消费者,这些都证明了精准定位的力量。美国未来学家马克·佩恩在其著作《小趋势》中描述了多种小众群体及其未被满足的需求,这些群体为企业家提供了丰富的商业机会。以电子竞技行业为例,根据易观的数据,中国电子竞技用户数量庞大,市场潜力巨大,各品牌争相投入赞助,以扩大品牌影响力。

近年来,我国单身人数节节攀升,已逾3亿。为洞察这个人群的消费习惯,国金证券消费研究中心向1985—1995年出生的未婚人群发放了约2000份问卷进行调研,总结出四大趋势:①单身群体倾向于花钱买方便,外卖经常是其就餐首选,临近社区的便利店也是单身群体频繁购物的场所;②单身群体在追求"好看的皮囊"和"有趣的灵魂"上毫不吝啬,化妆品、旅游、电影均备受青睐,而能显著提高单身群体生活质量的公寓租赁、"高颜值"小家电市场也是前景可观;③单身群体乐于"花钱买寄托",游戏行业在向社交化发展,宠物经济也迅速增长;④这部分人群还乐于在非学历教育方面投入,以提升自身在职场的竞争力。

深入洞察消费者,意味着从细节入手也大有可为。科特勒在《水平营销》一书中讲述了许多例子,比如,基于包装的营销创新。雀巢公司在超市推出较大纸盒包装的巧克力满足家庭的消费需要;采用圆形金属罐装巧克力,作为礼品在点心店内出售;配上安东尼·高迪绘图的高档金属盒包装,可作为礼物馈赠友人。再比如,增加或减少一个产品或服务的基本特性也未尝不是一种营销创新。就拿常见的果汁来说,企业可以提供低糖、多果肉或无添加剂等诸多种类的果汁来实现创新。

换个角度来看,雀巢巧克力包装的例子也是对不同场景下消费者需求的洞察。无独有偶,由于中国南北气候有差异,优衣库的HEATTECH系列特地推出了温暖、倍舒暖和高舒暖三种厚度的产品,以满足消费者的差异性需求。

不是在所有情况下，消费者都能谈论自己关于产品的看法和自己的需求，因此需要企业自主思考、深入洞察，以帮助企业有所改进。例如，帮宝适的使用者婴儿，他们无法直言对产品的感受，但宝洁洞察到纸尿裤的购买者母亲，她们晚上常常要为孩子更换尿布而醒来，十分疲惫。更重要的是，婴儿的良好睡眠对其发育至关重要。因此，能让婴儿臀部整夜保持干爽，因而获得"金质睡眠"的帮宝适便得到年轻母亲的青睐。再如，并非所有的年轻人都愿意公开讨论吸引异性这一需求，然而事实上，相当份额的美容、护理市场都受该需求驱动。吉列剃须刀在中国市场面临的一个难题是，许多年轻消费者认为手动湿剃不如电动干剃方便和新潮，所以只支持手动湿剃的产品销量平平。吉列另辟蹊径，调研了女性对男性使用剃须刀的观点。研究结果发现，在大多数女性眼里，选择手动湿剃的男人更为性感。基于这一深入洞察，吉列开展了主题为性感剃须的营销活动，并在一年半后，收获了17%的湿剃业务增长。

深入洞察消费者的行为和心理，不仅有助于企业预测消费者需求，还能帮助企业把握市场先机，实现产品和服务的创新，从而在竞争激烈的市场中脱颖而出。

4.3.2 数据赋能

为洞察消费者需求，企业需要进行详尽的营销调研。营销调研是一个以改善企业营销活动为目的，收集、分析和解释数据的过程。传统的顾客资料搜集不仅耗时耗力，而且有一定的局限性。在移动互联网时代，智能手机已成为用户的必需品，用户身份更易被识别，用户行为越来越数字化，企业可以收集关于用户的海量数据，构建出更为全面、立体的用户画像，并据此做出决策。

用户画像是用于描述用户的数据，是指真实用户的虚拟代表，是建立在一系列属性数据之上的目标用户模型，是对消费者需求的形象化描述，它来源于现实，又高于现实。企业通过对存储在服务器上的海量日志和数据库里的大量数据进行分析和挖掘，给用户贴"标签"。"标签"是能表示用户某一维度特征的标识，企业通过"标签"所描述的用户特征得到用户画像。因此，可以说用户画像既来源于数据，又高于数据。

在用"贴标签"的方法刻画用户画像时，一方面化整为零，因为每个标签都定义了我们描述用户的一个维度；另一方面化零为整，因为用户画像是一个用标签的集合来表示的整体。这是基于用户的人口学特征、网络浏览内容、网络社交活动和消费行为等信息而抽象出来的标签化用户模型，年龄、性别等人口细分变量固然可以作为标签，但用户行为数据标签更具有移动互联网时代的特征。

借助大数据，企业可以知道顾客购买的内容、时间和地点，了解顾客的收入和消费习惯，并可以预测消费者的需求，进而做出个性化推荐、产品更新迭代等众多决策，以满足消费者需求。交通银行便是银行业的先行者，打造大数据用户画像平台"买单联盟"，从"用户数据"级上升到"用户画像"级，为其信用卡业务的个性化营销及客户管理提供助力。

在互联网时代,顾客在购买行为发生前,常就产品信息在网上进行搜索和浏览,通过社交平台关注感兴趣的企业或商品,甚至购买后在网上对商品进行评价。近几年兴起的"什么值得买"、小红书等 UGC[○] 类社区网站及 App 更是为消费者提供了分享商品评价的平台。消费者的购买行为、购买评价和口碑推荐等都能反映他们的真实需求,可以为企业的决策提供更有效的信息支持。

社交化营销越来越成为当下主流的营销模式。相对于陌生人的直接推销,在熟人的分享与推荐下,购买转化率大大提升,这是因为人们对熟人的信任度远大于对陌生人的排斥感,认为陌生人的推销是有特殊目的的行为,而熟人推荐的商品要么是性价比很高,要么是对自己很有用。成立于 2015 年、专注于 C2B 拼团购物模式的拼多多正是抓住了消费者的这一心理,伴随"病毒式"传播的拼团活动,其市场占有率在短时间内迅速提升。对于拼单发起人,发起拼单会赚取额外的好处,因此大部分用户愿意发起拼单并通过微信等社交软件分享自己的拼单信息,向亲朋好友广泛分享,促成每一次的拼单。

2019 年,登陆创业板的"什么值得买"集导购、媒体、工具、社区于一体,以 UGC 为主要方式向用户推荐优质商品及优惠信息,为用户提供专业的消费决策支持,其数据传递模式如图 4-1 所示。此外,"什么值得买"也是阿里巴巴、京东、亚马逊等电商和耐克、戴森和松下等众多品牌商获取顾客、提高品牌影响力的重要渠道。

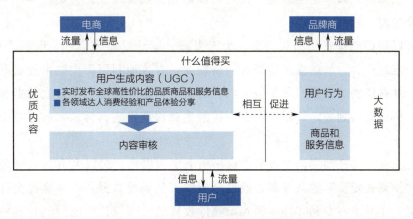

图 4-1 UGC 类网站数据传递模式

值得一提的是,"什么值得买"在其招股书中还提到,经过多年的经营积累,"什么值得买"已拥有一批消费能力强、忠诚度高、活跃度高的用户。他们既是 UGC 内容的来源,也从"什么值得买"处获得消费决策支持,已成为"什么值得买"核心竞争力的一部分。在这个例子里,企业与消费者、消费者与消费者之间共享了信息和数据,在经济利益上实现了共赢。

○ UGC 全称为 User Generated Content,意思是用户生成内容。

智慧营销既是艺术，也是科学。在大数据的支持下，智慧营销越来越趋向科学化和精确化。大数据预测模型主要包含数据收集、数据集成、数据分析和数据解释4个阶段。收集到的数据经集成后，转换成统一标准的数据格式，之后采用数据挖掘、机器学习、智能算法和统计分析等方法进行数据分析处理，最后还可以利用可视化技术呈现结果，更加直观形象，便于理解。

大数据对商业模式的影响是革命性的。企业可以通过分析海量的供应链信息，做到实时计算配额，实时展现供需情况并做出反应。2019年，耐克收购了一家由麻省理工学院终身教授创立的波士顿AI预测分析公司Celect，旨在通过Celect的技术更好地预测顾客偏好的运动鞋、服装款式和希望购买的时间、地点。Celect对消费者的预测分析有利于耐克合理控制库存，既降低缺货率，又防止商品积压，有利于利润的提升。

分析信息数据不仅可以优化供应链，还可以帮助品牌发展"定制化"产品，加强品牌与消费者的互动。2017年，海尔在德国汉诺威大显身手：顾客可在iPad上勾选自己对冰箱的需求，输入信息如家里人口数量、做饭频率等后，系统在几分钟之后便能输出一台数字模拟的"样机"，如果顾客满意，该方案可以立即下单，约12天之后，顾客便可在家收到这款定制冰箱。通过与消费者交互，海尔记录了消费者的个性化需求，因此无须遵循传统的"大规模生产—压货—销售"的模式。由消费者根据自身需求定制的产品，自然不愁销路。海尔还可以通过预定、预售等方式合理预估市场的需求量，从而使高效生产成为海尔的核心工作。

企业可以根据消费者的购买历史、个人喜好、运动习惯等信息，预测消费者需求，进而改进、定制产品，最终提高消费者的满意度。有效地利用历史数据能更好地预测他们的需求，并在消费者需要时提供给他们。优信二手车平台基于平台大数据和消费者研究，对客户群体进行划分，针对消费者所属的生命周期推定其诉求，向已成交客户定期推送优惠。

电商巨头亚马逊在预测消费者需求这一项上更为出色。2013年年底，亚马逊获得了一项名为"预测式发货"的新专利，通过分析顾客的各类数据，在顾客提交订单前便提前发出包裹。亚马逊在专利文件中提到，等待收货的时间较长可能使消费者的购买意愿下降，甚至放弃网上购物。因此，亚马逊可根据消费者的历史消费记录及其他因素，预测消费者的购物习惯，从而在他们实际提交订单前便将包裹发出。根据该专利文件，虽然包裹会提前从亚马逊发出，但在消费者正式下单前，这些包裹仍会暂存在快递公司的仓储中心。在正式收到订单后，再通过仓储中心将商品打包，通过UPS等快递公司将商品送至消费者家里。亚马逊的这一专利反映了一大趋势——企业在利用多种技术通过种种方式提前预测消费者的需求。

大数据技术还可以用于实时采集信息、实时分析并完成复杂计算。施耐德电气便通过结合实时分析、互联网技术和物联网平台解决方案，推出了智能化的互联解决方案及服务，更好地响应来自医疗、乳制品等行业的客户的需求，并在预测性维护和能源优化等方面挖掘潜在价值。

利用数据分析去预测需求，可以帮助企业从被动适应消费者需求转向主动挖掘消费者需求，为消费者提供超出预期的产品和服务。例如，智慧出行生态平台T3出行利用大数据分析，发现2023年五一假期期间，游客的出游、娱乐等需求集中爆发。2023年4月29日至5月3日，平台呼叫量峰值同比增长超179%，用户整体打车出行量较今年春节期间增长超159%，打卡三四线城市、"特种兵"出游、短途旅游、交换旅游火爆。结合年轻人出行的特点和需求，T3出行推出年轻人出行超级App，并陆续推出"一键吃喝玩乐""定制车厢""预约单派车"等功能，为年轻用户提供定制化出行服务。另外，对于人们普遍关注的安全问题，T3出行与华为云开展全面合作，对于驾驶人服务过程中疲劳驾驶、分神等行为进行检测，双方制定了端云协同方案，使算法准确率达到90%以上，有效保障了司乘出行安全。T3出行推出各种技术与服务，以顾客为中心进行优化，洞察消费者需求，借力大数据给予顾客超出预期的服务。

> **案例**
>
> **"都市丽人"——零售即数据**
>
> 享有"中国内衣第一股"美誉的都市丽人品牌，自1998年成立以来，不断发展壮大，并于2014年成功在中国香港交易所挂牌上市。2023年年底，都市丽人旗下门店数量已达4372家。面对中国零售行业分销商和加盟店众多、供应链各环节分散掌握消费者数据的现状，生产厂商往往难以准确把握市场需求。针对这一问题，都市丽人着手打造了以数据驱动的价值链商业模式，从而开辟出一条具有独特竞争力的发展道路。
>
> 在数字化转型初期，都市丽人就高度重视数据分析，旗下加盟店均安装了统一的POS系统，实现了销售数据的即时汇总。这为都市丽人提供了及时调整产品供应的依据，帮助加盟商加速资金流转，进而扩展更多店面。
>
> 转型后，都市丽人有效地整合了线上与线下资源，构建了面向企业和消费者的全方位电子商务服务平台，同时服务于实体门店与5500万会员。在许多企业面临线上与线下渠道冲突的背景下，都市丽人明智地将电商平台定位为传统零售渠道的补充，更好地实施全渠道会员营销策略。具体来说，都市丽人将所有利润（扣除运营成本后）分配给会员注册的门店，而电商平台则主要负责维持日常运营。这一战略不仅有效减轻了门店的库存与资金压力，还确保加盟商能够专注于新店开设和会员发展。
>
> 在洞察消费者需求方面，都市丽人采取了创新性的做法，通过分析网络数据来了解顾客的决策过程，并根据顾客的典型浏览模式进行分类，制定细分市场的标准。同时，通过对会员消费行为的深入分析，都市丽人能够识别潜在的顾客流失风险及其原因，并据此制定有针对性的市场策略，提升顾客体验。

在对企业经营业绩至关重要的门店管理层面，都市丽人利用IBM iLOG业务管理系统，对门店补货、排班，以及产品和库存信息进行高效管理。此外，公司还建立了零售监控系统（RBM），为每家门店设定关键绩效指标（KPI），并在平台上构建了针对KPI的预警模型。每家门店都可以登录RBM系统，实时监控供应流程和库存状况，并及时做出调整，以优化营运效率。都市丽人还通过直营店与加盟店共享数据来确定哪类顾客是最佳的业务来源，并针对不同地区门店的营业数据，结合近期销售趋势、宏观经济形势、促销手段及力度等多方面因素，预测未来销售路径，并将预测结果与所有营销部门和加盟商共享，以求合力取得卓越业绩。

（资料参考：https://new.qq.com/rain/a/20240220A07M0E00.）

大数据时代，各行各业都致力于挖掘海量数据的商业价值。然而，大数据的意义并不只是"大"，只有明晰数据背后的商业逻辑并有的放矢，才能在市场上取得优势。显然，都市丽人已对数据与零售的关系了然于胸，并借力大数据打出了一套漂亮的"组合拳"。

大数据使企业运营更加有"预见性"是毋庸置疑的。微博会推荐你可能感兴趣的博主，抖音、头条会给你推荐符合你偏好的短视频、新闻，淘宝则是"千人千面"，为用户提供个性化商品推荐。在它们背后，有一个共同的幕后"英雄"——协同过滤的算法。协同过滤是一个利用集体智慧的典型方法。基于用户的协同过滤，可基于用户对商品的偏好找到偏好相近的"邻居"用户，然后将"邻居"用户喜欢的商品推荐给当前用户。商品的协同过滤算法则基于用户对商品的偏好找到相似的商品，然后根据用户的历史偏好，推荐相似的商品给用户。这种协同过滤算法的优势是：它总能推荐出一些令消费者意想不到的惊喜结果；协同过滤算法只依赖用户行为，无须对内容进行深入了解，适用范围广泛。然而，协同过滤也存在着一些无法优化的劣势。例如，冷启动问题⊖无法解决，对于推荐的可解释性较差。

市场充满了未知，大数据技术有助于企业从市场的不确定性中寻找大概率的确定性。无论是洞察潮流趋势、产品的迭代与创新，还是优化供应链和库存、提供个性化商品推荐，大数据都对预测需求起到了关键作用。

然而，大数据也有其局限性。波士顿市民曾被当地政府推荐使用一款名为"颠簸的街道"的App，只要市民在行车途中打开该App，便可以利用手机内置的加速度传感器判断街道是否颠簸。市政人员的工作量因此下降，他们无须亲自巡查道路，只需要打开计算机便能一览道路状况，判断道路是否需要维修。这一案例一度作为众包模式的典范而被媒体争相报道。然而遗憾的是，"颠簸的街道"的产品设计本身是有偏差的。这款App的使用者多为年轻的有车一族，而且用户还得在开车时记得打开这个App才能检查

⊖ 冷启动问题是指推荐系统无法为那些评分信息较少的用户和项目、新用户和新项目进行推荐。

出道路颠簸点。"颠簸的街道"的理念在于，它可以提供"n＝All"个颠簸地点的信息，但实际上这里的"n＝All"也仅仅是满足上述条件的用户记录数据。在一些道路交通状况较差的街区，可能因为有车且记得打开这个App的用户偏少，即使路面有较多不平之处，也未能全数检测出来。显然，大数据看似包罗万象，但"n＝All"这一理论其实并没有听上去那么完美。大数据在商业领域的应用也是同理。例如，当我们沉迷于分析顾客的线上行为数据时，还应意识到我国未曾接触过网购的人群基数仍以亿计。

无独有偶，针对2020年美国大选的结果，也出现了大数据预测的"失效"。一家预测特朗普连任的大数据公司建立的模型是，分析网民搜索特朗普和拜登丑闻的比例。数据显示搜索拜登丑闻的网民远多于特朗普，通过丑闻搜索来预测竞选结果，前几次大选都显示了这种模型的准确性。但是，当年特朗普团队对美国疫情的控制不力成为他很大的丑闻。网民查看疫情，或者通过其他途径知晓疫情，其实也是在查看特朗普的丑闻。该公司没有考虑到疫情的影响，遗漏了一项重要指标，建立了一个错误的模型，从而使得大数据预测失灵，得到了相反的结果。

这一案例同样也为商界敲响了警钟。潮流是时尚界的流感，时常来势汹汹。当企业试图通过某个"网红产品"及所属品类的浏览量、搜索量，社区内相关内容的发帖数量、评论数量或者社交媒体上的转发数量、点赞数量来判断潮流趋势，进而据此来预测需求量的时候，也应意识到，媒体曝光和报道一时吸引了过多顾客的浏览、搜索和评论，可能远远放大了实际有购买意向的顾客的数量。一旦企业乃至行业对产品需求量过于高估，并据此制订生产计划，很可能导致利润不如预期，甚至因为行业范围内同款产品供给过多导致价格不得不降低，最后利润锐减甚至导致亏损。

此外，数据终归只是工具，数据分析仍需要以符合商业逻辑为前提。例如，某年10月，产品销售额同比下滑明显，未必是顾客流失造成的，原因可能在于节日对该产品销售影响较大，因为上一年中秋节在10月，今年则在9月。基于两年甚至五年中秋节前后的销售情况进行数据分析，得到的结果才更为可信。

尽管大数据在洞察消费者需求、预测消费者需求方面作用突出，但企业要意识到，隐私保护也是消费者极为重要的需求。近年来，由于消费者信息泄露导致的案件频发，企业在加强对消费者信息保护之外，更应坚守法律底线。企业既不能为谋取利益而将消费者的隐私数据用于其他用途甚至出售给第三方，也不可借助非法手段或打擦边球的灰色产业来获取消费者的隐私数据资料。大数据时代的消费者也应该提高隐私保护意识，不可因小失大，牺牲自己的隐私去换取一时的便利。

课后思考题

1. 预测需求的意义是什么？
2. 创新商业模式的含义是什么？
3. 预测消费者需求的方法有哪些？如何通过数据赋能达到预测需求的目的？

实训案例

消费者需求预测与分析——以某手机品牌为例

案例概要：

在当今数字化时代，消费者对广告的感知在很大程度上影响其购买意愿。本实训项目旨在通过数据分析方法，特别是二元回归和多元回归等技术，深入研究消费者观看广告后的效果，以预测其需求。通过分析感知对购买意愿的影响，项目旨在揭示广告在引导消费者需求方面的关键因素，为企业制定精准的市场营销策略提供科学依据。

实训知识点：

数据收集与清理：收集消费者观看广告后的反馈数据，包括感知评分、购买意愿等指标。数据清理包括处理缺失值、异常值，以及无效数据的删除等，以确保后续分析的准确性。

二元回归分析：运用二元回归模型，研究单一因素（如广告感知趣味性评分）对购买意愿的影响。通过回归系数的解释，揭示感知对购买意愿的直接影响程度。

多元回归分析：引入多个因素，如广告趣味性、信息型、说服力等，构建多元回归模型，全面探讨各因素对购买意愿的综合影响，实现更精确的预测。

模型评估与优化：通过评估模型的拟合度、预测准确性等指标优化模型，确保其在实际应用中的稳健性和有效性。

数据分析与实训操作：

本项目可通过数据平台分享的真实广告效果数据进行实训操作。学员将能够在实际业务场景中运用数据分析方法，为企业提供更精准的市场预测和决策支持。实训问卷、数据与建模分析可登录教学实训平台（edu.credamo.com）或扫描下方二维码，加入"智慧营销"课程（在学生端单击"加入课程"，输入加课码：jkm_6015279262177280；教师可以在课程库中搜索该课程并直接导入），在相关章节的实训项目中获取。

教学实训平台

第 5 章 智慧营销：引导消费者需求

案例引入

苹果公司的 iPhone 革命

在 2007 年之前，市场上已经存在许多智能手机，但它们大多数配备的是物理键盘和小型屏幕，用户界面也不够直观。当时的消费者对智能手机的认识还相对有限，需求并不明显。然而，苹果公司凭借其独特的创新精神和对市场趋势的敏锐洞察，推出了一款彻底改变智能手机行业的设备——iPhone。

苹果公司推出的 iPhone 拥有大屏幕和多点触控界面，这在当时是革命性的。它的用户界面简洁直观，让消费者能够通过直观的手势进行操作，如滑动、捏合来放大、缩小等，极大地提升了用户体验。苹果公司不仅推出了硬件，还开发了 iOS 操作系统，为用户提供了一个整合的生态系统，包括 App Store、iTunes 和 iCloud 等服务。这使得消费者能够在一个闭环的系统中享受音乐、应用、照片和视频等多种服务。不仅如此，苹果公司通过精准的市场定位和营销策略，成功地将 iPhone 塑造成了一种生活方式的象征。广告中突出了 iPhone 的时尚、创新和易用性，吸引了大量追求潮流和科技的消费者。最后苹果公司没有因为初步的成功而停止创新，而是持续推出具有新功能的 iPhone 新版本，如更好的摄像头、Siri 语音助手、Face ID 面部识别等，不断创造和引领消费者的新需求。

iPhone 由此获得了巨大的市场成效，表现在市场需求激发、行业标杆树立、销售业绩猛增、品牌价值提升。

市场需求激发：iPhone 的推出激发了消费者对智能手机的巨大需求，许多人开始认识到智能手机在日常生活中的便利性和必要性。

行业标杆树立：iPhone 成为智能手机行业的标杆，其他手机制造商纷纷效仿，推动了整个行业的发展。

销售业绩猛增：iPhone 迅速成为苹果公司的主要收入来源，并且帮助苹果公司成为全球市值最高的公司之一。

品牌价值提升：通过 iPhone，苹果成功地将自己定位为创新和高端的代名词，极大地提升了品牌价值。

苹果公司通过推出 iPhone，不仅创造了消费者对智能手机的需求，还引领了一个全新的技术时代。它通过用户体验设计的创新、生态系统的构建、精准的营销策略，以及持续的产品创新，不断地推动着消费者需求的演变。这个案例展示了企业如何通过颠覆性创新来引领市场，创造出前所未有的消费者需求，并最终实现从 0 到 1 的突破。

（资料参考：https://www.163.com/dy/article/GA9OCN6J051181GK.html.）

5.1 创造消费者需求

创造需求不是盲目地创造,而是以目标消费者的需求为基础,在充分调研的前提下创造,最后利用营销策略组合启动有较大利润空间的潜在细分市场。然而,单纯以消费者需求为导向不一定能获得消费者的满意与忠诚,企业选择以消费者需求为导向的同时,也更容易迷失自我。例如,消费者受到猎奇心理的影响,以消费者需求为导向的企业往往由于洞察力不够而无法抢占先机。

科特勒说:"营销是关于企业如何发展、创造并交付价值以满足一定目标市场的需求,同时获取利润的科学和艺术。"现代产品的创新周期及生命周期随着社会进步而变得越来越短,一款产品保证长期不被淘汰并在市场上站稳脚跟的难度越来越大,由于成功的技术创新经常能带动需求的变革,这样的现象在高科技及信息产业尤为明显。企业是否能预见下一波技术变革的到来,并在技术、生产、营销上做好准备,直接决定了企业未来的获利能力。因此,时刻掌握最新技术,且能将其转化为未来消费者需要的产品,便成了企业能够长期生存发展的关键。为此,企业需要有预测并把握消费者需求趋势的能力,据此规划未来产品,这也是企业深入进行消费者调研、挖掘其潜在需求的目的。

5.1.1 需求创造的概念

需求创造是指通过创新和营销策略激发或形成消费者对产品或服务的新需求。需求产生的一个重要步骤是消费者找到了他们认为能满足自己需要的目标,这个目标即为他们的购买动机。要创造需求,首先要站在消费者的角度思考,了解他们的需求和欲望,并从中找到潜在的市场机会。

在经济发展的进程中,企业建立创造需求、引导消费的营销意识是必然趋势。要创造出新的市场需求,需要借助科学技术挖掘消费者没有意识到的消费需求,开发出新产品来开拓新市场,丰富消费者的选择。具体而言包括两种:一是因为产品尚未出现、产品素质参差不齐或是缺乏购买力等因素,即使消费者已经意识到但也无法实现的需求;二是暂时超出消费者认知范围的需求。虽然传统营销理念能够直接满足消费者的现实需求,但与此同时还需要面对红海市场里激烈竞争的风险。若企业能够精准挖掘出消费者的潜在需要,那么在潜在需要转为现实需求时,企业就能极大地避免不必要的竞争,进入前景辽阔的蓝海市场。

需求创造是一个复杂的过程,它涉及对消费者心理的深刻理解和对市场趋势的敏锐洞察。虽然需求可以创造,但人们的基本需要(如生理性和社会性需要)在短时间内很难发生大的变化。因此,需求创造也要基于对这些基本需要的深刻理解。通过有效的产品创新和营销策略,激发消费者的新需求,从而开拓新的市场空间。

5.1.2 需求创造的源泉

企业的生存发展与需求创新息息相关,企业管理者必须厘清创新的来源,才能精确地达到需求创新的目的。需求创新的信息来源主要有三个方面:销售人员、供应商和消费者。

销售人员作为企业和市场的媒介,同时担负着向市场推广产品和为企业搜集市场信息的职责。销售人员与市场的紧密联系使他们能取得市场的第一手信息,洞察市场的需求变化。建立良好的激励制度或企业文化,能够使销售人员产生将市场信息整理汇报的动力,企业便能借此更好地发现潜在的市场需求。供应商拥有材料、产品、供货方式等供应环节的最新信息,与供应商的密切联系也有助于发现新需求。消费者作为企业产品最终的服务对象,自然也是企业创新的核心要素。通过专职人员回访等与消费者沟通的方式,能够获取消费者对产品的想法,如产品的使用场景是否恰当或是否真正解决痛点问题等,直接询问是一个简便的方法。但是,由于消费者可能对自身的需求仅有模糊认知,无法精确描述,或是因为企业对消费者的不了解导致无法真正理解消费者需求,这时也可以选择企业内部员工与消费者沟通,参与日常的流程实践并进行调研,以更贴近需求核心的方式高效地重塑需求。

企业在获取最新的消费者需求信息之后,还必须能够通过创新来满足消费者需求。企业在实现需求创新产品化的过程中,有三个关键因素:较高的领导素质、用户参与、较高的研发和技术水平。以消费者需求为导向的市场意识、精准的预测能力,以及承担风险的能力都是一位领导者应该具备的素质,在这样的前提下,才能正确规划战略、合理制定企业制度,并鼓励员工参与需求创新。用户是需求创新极为重要的一环,在开发潜在市场的产品设计开发阶段,运用产品研发座谈会、试用样品或提供产品评估意见等方式使用户参与进来,可以有效加速产品生产及后续的需求满足,提升占领市场的机会。企业若能感知到潜在的市场需求,却无力设计、生产出满足市场需求的产品,终究无法发展。因此,企业在强化市场意识的同时必须强化自主创新的技术及研发能力,这不仅是市场竞争的必要条件,也是企业乃至国家生存的根本。

5.1.3 需求创造的过程

需求创造是一项旨在识别并满足消费者尚未明确表达的需求的复杂过程,它涉及对市场的深刻洞察和前瞻性的产品创新。以下是该过程的详细步骤及可能面临的挑战:

1. 市场调研与洞察

进行深入的市场调研是需求创造的起点。这包括分析消费者行为、趋势预测、竞争对手分析和整个行业动态。企业需要利用各种研究方法,如在线和离线调查、焦点小组讨论,以及一对一访谈,以获取关于市场需求的定性和定量数据。然而,挑战在于,海量的数据需要通过高级分析方法来解读,以避免信息过载。此外,研究人员的主观偏见可能导致错误的市场洞察,而不准确或不具代表性的数据则可能直接误导产品的开发方向。

2. 识别潜在需求

基于市场调研的结果,企业需要识别出消费者的痛点和未被满足的需求。这可能涉及对现有产品或服务的改进,或者针对一个全新的市场机会进行探索。挑战在于,准确识别潜在的需求需要深刻理解消费者的心理和行为模式,而这些往往是复杂且多变的。

3. 概念开发

一旦确定了潜在需求,下一步是将它们转化为具体的产品或服务概念。这一步需要创新思维和创意生成,设计出能够满足新需求的解决方案。设计师和产品开发人员需要将创意与实际技术相结合,以确保概念的可行性。然而,创新过程本身充满不确定性,创意可能需要经历多次迭代才能成熟。每次修改都需要消耗时间、人力和资金资源,这构成了一个重大的挑战。

4. 原型制作与测试

创建产品或服务的原型,并通过实际用户测试来获得反馈是验证概念的重要步骤。这一步通常涉及构建可以演示的模型或提供体验的服务,然后邀请目标消费者使用并提供反馈。根据这些反馈,产品可能需要多次调整和优化。挑战在于,即使经过多次迭代,也可能无法保证产品能够完全满足市场需求或获得消费者的认可。

5. 市场推广与教育

成功的产品开发完成后,接下来的挑战是向市场介绍新产品或服务,并教育消费者理解为什么他们需要这个新的解决方案。消费者教育是指企业以营销为目的,有计划、有组织地针对目标消费者群体传授消费知识及技能,培养科学消费的观念,借此提高消费者素质的活动。这通常涉及一系列营销活动,如广告宣传、社交媒体营销、公关活动等。挑战在于克服市场的惯性和消费者的保守态度,尤其是当他们对新技术或新概念持观望态度时。对企业而言,消费者教育非常重要,并且由于科技进步、产品更新迭代加速、市场竞争加剧等因素,消费者教育的作用日渐明显。人们的消费习惯受到自身社会、经济、文化、心理等因素的影响,而文化给消费者的购买行为带来的影响又最为显著,是造成区域、阶层间需求差异的关键因素。然而,消费者的价值观、消费观甚至风俗习惯都不是一成不变的。因此,企业在推出新产品受到阻力时,除了可以尝试适应当地文化,还可以利用消费文化的创新,影响、改变消费者的生活方式、消费习惯、价值观,进而提高消费者对企业产品的接受度。

6. 销售渠道与供应链配合

新产品或服务的上市也需要得到销售渠道和供应链的支持。这意味着需要建立物流网络、库存管理和渠道合作伙伴关系。挑战在于跨部门之间的协调工作,以及对供应链管理的高要求,特别是在产品刚刚进入市场时资源的投入和管理的复杂度。

7. 监控反馈与持续改进

产品上市后,继续收集消费者的反馈并监控产品的市场表现至关重要。这有助于企业及时发现问题并进行必要的调整和改进。挑战在于快速响应市场变化和消费者意见的能力,这要求企业具有灵活的组织架构和快速的决策能力。

综上所述,需求创造是一个动态的、迭代的过程,它不仅要求企业拥有深刻的市场洞察力和创新能力,还要求企业在面对不断变化的市场条件和消费者需求时保持敏捷和灵活。成功的需求创造可以使企业获得巨大的竞争优势,但这需要企业在整个过程中不断应对和管理各种挑战。

5.1.4 需求创造的关键

管理思想家亚德里安·斯莱沃斯基(Adrian Slywotzky)在《需求:缔造伟大商业传奇的根本力量》一书中,将需求创造归纳为六个关键点:磁力、麻烦、无形的资源需求、撬动临界需求、超越和个性。

1)磁力是指情感需求,是需求创造的基础。产品的魅力所在,无非是产品功能与情感诉求的结合。对产品功能的需求是理性的,这个部分受人左脑控制;情感需求是感性的,这个部分被人类的右脑所左右。不起眼的小事经常在我们进行重要决策的时候引发蝴蝶效应⊖,当产品能够与强烈的情感诉求相结合的时候,才会形成对消费者的磁力。例如,随着经济的发展、观念的进步,很多有孩子的家庭会在私家车中安装儿童安全座椅。一方面,私家车主认为自己有此类需求,安全座椅能够在旅途中为孩子带来更舒适、更安全的出行体验;另一方面,出于对孩子安全的重视程度,他们会毫不犹豫地选择安装,认为拥有儿童安全座椅就等同于孩子出行安全。

2)麻烦是创造需求的契机,如常见的一键需求等。麻烦之于尚未实现的潜在需求是最先出现的提示信号,成功挖掘需求创新的方法不能依靠在现有方案上进行改进,而是要聚焦消费者需求来创新产品。改进产品性能对于某些需求来说,可能导致负需求的情况出现,那么此类需求要通过创造新产品来满足。例如,人们对于便携式娱乐影音设备的潜在需求,通过对笔记本电脑的播放性能等软件优化并不能使消费者得到满足,真正能够打动消费者的是 iPad 这样的新产品。集便携、视听效果、外观、软件等优势于一体的 iPad,一经面世即获得了消费者的青睐。

3)无形的资源需求是在创造的过程中不可忽视的部分。成就或毁灭一个产品的力量往往隐藏在你看不见的地方。创新的成功与否往往取决于客户端。产品使用过程中的每

⊖ 蝴蝶效应是指在一个动力系统中,初始条件下微小的变化能带动整个系统长期的巨大的连锁反应。

个额外的步骤、过多的限制或多余的部件,都会使产品远离用户。在手机 App 市场中,很多极简主义的产品在给消费者带来便捷的同时,也带来了很多想象空间。例如,照片整理工具 Slidebox 通过向左右划动的简单操作,选择保留或删除手机相册里的照片;无独有偶,社交软件探探通过向左右划动的方式,使用户可以对自己心仪或不喜欢的对象做出分类。

4)撬动临界需求,加速创新需求的推进。口碑相传是最有效的推进手段,但也是最难实现的。推进的成功能使"骑墙派"(是指立场不坚定的人)在无形之中成为磁力产品的忠实用户。拼多多通过社交化营销取得的成功,便是得益于用户与熟人间的口碑相传,科技的进步使通过网络达到无须面对面也能口耳相传的效果。

5)超越是需求创造的持续动力。需求创造不仅是产品的成功发布,还是在改进的过程中使消费者感受到由"无所谓"到"真的有需求"的变化,这就是潜在需求转化为现实需求。各大智能电子品牌在线下力推体验店,为消费者提供进店体验新产品的机会,华为手机体验店让消费者在第一时间体验华为新款手机的拍照功能,仅仅浏览手机拍照参数与体验真机拍照带给消费者的感受完全不同。体验过后,消费者便会被"种草"⊖,进而将潜在需求转化为现实需求。

6)个性即需求差异。满足核心用户的需求是十分重要的。想设计一款"吸引原型客户"的产品,无异于时间与金钱的浪费。用户并不希望自己是那个被定义为大多数的一员,也没有一种需求是接受一切、认为一切都好,更没有一种产品可以满足一切需求。企业不应该将心思花在打造一种被大多数消费者接受的、满足所有需求的产品上,而应该把差异化作为自己的产品理念,决不忽视长尾效应,为消费者提供"去平均化"的产品。

总体来说,消费者需求创造是一个复杂的过程,它要求企业具备前瞻性、洞察力和创造力,以及与消费者建立紧密联系的能力。通过这些关键要素,企业不仅可以满足现有的消费者需求,还能预见并创造新的市场需求。

5.1.5 需求创造的意义

创造需求是指主动对消费者的潜在需求进行考察、研究和开发,争取在消费者提出具体的需求或竞争者提供合适的解决方案前,率先研制出产品并将其推向市场。需求的根本是消费者,然而创造需求并不是在需求已经成为现实时,而是主动研究、设想并开发消费者的潜在需求,在消费者依然难以清楚描述或需求模糊时打造出合适的产品。消费者需求创造的意义在于企业通过主动寻找和塑造市场机会,而不仅仅是被动响应现有需求,从而在竞争中取得先发优势。

创造需求能给予企业拓展新市场的机会。企业能够引领市场趋势,为消费者提供他

⊖ 网络流行语,是指激发购买欲望。

们尚未意识到需要的产品或服务，从而拓宽市场空间，增强消费者的生活质量。这也有助于企业建立品牌差异化，提高顾客忠诚度，因为当消费者认识到他们的新需求被某个品牌满足时，他们更可能成为该品牌的忠实支持者。

需求创造还意味着企业可以通过提供独特的价值主张来提高产品或服务的定价能力，从而增加盈利能力。它也是可持续发展的一个重要方面，因为它鼓励企业不断寻求新的增长机会，而不是仅仅依赖现有的市场。产品的创新使企业实现差异化并增强竞争力。由于各个企业秉持的理念、现实条件不同，甚至看到的未来市场创新点不同等，使市场发展出面向多个细分群体的商品。同时，因为专利、技术等使相似产品的替代性降低，企业得以减少与同业的竞争，也削弱了消费者的议价能力，最终提升了企业知名度，并形成壁垒，提高竞争对手的进入门槛。

5.2 引导消费者需求

5.2.1 需求引导概述

引导消费者需求是企业基于产品或服务的特点，利用各种信息传播手段，如广告、公关等，来提示消费者这些产品或服务能够满足他们的哪些需求。引导消费的前提建立在消费者科学消费的基础上。科学消费考量经济、文化发展等因素，将消费者的身心健康、未来发展等作为评价消费是否合理的依据，将其实现到生活的所有层面上，为人的全面发展服务。

对企业和消费者而言，引导消费是一种双赢的营销模式，企业因为重视对消费者的引导而能更好地开拓市场，抢占先机；对消费者而言，则可以较早尝试新产品和服务带来的体验。引导消费同时具有独创性和风险性的特征，其独创性使后来者难以复制前人使用的方式，无法直接套用过去成功的经验，这又给需求创造带来了风险。不成功的"引导"对于未来的创新也是经验的积累，仅靠采取跟随者策略满足消费者的现有需求，很难在市场上占据优势。

需要注意的是，引导消费并不是"引诱"消费者消费。"引诱"仅是企业端为扩大自身销售市场占比而发起的营销活动，往往忽视了消费者的需求是否被满足、售后是否满意，或者有没有重复购买等重要问题。

5.2.2 需求引导的原因

第一，在创新周期越来越短的如今，企业迅速地推动创新，使许多产品在市场上未被公众了解，自然也就不会产生需求。这一现象在高技术行业更加明显，消费者在调查中无法发现或精确描述技术或需求的未来趋势，就难以对创新产品有正确的理解。例如，2017年苹果推出带触控栏的便携式计算机，被许多用户诟病：既没有实际意义又容易误触，影响使用体验。不过，这款计算机真正上市后因为其直观的快捷启动和设置，以及与苹果软件优秀的协作能力，最终大受新用户好评，同时也获得了大多数老用户的支持。因此，创造需求、引导消费成为一条必要的途径——企业通过引导消费获得用户并拓展市场，消费者在企业的引导中学习新的消费知识与习惯。也由于真正的新技术创造的需求往往是消费者尚无法理解的，因此这个阶段的调研对于价值意见的获取作用有限。

第二，消费者对自身需求的不了解导致企业从前适应消费者需求的路径难以再用，容易陷入被动。因此，比起被动地适应，企业更应该主动对消费者进行引导。事实上，消费者的需求也不是一成不变的，可以经过引导达到扩大和创造需求的目的。尤其是因为受科技进步的影响，从较低层级到较高层级的需求突变和飞跃，都有机会在经济支持下成为市场需求。在 Bose 推出 ANC 主动降噪耳机之前，市场上的耳机以被动降噪为主。消费者适应了被动降噪的音效，但不满足于现有耳机的体验感。因此，当首次体验到主动降噪的 Bose 耳机时，消费者最多的反馈是高保真的音效带来的惊艳感觉。此外，消费者还感叹：原来耳机可以归还自己一个久违的安静世界。在体验 Bose 降噪耳机之前，消费者并没有清楚地表达出自身对耳机的需求具体到哪些细节。被动降噪是指通过耳塞的隔音程度、与耳郭的高贴合度来隔绝空气传播声音入耳形成的物理降噪；主动降噪是指在耳机中安装降噪模块，通过降噪模块的电路产生与外部相位噪声相反的声波来达到静音效果，这基于复杂的耳机结构与工作原理，同样对算法的要求非常高。从被动降噪到主动降噪，这一技术使消费者对耳机的需求从较低层级跨越到较高层级，创造了新的市场。

第三，消费者的喜好是频繁变化的，即便消费者当下能够清楚描述本身的诉求并且被企业搜集到，但无法保证消费者的需求会在何时改变。因此，企业追随消费者改变产品的生产及销售策略必然滞后于市场，丧失竞争优势。企业提升市场占有率最好的做法就是领先于市场的发展，通过创造需求、引导消费来带动消费者，最终掌握市场主动权。

第四，企业引导消费者的正当性。由于消费者素质不一、理性不足、消费知识与经验的不足，以及自我保护能力过低等因素，消费者无法完全识别各家竞争企业所提供的产品的价值差异，盲从心理与盲目消费普遍存在，甚至可能存在逾越社会规范的需求。因此，企业对消费者的引导可以促使消费者进行合理的消费，在保护消费者权益的同时也有助于建设健康有序的经济市场。例如，从营销广告到蚂蚁花呗、京东白条等创新应用，在消费主义横行的背景下逐渐烙入年轻人的价值观。"90 后""00 后"在商业刻意引导下超前消费，信用卡还款逾期超过半年的额度在 2022 年达到 926.76 亿元，环比增长 7.71%，占信用卡应偿信贷余额的 1.09%。虽然 2021 年第四季度该数据降到了 860.39 亿元，但是 2022 年第一季度再度回升、金额超过 920 亿元，并创出季度新高。在企业有计划、有组织地传授相关消费知识和技能后，消费者树立科学的消费观念、提高自身的素质并保障自己的权益，如此才能避免企业因一味迎合而可能损害公共利益，进而建立自己的市场体系，成为市场占有者。

5.2.3　需求引导的步骤和关键

引导消费者需求是营销的核心环节，它涉及与消费者沟通、塑造他们的感知和期望，并最终影响他们的购买决策。引导消费者需求的详细步骤和关键要点如下。

1）深入市场调研。任何营销活动在开始之前，都需要通过市场调研来了解目标市场的动态。这包括分析消费者的行为、偏好、购买习惯，以及他们对现有产品或服务的满意度。同时，研究竞争对手的产品和营销策略也至关重要，以便找到差异化的市场定位。

2）明确目标客户细分。根据市场调研的结果，将广泛的市场划分成具有共同特征的细分市场。这些特征可能包括消费者的地理位置、性别、年龄、收入水平、教育背景、生活方式等。通过创建详细的买家角色，企业能够更精准地理解和满足这些特定群体的需求。

3）制定清晰的定位和品牌信息。基于对目标市场的深刻理解，企业需要为产品或服务制定清晰的市场定位策略。这包括确定产品的独特卖点和品牌的价值主张，这些将成为所有营销和沟通活动的核心信息。

4）设计全面的沟通策略。一个全面的沟通策略应该包括广告、公共关系、内容营销、社交媒体运营、销售促进和直接营销等多个方面。这些策略的目的是向目标消费者传达产品或服务能满足他们需求的信息，并激发他们的兴趣和购买欲望。

5）建立情感连接。营销不仅仅是逻辑上的说服，更多的是情感上的吸引。通过故事讲述、情感诉求、视觉美学等方式，企业可以与消费者建立深层次的情感联系。当消费者感觉到产品或品牌与他们的个人价值观和愿望相契合时，他们更有可能成为忠实的顾客。

6）教育和提升意识。对于那些消费者可能不熟悉或不理解的产品特性或概念，企业需要承担起教育的角色。通过教育性的内容、研讨会、演示视频等形式，帮助消费者了解产品的好处和使用方式，从而提高他们对产品潜在用途的意识。

7）利用社会证明。人们倾向于模仿他人的行为，尤其是在不确定的情况下。企业可以通过展示用户评价、推荐信、案例研究、名人背书等来提供社会证明。这不仅增加了产品的可信度，还能促使其他消费者跟随购买。

8）实施销售促进。为了刺激消费者的购买欲望，企业可以采用限时折扣、优惠券、赠品、积分奖励等激励措施。这些促销手段可以有效地引导消费者进行尝试购买，尤其是对价格敏感的顾客群体。

9）优化渠道策略。确保产品在消费者易于访问的销售渠道中可用是至关重要的。无论是在线电商平台、实体店铺，还是直销，企业都需要根据目标市场的特点和消费者的行为习惯来优化渠道策略，以提高产品的可见性和易得性。

10）收集反馈并持续调整。企业需要持续监控营销活动的效果，收集消费者的反馈，并根据这些信息进行调整优化。这可能涉及调整产品特性、改进服务、重新定位品牌信息或改变营销策略。

在引导消费者需求的过程中，关键在于创造与消费者之间的对话，了解他们的真实需求，并通过创造性的营销手段来满足这些需求。同时，企业需要保持灵活性，随时准备根据市场反馈和变化调整其战略。通过这些方法，企业不仅能够更好地满足消费者的需求，还能够在激烈的市场竞争中脱颖而出。

> **案例**
>
> ### Keep[①]抓住用户的健身需求
>
> 近年来，越来越多的人开始热衷于健身。传统健身的用户门槛较高，而 Keep 的初心是改变这一状况，让专业的运动健身触手可及。这样的移动健身平台更好地满足了健身用户的需求。Keep 于 2015 年 2 月进入市场，截至 2023 年 Keep 的平均月活跃用户为 2976 万。作为头部健身平台，Keep 占国内健身 App 25% 的月活量。
>
> Keep 的诞生始于创始人王宁的第一次减肥经历。当时的他根本不知道如何开始减肥，只能在互联网上疯狂地收集信息。他回忆起那段日子只能苦笑："我自认已经是非常懂得如何通过互联网获取信息的人，但也花了足足六七个月的时间才梳理完东拼西凑的健身资料。"在这个漫长而痛苦的过程中，王宁发现并没有一款产品能够帮助自己解决困惑。于是，最终减肥成功的他，决定用自己的经验与能力去帮助其他正面临减肥难题的同伴们。正是出于自己的切身体会，王宁将 Keep 平台定位在基础化（轻巧）、标准化（傻瓜式）和移动化（随时随地）三大支点之上。
>
> **1. 0～70 分的健身需求井喷**
>
> 肥胖和健身在逻辑上有必然的联系，随着肥胖人群数量逐年攀升的是人们对健身话题的关注度和投入度的飙升。王宁在创业之前用百度指数查询"健身""瑜伽"等关键词的热度，发现从 2006—2014 年的平缓增长被骤然打破，2014—2015 年，一年的时间翻了三倍，这意味着需求的井喷。互联网移动端与健身相关的关键词在 2013 年及以前始终保持平稳，而在 2014—2015 年几乎都保持了成倍的增长。这种现象固然和互联网移动端本身的发展有关系，但更重要的是，这体现出绝大多数人对健身的茫

---

① Keep 是指一款具有社交属性的健身 App。

然。站在健身房或瑜伽垫前不知道如何开始、直接掏出手机来搜索的大有人在,甚至很多人根本不清楚体脂率的重要性。根据秤的线上销售数据显示,体脂秤的销量只有普通体重秤的 1/4 甚至更低。

王宁将大部分健身用户定义为追求 70 分的用户。这部分用户的需求更加简单直白,"就是很简单的减肥降脂,或是身体某个部位的塑形,希望自己穿衣服好看一些"。70 分以上目标精确的用户则需要定制化的产品而不是标准化的方案。

Keep 在产品的定位上,锁定的就是广大的 0~70 分人群。Keep 选择放弃线下健身房,起码在初期做到从 0 到 1,把更多的精力放在"小白"用户而不是健身房的用户身上。"小白"用户的需求很简单:穿衣显瘦,脱衣有肉,只追求 0~60 分的健身效果。Keep 作为一个在线健身产品,帮助用户获得 0~60 分甚至 70 分的健身效果还是很简单的。这是 Keep 对用户的选择。

精准定位目标用户,根据用户的运动历史、训练偏好及其自主输入的数据,Keep 向用户推荐个性化的运动方案,让用户轻松获得专业指导,结合丰富的健身内容库以及优良的社交属性,满足健身用户的需求。

2. Keep 是如何洞察用户需求的

Keep 在移动健身领域牢牢地抓住了"数据记录、教育分享、社交分享"这三个关键词,并进行最大化的巩固和优化,在用户黏性步步提升的同时,稳定其用户流量。在一系列研究后,王宁及 Keep 团队将其洞察用户的方式分成了两个部分:一是理性的数据洞察,二是同理心洞察。

理性的数据洞察包括以下四个方面。

1)用户画像。用户的年龄、性格爱好、工作或生活规律。

2)典型场景。用户在什么时间、地点、环境下工作或生活,产品适合切入用户的哪个具体场景。

3)原习惯路径。运用数据估算用户原来使用产品的习惯、动作、方法,在原产品上花费的时间和精力。

4)关联性数据指标。找到与产品相关联的各项指标,进行数据分析与测算,将用户优先考虑的指标进行排序。

通过以上的理性数据洞察,还是很难获得被用户隐藏起来的内在情感及真实的心理状态,因此有了第二步,做同理心洞察。同理心洞察包括以下四个方面。

1)尝试连接情感切入点。产品在什么时间、场景下最容易被用户想起?

2)挖掘用户的潜在需求。在什么动力下容易促使用户决定购买或使用?

3)提出满足需求的清晰概念。将这个原动力言简意赅地描述出来,越简单越有用。

4)确认此概念能激发情感共鸣。怎么确认呢?最好的检测标准是:用户愿意重复使用并且推荐给朋友使用。

只有理性与感性相结合，才能更准确地洞察用户的真实需求。这些用户的痛点又是什么呢？传统健身最大的痛点体现在四个方面：价格、时间、地点、人物。

1）价格。北京的健身卡起步价约3000元，年卡使用次数最多是365次，而调查结果显示，年卡的平均使用次数只有7.5次，其中有3次是用于洗澡。

2）时间。有人觉得很忙，没有时间健身。

3）地点。公司在城东、家在城西的人，就算城南有健身房甚至是免费的，基本也不会去。

4）人物。健身就得有人相伴，自己一个人健身会觉得很枯燥。

然而，什么样的产品可以解决这四个问题？移动互联网App使人们在任何时间、地点都可以运动起来。免费的产品策略，让用户省下了高昂的健身费用，同时具有社交属性。原来在健身房跟着十几个人练，现在通过互联网平台，同时和几万人一起运动，Keep通过寻求目标用户实现用户数从4000~200万的迅速增长。

在早期，健身"小白"的需求尚未被满足，受用户普遍喜爱的产品还未出现，王宁和他的团队通过社交媒体找到了约4000人的内测团队，还"潜伏"进了不少健身主题QQ群，与网友熟络之后，小心翼翼地放出产品下载链接，推荐群友体验，"一个千人群，发一次链接平均下来可以带来50多次的下载"。

这4000人成为Keep最早的忠实用户，在他们的热情帮助下，Keep完成了功能完善的上线版本。随后的三个月内，4000这个数字迅速变成了200万。然而即便如此，王宁并不认为Keep算得上一款"爆红"的产品。因为除了在AppStore将Keep放到首页做了精品推荐的那一段时间，Keep的用户增长一直保持平稳的状态，并没有爆发式的明显高峰。面对这种增长状态，王宁坚持对新媒体的低成本投入。

从上线初期开始，Keep的运营团队就以代号为"埋雷计划"的行动锁定了近百个垂直社区，包括那些流量巨大的百度和豆瓣群组，长期连载品质较高的以健身经验为内容的帖子。这些帖子培养了一批忠实的读者，并在搜索引擎优化方面得到了很高的曝光位置。当产品App正式上线时，Keep将这些帖子同时引爆，几乎是在一夜之间，通过作者的话语权告知读者：这些包含价值的经验都是通过一款名为Keep的移动工具来维持的。"那段时间，几乎所有健身主题的中文BBS都在议论，Keep在iOS渠道的日下载量达到4万以上"。Keep"埋雷计划"的成功之处在于这些早期用户本身对健身就有极大的兴趣和需求，他们正是Keep成立之初精确瞄准的目标群体。他们的使用体验能够检验Keep这样一款工具型的产品能否满足用户的基本需求，从而对训练课程的效果进行反馈和评估。

（资料参考：https://new.qq.com/rain/a/20240429A02RBS00.）

5.3 消费者需求管理

5.3.1 需求类型管理

需求类型管理要求企业根据市场需求的不同状况，采取有差别的营销策略来进行营销任务分配。需求状况主要有八种类型：负需求、无需求、潜伏需求、需求下降、不规则需求、饱和需求、过剩需求和有害需求。

1）负需求是指消费者不仅对产品或服务没有需求，甚至愿意花钱回避此类产品或服务。消费者对于那些带来负面影响大于正面影响的产品会产生负需求。此时，企业应采取的营销策略为扭转需求，分析市场排斥此类产品或服务的理由，并进行设计改良、正面促销。

2）无需求是指消费者对于产品或服务不感兴趣，没有需求。一般可分为三种情形：产品无价值、市场饱和及新产品出现。以可乐市场为例，可口可乐作为一种碳酸饮料，并不被所有消费者接受，部分消费者认为，可口可乐属于高糖分、没营养的饮品，是无价值的产品。随着可口可乐市场份额增长率趋于平缓，消费者群体逐渐稳定，无法挖掘出更大的市场，这时便出现了市场饱和的现象。当可口可乐公司推出"零度可乐"这一新产品时，更多经典款可乐的消费者会转变为"零度可乐"消费者，这对于经典款可乐的市场造成了冲击。此时应采取的营销策略是激发需求，寻求结合企业利益、消费者需求及兴趣的方案，以此引发消费者兴趣，刺激需求。对可口可乐公司来说，要充分分析上述三个方面对经典款可乐销量产生的影响，稳定可口可乐在饮料市场的地位，平衡经典款可乐与"零度可乐"的关系，在满足消费者需求的同时，使公司整体利益最大化。

3）潜伏需求是指多数消费者对某种产品有强烈需求并且有足够的购买力，但由于时机不成熟而没有消费。此时企业应采取的营销策略是开发性营销，即开发有效产品或服务来满足消费者需求。例如，AR眼镜对于很多消费者来说，属于潜伏需求，而之所以目前没有转化为实际需求，是因为AR技术覆盖率还相对较低，因此大多数消费者持观望态度，等到时机成熟，消费者对于AR眼镜的潜伏需求将转变为实际需求。

4）需求下降是指对产品或服务的需求呈下降趋势，一般是因为消费者对产品产生疲倦或是在寻找新的产品。此时，企业应采取的营销策略是恢复性营销，通过改变产品特色或重新开发等方式刺激需求以扭转下降趋势。例如，2018年，苹果手机的销售情况令人失望，这与推出没有太多亮点的iPhone XR有很大的关系。苹果公司在接下来的几年中回归产品本身，优化产品并拓宽产品线，又通过营销策略刺激需求，挽回了iPhone机型的销售颓势。

5）不规则需求是指对产品或服务的需求随着一定的周期而变化。此时，企业应采取的营销策略是同步性营销，通过定价策略或其他刺激方法达到供给与需求的平衡。目前，市场上很多产品和服务的需求弹性较大,易受经济周期的影响。例如,在经济衰退期,人们的收入不乐观,对于很多产品的需求会随之减少。对于电子产品,很多消费者持观望态度,以往的"发烧友"变得相对理智,综合评估自我需求与购买能力之后,再选择是否购买。对于此类产品,企业应及时调整策略,根据消费者心理预测销量,进而开始生产。

6)饱和需求是一种理想状态,表示对产品或服务的需求与企业的预期一致。此时,企业应采取的营销策略是维持性营销,由于消费者偏好可能改变且竞争者也在改进其产品和服务,企业需要不断进行产品优化及服务强化,以防止需求水平下降。在这一状态下,产品需求进入高峰期,企业要做的便是想方设法维持高峰,避免出现立刻下降的情况。

7)过剩需求是指企业的产品或服务供不应求。此时,企业应采取的营销策略是限制性营销,提高价格、减少促销活动使市场需求降到企业能供应的水平。这类需求通常发生在企业成长期,市场认可度逐渐提升,需求增加的速度远远超过供给的增速。小米手机的横空出世,给智能手机市场带来很大波动,主打高性价比的小米手机,迅速得到市场的普遍认可。然而,伴随着与日俱增的需求而来的是小米独创的饥饿营销策略。这种策略在当时来说很管用,因为大众心理普遍认为,越是买不到的产品就越好。因此,在最初的几年中,小米手机在市场上占有绝对优势。随后,小米推出了高端系列,价格回归正常,过剩需求逐渐减少。

8)有害需求是指消费者对某些对用户或社会有负面影响的产品或服务有需求。此时,企业应采取的营销策略是抵制性营销,宣扬使用这类产品的后果,或是提高价格使有需求的消费者放弃需求等,目的是反营销甚至拒售。例如,香烟属于有害需求,它在满足部分消费者的需求时侵害了其他公众的健康,每包香烟的外包装上都写着"吸烟有害健康"字样,其高税率也提高了商品价格,公益广告等也在不断引导消费者正视香烟带来的影响。

对上述八种需求类型的管理是有意识地干涉消费者需求。企业在发展过程中,难免出现需求管理的问题。企业在进行需求管理时不要慌乱,要仔细分析自己的产品对应的是哪一类需求,制定相应的营销策略,便可以改善现状,实现长久盈利。

5.3.2 需求管理求异

需求管理求异指的是在需求管理过程中追求差异化,从而突出产品或服务的个性化特征,以满足特定用户群体的独特需求。以"丧"文化为例,"丧"文化是一种主要在年轻人中流行的颓废、绝望、悲观为情绪特征的文化现象,它是青年亚文化的一种新形式,反映了部分青年在现实压力下的心理态度和集体焦虑。"丧"文化的主要人群是"90后"和"00后",这代年轻人选择了自嘲式的表达方式去宣泄精神上的空虚和不满。"丧"文化的特征主要表现在语言和符号的使用上,如"漫无目的的颓废""葛优躺""感觉身体被掏空"等。

在这一背景下,"丧茶"开始走红微博,一名网友说想在"喜茶"对面开一家"丧茶",菜单如下:一事无成奶绿、碌碌无为红茶、依旧单身绿茶、想死没勇气玛奇朵、没钱整容奶昔、瘦不下去果茶、前男友越活越好奶茶等。随着网友自制的"丧茶"文案走红微博,2017年,网易新闻联合"饿了么"真的开了一家"丧茶快闪店",尽管为期只有四天,却在整个"五一"黄金周成为自媒体圈中的热门话题。

利用"丧"文化中的元素进行品牌推广和产品销售是一种逆向营销思维。逆向营销一定要做到生活化、场景化、真实化,自嘲式的代入感能够戳中消费者心中的"槽点"与"痛点",与大众的真实心理不谋而合。逆向营销从本质上来说属于情绪营销,深刻、准确的情感洞察能够激发消费者对品牌强烈的情感共鸣,帮助品牌有效地建立起与消费者之间的情感连接。"丧"文化正是利用年轻人对于压力和颓废情绪的共鸣,通过品牌传递出的一种"我懂你"的信息,来吸引目标消费群体的关注和好感。这是一种"反其道而行之",采用一种消极的、看似漫不经心的态度来吸引那些对传统广告感到厌倦的消费者的方式。

5.3.3 创新消费者需求

企业创新可分为三种:因为科学技术发展所带来的创新,因为盈利模式改变所带来的创新和因为"人"的需求改变所带来的创新。前两种创新都非常好理解,第一种创新,如触控屏幕的技术成熟催生了触控手机和便携式计算机;第二种创新,如原本打印机厂商赚取的是销售打印机的利润,但因为市场竞争的缘故,打印机的售价越来越低,于是打印机厂商便依靠销售其他周边耗材,如墨盒等来维持营收。更为基础也最为重要的创新则是以顾客至上,将"顾客是我们的衣食父母"当作座右铭,想尽办法满足消费者的各种需求,风靡一时的产品大多属于此类。

创新的基础在于消费者需求,企业要把消费者需求放在首位。开放式创新就是一种简单的做法,企业通过与外界合作转嫁部分创新的成本及风险,并加速创新成果进入市场的进程,提高成功率。因为创新的成果不仅由企业自身享有,广泛而言,消费者也是创新最上游及最下游的一环,以开放的创新体系吸引其他要素参与创新,对企业发展有所助益。因为创新是个复杂的过程,企业创新也必然面临巨大的风险,开放式创新是为了更好地创新、提高成功率。开放,是与过去企业专注在内部进行创新而未过多考虑外部情形的一种对比;在封闭式创新的模式下,企业只有通过雇用最好的员工或技术人员,才有机会从创新中获利。一些采用开放式创新战略的企业获得了阶段性成功,如宝洁、3M等。一家企业的创新优势与其所在的生态系统有关。在此系统中,既有核心企业也有外围企业。核心企业(通常是大企业)希望主导知识创造的过程,定义创新网络关系以进行知识创造和交换,所以核心企业通常在创新网络演化中扮演重要的角色。创新知识向外围企业流动时会被外围企业精炼和优化,又由外围企业返给核心企业。这种循环上升型的知识流动渠道有利于核心企业的开放式创新。外围企业在与大企业合作的过程中，也获得了关键性知识。同时，对参与创新的个体而言，除了智力、体力、创新精神，企业给予的支持也是不可或缺的。因此，对于创新精英和骨干，企业应设立明确的激励机制，并营造接受失败、勇于承担、不过于计较商业利益的工作氛围。

案例

开放式创新

特斯拉公司自成立之初，便以其颠覆性创新理念不断震撼汽车行业，在短短十几年间迅速崛起，被广泛誉为"汽车界的苹果"。其成就斐然，引起了全球的关注。2014年，公司CEO埃隆·马斯克（Elon Musk）宣布了一项引人注目的决策："All our patent are belong to you"（我们的所有专利属于你），首次声明特斯拉将开放其所有专利供外界使用，试图把特斯拉打造成电动汽车行业的Linux[○]。这一开放专利策略，不仅体现了互联网"自由、平等、开放、分享"的精神，也引发了人们对其背后战略意图的广泛讨论。那么，特斯拉为何要采取这一举措呢？

开放专利的核心目的在于降低进入门槛，让更多的人和企业能够站在"巨人的肩膀"上，加入全球电动汽车发展与普及的浪潮中。虽然表面上这似乎让竞争对手占了优势，但实际上，这一策略无形中增强了特斯拉技术的普及性，并为其在未来行业标准的制定中占据了有利位置。从更深层次来看，一旦特斯拉的开放专利达到一定规模，并且技术盟友的数量增长到一定程度，这些盟友将不得不与特斯拉制定的标准兼容。此外，如果特斯拉能够建立一个以自身技术为核心的产业联盟，那么可以预见，超级电池工厂的多余产能将由特斯拉的盟友消化。届时，特斯拉将不仅仅是一个电动汽车制造商，还将是上游核心电池资源的控制者，以及行业充电标准的制定者。

因此，特斯拉欢迎其他汽车企业加入电动汽车行业，旨在形成一个强大的"电动汽车矩阵"，推动整个电动汽车行业产生更大的发展动能。在市场培育、政策突破、技术积累和电动汽车产业链建设等方面，这将形成一种群体的生态效应，扩大电动汽车市场的规模。通过开放和合作，特斯拉期望推动整个产业生态圈的发展，建立技术创新联盟，从而促进整个电动汽车行业的创新。

○ Linux是著名的开源式软件平台，开放给全世界的软件工程师一起研发，使用户在微软和苹果电脑操作系统之外有了第三个免费的选择。

> 事实上,自从特斯拉开放了专利之后,其他企业如丰田汽车也跟进开放了其电动汽车相关的专利,越来越多的传统汽车企业和拥有雄厚资金支持的新兴创业公司纷纷进入电动汽车领域,使这一产业变得更加活跃和充满竞争。

课后思考题

1. 什么是需求创造?需求创造的关键是什么?
2. 什么是需求引导?
3. 如何引导消费者的需求?

实训案例

创造与引导消费需求——以人工培育钻石为例

案例概要:

本实训案例聚焦于某品牌战略性进入培育钻石领域,旨在通过创造和引导消费者需求来迎接市场的机遇与挑战。项目以"实地调研—问卷调查—深度访谈"为主线,从多个维度全面了解了培育钻石市场的消费者行为。通过这一过程,需求创造和引导在实际市场背景中得以深入,为企业提供了精准的市场定位和产品定位的指导,为后续的商业策划提供了坚实的基础。

实训知识点:

需求创造的过程与关键:在该公司面临培育钻石新市场的挑战和机遇时,需求创造的过程经历了实地调研、问卷调查和深度访谈三个关键阶段。

1) 实地调研:通过深入上海和长沙的商业区,调查主流品牌门店,团队发现同质化问题和消费特征,为需求创造提供了市场现状的实际基础。

2) 问卷调查:运用"线上+线下"方式,发放定向问卷并收回523份有效问卷。通过描述性统计和多维分析,揭示了新一代消费者的多元价值观,为培育钻石市场的需求创造提供了科学的数据支持。

3) 深度访谈:与行业从业人员、培育钻石消费者和潜在消费者的深入交流,发现见解多元、认知待提升,为需求创造提供了消费者和行业参与者的深层次理解。

需求引导的要点与方法:需求引导旨在挖掘潜在需求、引导市场方向,从市场、产品和消费者三个维度展开。

(1) 市场层面

1) 同质化问题:钻石品牌同质化问题为需求引导的切入点,团队通过调研揭示同质现象,为企业提供了差异化机会。

2) 关键词提取:通过市场研究提取关键词,如价格、悦己消费、品牌等,引导企业在策划中注重关键元素。

(2) 产品层面

1) 核心优势：通过问卷调查分析，识别培育钻石的核心优势，即价格和品牌，引导企业在产品设计和营销中突出这些优势。

2) 产品系列设计：构思"十二生肖""芳华"和"古韵"三个系列，以满足不同目标受众的需求，引导产品差异化。

(3) 消费者层面

1) 消费者心智培育：通过深度访谈了解消费者对培育钻石的认知和接受度，引导企业在传播中注重消费者心智的培育，解决认知短板。

2) 购买意愿影响因素：通过问卷调查分析影响购买意愿的因素，引导企业在推广中重点关注情感信念、感知行为控制等要素。

数据分析与实训操作：

在市场调研与数据分析方面，采用了描述性统计分析、K-Means 聚类分析、Logistic 回归分析和结构方程模型对样本进行科学分析，学员可以利用教学实训平台分享的数据进行数据分析与实训操作练习，这能够培养学员对实际案例的分析和解决问题的能力。在这一过程中，着重强调创造与引导消费者需求的关键角色，以塑造培育钻石新赛道的市场前景。实训问卷、数据与建模分析可登录教学实训平台（edu.credamo.com）或扫描下方二维码，加入"智慧营销"课程（在学生端单击"加入课程"，输入加课码：jkm_6015279262177280；教师可以在课程库中搜索该课程并直接导入），在相关章节的实训项目中获取。

第6章 智慧营销：大数据概述

今日头条的大数据推荐

今日头条是一款基于机器学习的数据挖掘与引擎推荐产品，旨在为用户提供个性化的新闻资讯，实现内容与用户的精准连接。数据显示，截至2021年12月，头条号账号总数已超过237万，平均每天发布150万条内容。

今日头条有两大主要特色：①个性化的内容推荐机制，根据用户的喜好为其推荐个性化的媒体信息，让用户在信息过剩、碎片化的互联网时代迅速获取自己关心的内容；②拥有庞大的内容创业者群体。

1. 连接内容生产者

（1）内容从哪来

1）利用机器爬虫抓取内容。起初，今日头条的内容来自其他门户网站新闻的汇总。不管什么引擎，它的首要工作都是通过爬虫积累足够多的数据样本。基于门户加推荐引擎的模式，用户单击今日头条新闻标题后，会跳转到新闻所在的原门户网页。但是出于用户体验的考虑，也为了方便移动设备用户的阅读，今日头条对被访问的其他网站页面进行再处理，去除原网页上的广告，只显示内容。不过这涉及版权问题，今日头条为此投入了上亿元的资金。

2）自己经营自媒体平台。今日头条真金白银地投入（通过"千人万元""百群万元"等计划），打造出了国内最大的自媒体作者平台。注册头条号之后，媒体可以自行在平台上上传内容，这就相当于授权头条进行内容分发。这样一来，就不再是今日头条主动找媒体，媒体也可以主动来找今日头条。

3）短视频。今日头条已经成为国内最大的短视频分发平台，并宣布设立"金秒奖"及用更多的资金来支持短视频的创作。

4）问答和微头条。问答的功能和知乎平台的功能一样，微头条的功能和微博、朋友圈的功能一样。

（2）激励生产者　早在2015年的头条开发者大会上，今日头条便宣布了一个"千人万元"的补贴计划，它将确保至少有1000个头条号创作者单月至少获得1万元的保底收入。此外，今日头条还开设了内容创投基金，在内容领域投资2亿元，投资了300多家早期内容创业团队，对早期项目的投资金额为30万～100万元。

不仅如此，头条号还做了一个创作空间，在北京建了个头条号自媒体孵化空间，提供了高质低价的200个工位和自媒体大咖导师，以及融资渠道，从空间、服务、课程、投资等多个方面提供孵化服务，不仅有针对内容的投资资金，还有针对流量的扶持计划。

今日头条还开设了一个媒体实验室，为创作者提供创作工具，通过大数据为内容生产者提供内容线索，如热词排行、热词趋势、报告热点事件需要的背景资料等，都可以在这个平台上呈现出来。在2016年的头条号大会上，今日头条宣布了一个非常重大的消息：它会对短视频的头条号进行10亿元的补贴。不仅如此，今日头条还为头条号的自媒体创作者提供了盈利模式。它首先选取了一批能生产优质内容的自媒体账号进行内部测试，在自媒体的内容页面提供固定的广告位，并提供针对广告收入的分成计划。

2. 连接内容消费者

（1）如何找到优质用户　要想找到优质用户，最根本的是要把内容和体验做好，这样才能留住用户。

1）审核机制。今日头条的审核机制相当严格。图文信息采用人工＋机器的方式进行审核，视频内容则全部进行人工审核，其人工审核团队已有300多人。

2）消（除）重（复）处理。消重能够优化用户体验，对于同一位用户来说，同类主题文章看一篇即可。

3）资讯流推送。每次下拉或单击首页按钮，今日头条推荐引擎便会更新几条新闻，在更新很多次之后，才会出现"暂无更新，休息一会儿"的字样。相比于几年前，今日头条的资讯数量有了很大的提升，而且信息流中显示了标题、来源、评论数及刷新时间，还可以设置是否在列表中显示摘要，在信息流页面呈现的内容已经足够丰富，并且主次分明，并不会让人感到不适。

（2）如何展现优质的内容

1）给他想看的。推荐引擎，指的是不需要输入关键字就显示搜索内容的搜索引擎。推荐引擎涉及用户研究、文本挖掘、推荐算法、分布计算，以及大数据流的实时计算等多个方面。当你进入今日头条的页面那一刻起，今日头条就开始记录你进入平台的时间、你主动选择的资讯主题，还有你点开查看的文章类型，以及你在每篇文章页面停留的时间等信息。这些信息都会被收集起来，这些数据细致到你刷到哪里，刷了几屏，在每一屏里停留的时间等所有的行为轨迹。

2）资讯负反馈。信息流页面设置了一个小叉，在详情内容末尾也设置了一个"不喜欢"按钮，单击之后会咨询用户不感兴趣的理由。这种方法能够精确获得负反馈的原因，以便更精准地推荐信息。

3）发布门槛。今日头条有较高的发布门槛，对文章的标题、正文等都有明确的标准，任何不符合要求的内容都不能成功发布。

综上所述，通过大数据和智能推荐，便有了今日头条的"你关心的，才是头条"。

（资料参考：https://www.toutiao.com/about/.）

6.1 智能互联时代的大数据

6.1.1 大数据的定义

在过去的十几年里，依托互联网技术的发展，各领域都出现了数据的大规模增长。从 2012 年开始，大数据这一术语越来越多地被提及，人们用它来描述和定义信息爆炸时代产生的海量数据，并命名与之相关的技术发展与创新。目前，大数据的重要性已经被社会各界所认同，但是对大数据的界定却众说纷纭。

何为大数据？

维克托·迈尔-舍恩伯格（Viktor Mayer-Schönberger）教授等在《大数据时代：生活、工作与思维的大变革》一书中提出："大数据是指不用随机分析法这样的捷径，而采用所有数据的方法。"[一]

领先世界的全球管理咨询公司麦肯锡最早提出："数据，已经渗透当今每个行业和业务职能领域，成为重要的生产因素。人们对于海量数据的挖掘和运用，预示着新一波生产率增长和消费者盈余浪潮的到来。"

高德纳公司[二]给出的定义是："大数据是以新的处理模式来处理分析海量、高速变化和多样化的信息资产，来产生巨大价值。"

美国国家标准与技术研究院（NIST）定义大数据为："数量庞大、获取速度快或形态多样的数据，难以用传统关系型数据分析方法进行有效分析，或者需要大规模的水平扩展才能高效处理。"

本书将大数据的概念定义为：大数据是指无法在一定时间范围内用常规软件工具进行捕捉、管理和处理的数据集合，是需要新处理模式才能具有更强的决策力、洞察发现力和流程优化能力的海量、高增长率和多样化的信息资产。

6.1.2 大数据的特征

迈尔-舍恩伯格教授提出大数据具有 5V 特征，即大量（Volume）、多样化（Variety）、高速（Velocity）、准确性（Veracity）、低价值密度（Value）。

大量（Volume）是指数据量大。从采集、存储和分析计算等各个角度来看，数据量

[一] 迈尔-舍恩伯格，库克耶. 大数据时代：生活、工作与思维的大变革 [M]. 盛杨燕，周涛，译. 杭州：浙江人民出版社，2013.

[二] 高德纳公司指 Gartner 公司，又译作顾能公司，全球最权威的 IT 研究与顾问咨询公司，成立于 1979 年，总部设在美国康涅狄格州斯坦福。

都非常庞大。如今，要积累5EB的数据量只需要两天时间，而计算机处理4GB数据花费约4min，处理1TB数据花费3h，处理1PB数据需要4个月零3天，只有达到PB单位以上的数据，才可以称为大数据。沃尔玛是投资和部署大数据应用的领头企业之一，每小时交易量约100万笔，它的数据系统每天都有TB级的新数据产生，并且要同时处理PB级的历史数据、不计其数的产品数据和客户数据等。

多样化（Variety）是指数据来源广、涉及种类多。从来源来看，可分为交易数据、移动通信数据、人为数据，以及机器和传感器数据。根据不同标准，数据有多种分类方式，最基本的分类方式即按字段类型，可分为文本类数据、数值类数据和时间类数据；按照数据结构，可分为结构化数据、半结构化数据和非结构化数据；从描述事物的角度，可分为状态类数据、事件类数据和混合类数据，这种分类方式在数据仓库建模时尤为重要；从数据处理的角度，可分为原始数据和衍生数据，该分类法主要应用在管理数据上；根据数据粒度，可分为明细数据和汇总数据；根据更新方式，可分为批量数据和实时数据。通过不同的数据分类方法，不同角色的人能够提高数据处理和分析的效率。

高速（Velocity）是指处理速度快。在海量的数据规模下，能够处理PB/EB/ZB级的数据量是大数据的优势所在，处理PB级数据，在大数据时代将是常态。一部高清电影约4GB，1PB＝1024×1024GB，大数据瞬时处理1PB的数据量，就相当于瞬时处理26万部高清电影的容量，其速度可见一斑。所有数据都具有一定的时效性，商业中的业务决策也一样，如果不快速处理，很可能失去商机，所以需要利用大数据做实时分析。例如，为淘宝用户推荐他当时感兴趣的商品，一段时间后用户的需求很可能发生变化；搜索引擎也要求能够及时地搜索到时事新闻；社交媒体更是增长速度最快的大数据源，像微博、知乎这样的平台时刻产生大量数据，具有极强的时效性。这些都对数据的处理速度提出了极高的要求。如今，通过云计算，大数据技术可以在20min内处理完12天的数据量。

准确性（Veracity）是指大数据内容的真实性和准确性。大数据源于真实世界中的真实事件，与我们的生活息息相关，包括网络浏览数据、微博数据、微信数据、图片的上传下载数据、邮件往来数据、网络购物及交易数据等真实数据。大数据源于互联网积累的各种真实数据，真实而准确的数据能够确保预测现实事件的可信度。

低价值密度（Value）是指数据的价值密度低，但真正有用的信息是具有很高的商业价值的。大数据不仅仅是技术，关键是其产生的价值。挖掘大数据的价值就像沙里淘金，从海量数据中挖掘稀少但是珍贵的信息。正是由于海量这一特征，导致数据价值密度相对较低。例如，一位用户在各种App之间切换，浏览了众多页面，留下了大量的数据，这些数据都被记录下来。对于淘宝来说，很多数据是无用的快数据。然而，若是能从中挖掘到真正有用的信息，如该用户在抖音上刷到一个化妆"神器"并为其点了赞，或是搜索了某地的旅行攻略，淘宝就可以及时为其个性化推荐满足用户喜好的商品，或是适合旅游目的地的服装饰品等。

6.1.3　大数据的价值

就像借助望远镜能让我们认识宇宙，借助显微镜能让我们观察微生物一样，大数据能助力企业最大化其商业价值。大数据不再是一堆冷冰冰的数字，通过数据挖掘技术和分析技术，能够实现数据的效用，让大数据引领我们这个时代。

在零售行业，利用大数据能够帮助企业掌握不断变化的市场情况，使其在最佳时机进行促销并对产品结构进行高效调整。美国的塔吉特百货是最早运用大数据的零售商，其拥有专业顾客数据分析模型，可根据购买行为精确分析出早期怀孕的人群，并根据分析结果预测孕妇的状态和预产期，预测之后给孕妇及其家人推送相关的商品优惠券。这种为顾客量身定制的广告投放方案不仅可以先于同行精准营销商品，还让顾客倍感体贴。最终，塔吉特百货在母婴用品上的数据管理、精准营销的成功，带动了集团业绩的逆势增长。

在互联网行业，基于大数据的分析、预测，能够给公司带来有力的决策支持。大数据蕴含的信息量大大增加，基于大数据的决策变得至关重要，如何对大数据进行有效利用对企业营销而言就显得非常关键。因此，如何收集、整理、分析大数据是重要的挑战。目前，海量数据都产生于互联网，交易数据、社交数据、用户行为习惯数据、关键词数据等都是互联网公司的宝藏，它们将这些数据进行挖掘后根据不同分类方式进行细分，从而更加精准地投放广告，以实现利益最大化。为了有效利用数据背后的巨大价值，社交平台、电商平台、搜索平台会即时处理新产生的海量数据和储存的历史数据，对每个用户个性化定制符合其特质的产品或服务推荐。

在金融行业，数据资料更是数不胜数，包括银行大数据、证券大数据、保险大数据等各种金融数据，分析这些信息，能够帮助金融机构进行产品创新、精准营销和风险管理，实现数据资产向战略资产和市场竞争力的转化，进而做出科学、高效的决策。蚂蚁集团网商银行的前身"阿里小贷"曾向外界透露其独特的大数据授信审贷模型——水文模型。水文模型的学术定义是将自然系统符号化，通过数学模型模拟水文现象。阿里小贷的水文模型，可以理解为建立庞大的数据库，不仅包括贷款客户自身长期的数据变化，还有参考同类企业的数据情况，以这些数据为依据，通过数学方法及各种参数判断客户未来的情况。在阿里小贷的业务决策过程中，水文模型为公司决策层提供客观的分析和建议，并对业务形成优化。例如，如果某个店铺的旺季是夏天，每年夏天的销售都大幅增长，那么每年夏天，这个店铺的授信贷款额度就会上升。通过阿里小贷的水文模型，可以根据历史数据判断出这一店铺在这一时期的资金需求。同时，对比该店铺其他时段的数据，判断出该店铺各个时段的资金需求，从而向店铺发放恰当的贷款。

在交通运输行业，大数据分析的一项重要应用就是智能化的交通运输路线优化，这可以帮助企业在特定的条件下挑选最佳的交通运输路线。该类应用还能够优化燃料消耗、进行预防性维修，优化驾驶人的驾驶行为及车辆路线，可以极大程度地降低交通运输成本、提高运输效率、加强车队和资源分配管理。在智能化的交通运输路线优化应用领域，还有一类先进的导航系统可以收集实时的交通信息，包括交通事故、路面工程及拥堵地区等信息。此外，它还会提供路线和天气的实时更新数据，向司机提出避免拥堵的路线建议，同时还可以将地点和行车信息反馈到服务中心，建立信息的环形流动以提供更为准确的行车建议和导航服务。总部位于美国亚特兰大的快递公司 UPS 研发了一个名为 Orion 的系统，即道路优化与导航集成系统（On-Road Integrated Optimization and Navigation），它的快递司机在一天中有无数条路线可供选择，如果每位快递司机每天少开一公里，公司便能省下 5000 万美元。Orion 算法可以分析每种实时路线的 20 万种可能性，并能在大约 3s 内找出最佳路线[1]。

大数据已经成为当今社会最为宝贵的资源之一，科学、高效地利用大数据是产生价值的重要基础。通过探索数据之间的关联模式，挖掘大数据中的信息，是大数据的价值所在。但这些数据之间交互广、价值密度低且呈碎片化，从大数据中提取有用信息，为管理决策提供支持，成为企业的迫切需求。从另一个层面来看，大数据的内在价值已经在各个行业中初露头角，大数据不仅给零售、互联网、金融、交通等行业带来新鲜血液，也能够在医疗、教育、农业、商业等其他领域发挥巨大的社会作用。

6.1.4　互联网时代的大数据

在互联网新兴技术的普及过程中，产生了越来越多的用户数据，以及大量、多样化、高速度和低价值密度的大数据概念，并逐渐渗透每个行业、业务的职能领域，进而为商业、金融服务创新浪潮奠定相应的数据基础。

在移动互联时代，智能手机作为通信载体使人们实现互联。几乎所有的商业、社交活动都能在移动终端设备上进行，由这些活动产生的数据也在网络中快速地流动着。社交网站、出行服务 App 全面记录了人们各式各样的信息，通过记录和存储这些数据，产生了"大数据"。这些数据记录了人们的基本信息、购物偏好、社交言论甚至性格特征，并随着用户数据的更新而迭代，为精准营销提供了基础。

除此之外，互联网网页大数据已经成为互联网公司、金融机构等用以获取用户消费、交易、产品评价信息和社交信息等的重要途径，因此深入探讨互联网的大数据采集与处理技术具有重要的意义。

对于大数据的整体解决方案，不同的公司根据自身业务有着各自的解读，但总体的流程是基本固定的，包括数据采集、数据预处理、数据存储、数据挖掘分析，以及结果展现，如图 6-1 所示。

---

[1] 资料来源：https://cloud.tencent.com/developer/article/1132643。

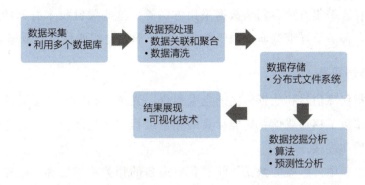

图 6-1　大数据常用处理流程

6.2 智能大数据采集

大数据采集是指利用多个数据库来接收发自客户端的数据。由 5G 技术带来的网速升级直接推动了人机交互的升级、交易逻辑的升级、传播与社交文化的升级，更带来了数据收集方式与效率的升级。从数据固定的静态网页逐步演变为由特定代码框架产生，数据实时加载的动态网页。如何快速有效地采集来自网络的数据？需要注意以下要点。

1. 数据应具有一致性

不同的数据来源往往其本身的数据结构也不尽相同，有时甚至差异非常大。存储数据是为之后的数据分析做准备，这就需要将获得的数据在存储前就进行规范化处理，保证数据的一致性。尽管在数据中存在混杂或冗余是无法避免的，但仍需要控制这些杂质在数据分析过程中带来的偏差。

2. 数据应具有正确性

在智能大数据采集中，数据的正确性是至关重要的。正确性常被称为准确性，指的是数据是否真实、无误并可靠地反映了它所代表的事实或对象。在采集数据时，需要确认数据来源的可靠性。来自权威的数据源更有可能提供正确的数据。优秀的数据源应当具备一定的透明度，能够追踪到数据的采集方式、时间以及处理过程，这有助于验证数据的准确性。在数据分析前，必须进行数据清洗，以排除错误和异常值，确保分析结果的准确性。此外，数据应保持持续更新，以确保其反映的是最新、最准确的信息。

3. 数据应具有完整性

对于数据采集者来说，应该拥有实事求是的态度，不应该抱有个人观点，更不应该随意篡改数据或不完整地采集数据，但是对于机器采集数据而言，要达到这个标准则要求采集工作高精度运行。面对网络大数据的多元性，人工错误很难避免，工作程序的高精度运行更是不可忽视的问题。

互联网的数据环境本身较为复杂，出于不同的使用目的，可以采用不同的数据采集方式，如系统日志采集方法、网络数据采集方法等。这些关键技术有何特点、能采集什么样的信息等，都需要详细调研。限于篇幅，以下简要介绍四种关键数据采集方式。

6.2.1 传感器采集

传感器是指保障信号和数据传输的电缆组件、光感传感器和震动传感器等。这些毫不起眼的设备覆盖了移动通信、智能计算的整个过程。凡是涉及信号传递和数据传输的地方都需要传感和连接。

通过记录设备中传感器的数据，能够获取设备的相关物理特性。能够采集到的数据类别因设备中包含的传感器不同而存在差异。就智能手机而言，能够获取到设备的音量、电压和地理位置等信息。采集完毕后，通过网络传输到数字终端进行汇总、保存。

6.2.2 系统日志采集

对于提供服务的系统而言，该系统本身就是一个数据源系统，能够在使用过程中实时记录用户的各项操作过程，从而产生系统级别的日志数据。例如，通过网页控件记录用户的单击操作，服务器记录用户的访问和数据库的更新，以及网络流量的实时监控。通过采用分布式架构，能够提高日志数据的采集和网络传输速度，满足相应的需求。许多公司的平台每天都会产生大量的日志，并且一般为流式数据，如搜索引擎的访问量等。处理这些日志需要特定的日志系统，这些系统需要具有以下特征。

1）构建应用系统和分析系统的桥梁，并将它们之间的关联解耦。
2）支持实时的在线分析系统和分布式并发的离线分析系统。
3）具有高可扩展性，当数据量增加时，可以通过增加节点进行水平扩展。

目前，很多互联网企业有自己的海量数据采集工具，多用于系统日志采集，如Hadoop的Chukwa、Cloudera的Flume、Facebook的Scribe等，这些工具均采用分布式架构，能满足每秒数百MB的日志数据采集和传输需求。

6.2.3 网络爬虫采集

网络爬虫是针对特定域名发送网页请求，并将返回的数据根据自身需要做进一步的加工处理，最终保存到数据库中的自动化程序。运用网络爬虫来采集数据是搜索引擎主要的数据采集方式。通过请求特定网页信息或调用网站主动提供的应用程序接口（API）等手段获取网站上的相关数据。使用网络爬虫能够将网页中非结构化的数据从网页中统一抽取出来，进一步处理为结构化的数据并保存下来。另外，该方法也支持非结构化数据，如图片、音视频等文件的采集。

从技术的角度来看，作为一种计算机技术，爬虫本身是中性的。因此，这项技术本身并没有法律争议。但利用该项技术非法牟取利益是存在违法犯罪风险的。如果爬虫只是被用于多次重复获取互联网上的公开信息，那么其本质和人们使用的浏览器没有区别，只是通过技术手段减少了人的干预，或者该爬虫本身是善意的，典型案例如谷歌、百度这样的搜索引擎，它们每隔几天就会对全网的网页扫描一遍，这样的扫描不会对网站造成负担，还能给网站带来流量，这就是"善意爬虫"。但是，违反网站意愿、干扰被访问网站正常运营、爬取受法律保护的特定类型的数据等行为是违法的。

6.2.4 网络调研采集

网络调研是一个从网络中收集一手数据信息的调研方法，相比于传统方法，在有效性、成本、可行性上都更有优势。由于受访者不需要担心其身份被暴露，调查的受访率也比其他调研方式高。因此，网络调研也是互联网时代企业进行调研的主要手段之一。

随着互联网时代的到来，网络调研的优势日渐凸显。网络调研具有涉众广、花费少、持续追踪和有效性高等优点。通过使用互联网这样一个广阔的平台，企业在调研时可以接触到世界范围内的用户并由此节省大量的时间和金钱。就用户问卷调查而言，企业通过电子邮箱、二维码或网站向用户发布问卷之后，只需要等待截止日期来临即可得到调查结果，而不需要雇用人员协助用户。另外，来源于互联网上的数据通常都是免费且更新频率非常高的，这也能够减少企业的花费。网络调研可以实现的目标有很多，如收集目标消费群体的相关信息、与消费者进行更有效的沟通、改善营销方式等。

在智慧营销背景下，用户数据的安全成为关注点。诸多关于网络信息安全的法律法规的颁布，要求所有网购平台及第三方数据外包商的用户数据使用行为必须合法合规。此外，在设计网站界面时，应在用户登录、用户购买时标注用户数据及隐私受到安全保护、不会被用作使用户受到侵害用途的相关提示，以减少消费者对隐私泄露的担心。还可以依靠人工智能的深度学习方式，使用较少的用户数据建立用户行为模型，获得用户完整画像，从存量的角度进行用户分析，有效减少用户的顾虑。

案例

腾讯问卷给在线问卷平台带来新变革

在线问卷市场迎来一个新的时代，人们消费行为和习惯正迅速变化，任何企业在开发产品或策划营销活动时，都对目标消费群体的消费行为数据有着非常强烈的需求。与传统问卷方式相比，在线问卷调查能给用户带来更多的隐私空间，不易引起反感，甚至还可以让用户邀请关联用户填写，有着传播范围广、填写率高的优势。同时，互联网变革传统行业的能力也早已在其他领域有所验证。在美国，在线问卷调查占全部调查的 50%。我国的在线问卷调查处于新兴阶段，目前仅占 5%，这意味着该行业有巨大的增长空间。随着时间的推进，在线问卷调查可能会跟随国际趋势，逐步成为主流调查方式。

腾讯在无须追求盈利的前提下，进军了在线问卷市场。截至 2024 年 5 月，旗下的腾讯问卷服务的用户数超 4800 万，注册团队数超 20 万，帮助用户收回 34 亿份问卷。不仅腾讯自家的产品在使用腾讯问卷，其他知名企业如滴滴出行、58 同城、链家、vivo、小米及同程网等，甚至包括 3·15 晚会，都曾利用腾讯问卷完成了各自的用户调查和研究项目。至今，腾讯问卷已经成为行业内的佼佼者，与问卷星、问卷网形成三强争霸的局面。

腾讯的加入为在线问卷行业带来了前所未有的关注和影响，最直接的效果是重塑了行业格局。虽然对于原有的竞争者来说，这可能并非好消息。但对于整个行业而言，腾讯的介入无疑增加了更多的发展机遇。腾讯通过在自身的流量平台上推广腾讯问卷，不仅直接提升了腾讯问卷的用户基数，也增加了整个在线问卷行业的曝光度，为其他平台提供了争夺新用户的机会。同时，一个强劲的竞争对手也能激励行业内的龙头企业如问卷星等加大创新力度，推动整个行业的发展和变革。

尽管腾讯问卷起步较晚，但依托其庞大的用户基础和技术优势，具备后来者居上的潜力。得益于腾讯云的技术支撑，腾讯问卷能够处理百万级别的问卷投放量。此外，它支持每秒打开百万份问卷页面的能力，极大提升了在线调查的效率。在问卷分析方面，腾讯问卷还能将不同题型的数量作为参数，利用答题路径的线性回归方程来设定问卷填写时长的阈值，从而在数据分析上为用户提供有效的支持。

（资料参考：https://wj.qq.com；https://www.sohu.com/a/780216979_104421.）

6.3 智能大数据处理

采集到的数据不可以直接用于数据挖掘，一般要进行数据的关联和聚合并进行简单的清洗。大数据由于其海量特性无法使用传统的数据存储技术，故一般使用分布式文件系统来存储和管理这些数据，如 HDFS。数据挖掘与分析是指对现有数据进行基于各种算法的计算，然后通过数据挖掘的结果进行预测性分析，数据挖掘与分析是整个大数据分析流程中的核心环节。最终将大数据分析结果呈现给用户，一般采用的是可视化技术，大数据发展至今已经有了丰富的可视化呈现方式。

6.3.1 大数据处理框架

目前，世界上许多公司对数据处理技术开展研究，其中，谷歌的研究成果被广泛使用。谷歌的文件系统（Google File System）、MapReduce、Big Table 等技术不仅是大数据处理技术的基石，还是网页信息提取的初步解决方案。为了提高数据处理速度，谷歌提出 Caffeine、Pregel、Dremel 等技术。2006 年，雅虎基于 HDFS、MapReduce、HBase 这三项核心技术发布了 Hadoop 大数据处理框架。随着云技术的逐渐风靡，为了满足分布式计算需求,加州伯克利大学提出了 SPARK 这样一个分布式数据处理框架。这些技术也是目前数据处理的基本技术框架。

数据处理是一个连续的过程。在这个过程中,可以产生一系列大量、快速、连续的数据流。基于流的数据处理和获取技术被用于生成实时监控数据。普遍的数据处理框架是基于 Apache Kafka,Apache Flume,Apache Spark 和 Elastic Search 的。整个框架的结构包括数据源、数据收集层、数据存储层、数据处理层、结果存储层和数据可视化层。

数据收集层使用 Flume 分布式系统来收集不同的数据信息,实时地将这些数据推给处于数据存储层的 Kafka 消息簇系统。数据处理层将 Kafka 中的数据抽取出来用于实时计算。在结果存储层中,分析结果被输出到数据库中。最后,分析结果能够被读取并通过数据可视化层的处理最终呈现给使用者。

这个数据处理流程可以被具化为以下流程。

1) 各种各样的数据源设备将数据发送到 HDFS 进行初步存储。

2) Flume 负责监控实时基础数据是否有变化。当有新增数据时,Flume 将数据实时发送到 Kafka 中,通过 Kafka 能够实现数据的高并发传输。

3) 在 Kafka 消息簇系统中,数据被精准地发布到对应的 Spark Streaming 系统中。

4) Spark Streaming 对数据做出对应的数据处理、建立模型,以及产生分析结果。

5) 结果随后被存储到 Elastic Search 中。

6) 最后,数据可视化组件 Kibana 将分析结果呈现给用户。

6.3.2 大数据处理技术

移动互联网大数据研究涉及的关键技术很多,包括采集多源数据、挖掘实时数据、分析异构数据等,其中,数据的管理、分析与呈现是这些技术的核心。数据本身存在规模大、结构不同、数据源多样等特点,在以上数据处理流程的每个环节都出现了许多针对大数据的全新技术。以下简要介绍各个环节中的关键技术。

在数据获取层面,Chukwa、Flume、Scribe 等工具均采用分布式架构,能够达到上百 MB/S 的传输速度。

在获取数据之后,需要对数据进行预处理、偏差检测。在数据清洗层面,主要对四类异常数据进行处理,即缺失值、异常值(离群点)、去重处理,以及噪声数据的处理。

一般而言,数据缺失值的处理没有统一的流程,但缺失值处理的好坏直接影响模型的最终结果,必须根据实际数据的分布情况、倾斜程度、缺失值所占比例等来选择处理方法。通常情况下,当属性重要程度低且缺失率较高(>95%)时,直接删除该属性即可;当属性重要程度低且缺失率低时,若为数值型数据,则根据数据分布情况简单地填充;当属性重要程度高且缺失率较高时,主要使用差补法和建模法。

对于异常值的处理,需要先判断离群点。除了通过可视化分析实现之外,还可以采用简单的统计分析检测、基于正态分布的离群点检测、基于模型检测、基于距离检测、基于密度检测、基于聚类检测等。如果明显看出异常且数量较少,就可以直接删除;如果算法对异常值不敏感,就可以不处理;如果算法对异常值敏感,就需要采用其他方法处理,如转换、分组、估算等方法。

对于重复项的判断,一般是先将集中记录的数据按照一定规则排序,然后通过比较邻近记录是否相似来检测记录是否重复,即进行"排序与合并"。目前,常用去重方法进行判断,然后将重复的样本进行简单的删除处理。

噪声通常是被测量变量的随机误差或方差。对噪声数据的处理通常有聚类法、分箱法、回归法等。聚类法就是将抽象的对象进行集合分组,成为不同的集合,找到在集合以外的孤点,这些孤点就是噪声。分箱法是指通过考察数据的"近邻"(数据周围的值)来平滑有序数据值。回归法就是利用函数的数据进行图像绘制,然后对图像进行光滑处理。

除了以上考虑之外,格式内容清洗也是需要引起注意的问题。如果数据是由人工收集或用户填写而来的,则很有可能在格式和内容上存在一些问题,如时间、数值、全半角显示格式不一致、内容中有不该存在的字段或内容不符的字段等。

如果数据有多个来源,那么有必要进行关联性验证。例如,你有汽车的线下购买信息,也有电话客服问卷信息,两者通过姓名和手机号关联,那么要看一下,同一个人线下登记的车辆信息和线上问卷问出来的车辆信息是不是同一辆车的信息。如果不是,则需要调整或去除数据。

在数据存储层面,由于数据的存储量大且结构不一,分布式和非关系型数据库异军突起,像Redis、MongoDB这样的异于传统数据库的NoSQL数据库被广泛地应用。

由于对数据分析的目的不同,分析所需要的数据形式也不尽相同。目前,主要有静态数据和动态数据两种形式,由此衍生出了对应的数据处理方法:批式处理方法和流式处理方法。批式处理方法需要对用户的基础数据分块,将数据分为不同维度进行解构,随后在不同的程序处理区中处理对应的数据,产生对应的结论。批式处理方法非常适合不需要实时产生结果的数据分析项目。对于存储在云服务器上的实时日志收集等应用场景,由于要将这些PB级的数据获取时间减少到秒级,就需要迅速准确地处理数据的方法,流式处理方法应运而生。在流式处理方法中,数据集是没有边界的,处理工作完全由事件驱动。当一个指定的事件发生时,就会触发处理工作,除非手动地停止,否则处理程序不会停止,并一直会等待新的事件发生。这样,流式处理方法就可以处理无限量的数据,但在具体的某个时间点上,只能处理一条数据。借助流式处理方法,用户可以在处理数据的过程中获取更大的灵活性。流式处理方法和批式处理方法的主要区别在于对数据处理的速度及数据分析的目的,其他方面的对比情况见表6-1。我们不能武断地说这两种方法孰好孰坏,方法的采用往往取决于具体的业务场景和分析目的。

表 6-1 批式处理方法与流式处理方法对比

项目	批式处理方法	流式处理方法
数据范围	对所有或大部分数据进行查询或处理	对滚动时间窗口内的数据或仅对最近记录的数据进行查询或处理
数据大小	大批量数据	单条记录或包含几条记录的微批量数据
性能	几分钟至几小时的延迟	只需要大约几秒或几毫秒的延迟
分析	复杂分析	简单的响应函数、聚合和滚动指标

数据挖掘是一门从大量数据或数据库中提取有用信息的学科,即从海量的、不完全的、有噪声的、随机的、模糊的实际应用数据中提取出隐含的、过去未知的、有价值的潜在信息。数据挖掘有以下五个特点:①数据的真实性是保证研究结果准确的根本前提;②取出原始数据中的噪声是数据挖掘必须解决的问题;③数据挖掘的最终目的是从大量的、随机的数据中发现对决策者有用的信息;④挖掘出来的数据必须是可以被理解和接受的,人们能把这些被发现的信息应用到现实生活中;⑤对于通过数据挖掘发现的信息和规律,并不需要有通用性,但这些信息必须支持所研究的特定问题。只有具备了这五个特点的大规模数据分析处理,才能称为数据挖掘。

数据挖掘技术是一种新兴的商业数据处理技术,其主要工作流程是:采用三步骤抽取、转化、分析处理庞大的业务数据,提取出有利于企业高层进行决策的有用信息,对一些复杂的数据可以采用建立模型的方法进行更深层次的分析提取。数据挖掘技术实现了从大量的数据中挖掘出有商业价值的、对企业未来的决策有一定影响力的有用信息,而不是简单的数据查询。数据挖掘的过程决定了其具有交叉学科的特性,其中包含了数据库的技术、模式识别和 AI 等技术。数据挖掘的主要技术包括聚类、分类、预测、估计、关联规则、描述和可视化等。

聚类是基于"物以类聚"的原则,将物理或抽象对象分组为多个成分相似的类的过程。聚类分析的目的是基于已经知晓的数据,根据相关系数或距离,计算出各观测样本之间的亲疏关系。根据某种准则使同类之间的差别较小,而类与类之间的差别较大,最终将观察个体或变量分为若干类。

聚类分析有如下几种主要算法:分裂法、层次法、基于密度的方法和基于网格的方法。其中,分裂法的具体过程是,先创建 K 个划分,然后利用循环定位技术将对象从一个划分移到另一个划分来帮助改善划分质量。K 均值算法的思想是,给定类的个数为 K,将 n 个对象划分到 K 个类中,使类内对象之间相似度最大,类之间的相似度最小。经典的基于划分思想的算法有:K-Means、Clara 等。层次法的核心是建一个层次模型以分解给定的数据集。该方法分为合并操作方式(自下而上)和分解操作方式(自上而下)。为弥补合并与分解的不足,层次合并经常要与其他聚类方法相结合,如循环定位。层次法的缺点是,一旦完成合并或分裂就不能被撤销。目前,有两种方法可以改进结果:

①在每层划分中仔细分析对象间的联系；②综合层次凝聚和迭代的重定位方法。先用自下而上的层次算法，然后用迭代的重定位来改进，代表算法有 Cure、Birch、Rock 等。基于密度的方法指的是根据对象周围的密度（如 DNSCAN）不断增加聚类，中心思想就是只要一个区域中点的密度大于某个阈值，就将其放到和它最相近的聚类中，代表算法有 OPTICS、DENCLUE 等。基于网格的方法，具体步骤是，先将对象空间划分为有限的单元所构成的网格结构，然后利用网格结构完成聚类。这种方法处理速度快，并且和目标数据库中数据记录条数没有关系，只和数据空间的单元多少有关，代表算法有 STING、WAVE-CLUSTER、CLIQUE 等。

分类是数据挖掘最重要的技术之一，它的基本思想是：先从数据集中选出已经分类好的子集作为训练集，另一部分没有分类且附有标记的数据集作为测试集，在训练集上运用数据挖掘分类技术，建立分类模型；然后，应用分类模型对没有分类标记的数据集进行分类，建立有效的分类方法。分类和预测在理论方法上基本一致，其主要区别是：分类输出的是离散的类标识，而预测输出的是连续值。

数据分类有两个步骤：①建立预定义的数据类和一系列概念"分类器"，这是一种"学习"过程；②使用分类器对其余数据进行分类，这是一个测试模型的过程。根据各种分类算法的特点，可以分为基于关联规则类、决策树类、贝叶斯类和利用数据库技术类等，被广泛应用的分类模型是决策树模型和朴素贝叶斯模型（NBC）。决策树模型是一种逼近离散函数值的方法，它是一种典型的分类方法——先对数据进行处理，利用归纳法生成可读的规则和决策树，然后使用决策树对新数据进行分析。典型的决策树模型有 ID3、C4.5、CART 等。其中，C4.5 算法是最常用和最经典的，它的主要优点是形象直观。该模型通过树的生成阶段和剪枝阶段来建立决策树，它主要基于信息论中的熵理论。熵在系统学上是表示事物的无序度，是系统混乱程度的统一计量。C4.5 基于生成的决策树中所含的信息熵最小的原理，把信息增益率作为属性选择的度量标准，可以得出很容易理解的决策规则。朴素贝叶斯模型是一种十分简单的分类方法，其基础思想为：对于给出的待分类项，求解在此项出现的条件下各个类别出现的概率，哪个最大，就认为此待分类项属于哪个类别。

关联规则是在数据库和数据挖掘领域中的一种重要算法，在电商推荐场景中应用非常广泛。使用关联规则挖掘数据的目标就是找出数据集中的频繁模式，而关联分析是指发现事物间的关联规则或相关程度。关联规则算法在数值模型数据集的分析中有很大的用途，常用的购物篮分析就是最典型的应用案例。此外，关联规则算法在网页文件和文本文档的分析中也起着非常重要的作用，如 Web 的使用模式和发现单词之间的并发关系等。这些都是 Web 数据挖掘、搜索，以及推荐的基础。关联分析能有效支持间接数据挖掘，可以处理复杂的非结构化对象，计算的耗时短，个性化和自动化程度高。

描述和可视化是呈现数据挖掘结果的表达方式。一般只是指数据可视化工具，包含报表工具和商业智能分析产品（BI）的统称。例如，通过 YonghongZ-Suite 等工具进行数据的展现、分析、钻取，将数据挖掘的分析结果形象地呈现出来。

乐购的数据挖掘——你即你所购

英国纪录片《大数据时代》中开场的一幕描述了这样几个场景：洛杉矶警察运用数据分析预测未来 12h 内可能发生犯罪的区域；伦敦金融城的一位交易员认为数学计算可以成为致富秘籍；南美的天文学家试图给整个宇宙进行分类记录……以上种种都表明了同一件事：数据量的大爆发。

作为全球第三大超市集团，仅次于沃尔玛和家乐福的英国最大零售商乐购，其核心理念是"你即你所购"。乐购利用大数据分析，发现经常购买彩妆和时装的顾客通常是 20 岁左右的年轻女性，而频繁购买奶粉、尿布的男性很可能是新手父亲。通过消费数据，企业能够绘制出精确的顾客画像，深入了解每位顾客的需求。

乐购为每位顾客分配一个独特的编号，并基于历史购物记录建立模型，为他们定制购物清单，设计个性化的促销活动和服务，以此促进持续消费。根据购物行为，乐购将顾客分为不同类别，如大学生、年轻妈妈、多代同堂家庭等，并针对不同类别实施相应的促销策略。例如，每季度向顾客发放六张优惠券，其中四张针对常购商品，另外两张则基于顾客的历史购买行为预测其潜在需求。

此外，通过追踪短期优惠券的使用情况，乐购不仅能够掌握顾客在各个门店的实际消费情况，还能准确计算投资回报率。这种基于数据分析的定向促销模式，相较于传统的优惠券分发方式，为乐购带来了显著的利润增长。

乐购还拥有自己的会员数据库，通过对老顾客数据的深入挖掘，能够识别出对价格敏感的顾客，并在公司可接受的范围内为这些顾客可能购买的商品设定价格下限。这种做法不仅有助于保留这部分顾客，还能节省在其他商品上进行降价促销的时间和成本。

乐购的数据挖掘团队就像是掌握"读心术"的魔术师，通过可靠的数据分析、精准的顾客画像和量身定制的促销方案，使得乐购的销售业绩不断攀升。

数据挖掘技术能够从庞大的数据海洋中提取出关键信息，辅助决策者做出商业决策，因此越来越受到各行各业的重视和应用。特别是在营销领域，企业的生产和销售模式正逐步转向基于订单的生产和基于客户的营销。在制定营销策略时，为了迅速从业务积累的大量数据中提取有价值的信息、把握市场动态、提升市场竞争力、实现利益最大化，选择合适的数据挖掘技术将是提高效率的关键。

（资料参考：www.tesco.com/.）

课后思考题

1. 什么是大数据？大数据有哪些特征？请举例说明。
2. 智能互联时代的大数据采集和处理方式有哪些？
3. 大数据在企业中的价值和应用场景有哪些？

实训案例

大数据营销——游戏评分影响因素分析

案例概要：

电子游戏已经成为人们休闲娱乐的重要方式之一。但是，为了确保游戏的质量和用户满意度，游戏开发者和运营者需要深入了解用户的评价和反馈。本实训案例旨在通过网络爬虫技术收集游戏评分数据，并运用数据分析方法对评分的影响因素进行深入研究，通过游戏的改进和优化，进一步提高用户满意度和游戏的市场竞争力。

实训知识点：

网络爬虫

网络爬虫是一种自动化工具，用于从互联网上抓取网页数据。在本案例中，我们将使用网络爬虫技术从各种游戏评分和评论平台上获取相关数据。这些数据将包括游戏的评分、用户评论、游戏特性等。通过网络爬虫，我们可以有效地收集大量的原始数据，为后续的数据分析提供丰富的素材。

数据分析与实训操作：

通过词云分析、文本分析、描述统计和回归分析深入了解用户的需求和期望。学员可以利用教学实训平台（edu.credamo.com）提供的实际数据，进行实际操作和练习，深化对数据分析和游戏改进的理解和应用。

教学实训平台

教学视频

6.大数据概述

第 7 章　大数据智慧营销

案例引入

阿迪达斯的"金色指南"

在你的头脑中进行一场风暴，思考一下：大数据能够为一个企业带来什么？

2008 年，美国次贷危机发生后，全球经济动荡，人们的消费水平大幅下降，与此同时，阿迪达斯出现了非常严重的库存问题。在采取降价、打折等措施仍然不能真正解决危机后，阿迪达斯将策略转向收集和分析消费者信息、销售数量、各门店销售情况等数据，而这一策略正是帮助阿迪达斯步入正轨的"金色指南"。

如今，阿迪达斯的经销商会收集门店每日销售数据，总部在收到各门店数据后通过技术手段对其进行整合分析，研究数据帮助企业了解各地消费者价格接受水平、偏好的款式及功能，从而指导经销商更有针对性地销售在当地需求量较高的商品。

在过去，面对种类繁多的陈列品，经销商在进货时很难选择正对顾客口味的产品，很多商品卖不出去，导致了令他们头疼的库存问题。随着大数据技术的应用，库存已经不再是经销商的痛点了，数据能够指引他们做出正确的判断。例如，一、二线城市的最新产品、明星同款和采用了黑科技的前沿产品更受欢迎；在其他地区，消费者往往更关注产品的价格和功能，经销商会选择那些价位偏低、实用性强的鞋子或衣服。进一步细分，城市商圈消费者的购买欲望相比于郊区更强，所以在市中心要选择时尚新潮、档次稍高的商品。又如，在一、二线城市，消费者需求更加多样，他们需要搭配多套服装匹配不同场合，而小城市的女性少有去如咖啡厅、夜店、音乐节的需求，所要求的服装种类也就少得多。

除此之外，阿迪达斯会根据经销商的销售数据进一步给出具体的产品订购建议。例如，阿迪达斯可能会建议某四、五线城市的经销商主销普通运动鞋而非添加减震效果的跑鞋或弹跳力强的篮球鞋；在产品标识方面，相对于三条纹，当地消费者更喜欢三叶草的标识。通过这种数据反馈，经销商能够选择一些在当地热卖的产品，从而大大减少了库存问题带来的烦恼。

事实上，大数据的应用也满足了阿迪达斯大中华区战略转型的需要。库存危机之后，阿迪达斯从"批发型"公司转为"零售驱动型"公司。过去，它只需要把产品卖给经销商，而现在，它更关注把产品销售到每个消费者手中。通过收集数据、分析数据和数据反馈，层层数据都能助力经销商售出商品、降低库存量。

对于大数据和品牌的成功结合，阿迪达斯大中华区董事总经理高嘉礼这样说道："我们与经销商伙伴展开了更加紧密的合作，以统计到更为确切可靠的终端消费数据，有效地帮助我们重新定义了产品供给组合，从而使我们在适当的时机，将符合消费者口味的产品投放到相应的区域市场。一方面降低了他们的库存，另一方面增加了单店销售量。卖得更多，售罄率更高，也意味着更高的利润。"

网络信息技术迅猛发展，海量信息出现并成为推动社会进步的强大力量，这标志着大数据时代的来临。营销活动开始与数据结合，营销方案的制定依赖数据的支持，营销效果的评定也要靠数据来支撑，营销最核心的部分就是要做到将顾客和所需产品有针对性地结合在一起，数据在这些环节都发挥了不可替代的作用。近些年来，新技术、新信息渠道的出现让大众有条件接触到爆炸式增长的信息，将人们引领到了一个数据为王的大数据时代。与之对应，市场营销发生了从以产品为中心到以客户为中心的巨变，这更需要大数据的强力支撑。

7.1 大数据智慧营销的内涵

在大数据的加持下,营销重点正在被改变。营销活动最理想的方式是精准投放,满足目标消费者的目标需求。随着小红书、网易考拉、豆瓣等垂直社交平台和电商平台的作用日渐彰显,接触大量同质的用户变得越发容易。如何精准地满足消费者的需求成为企业新的挑战,大数据正是解决这一难题的关键工具。基于大数据产生的用户画像能让企业比用户更了解用户,从而更好地为消费者提供服务。因此,大数据逐渐受到营销研究人员的关注,并在营销管理等领域得到了广泛应用。

7.1.1 大数据营销的定义

大数据营销是一种利用大数据分析来提高营销效率和效果的策略,它帮助企业更好地理解市场和消费者,从而做出更加精准的营销决策。随着技术的发展和数据量的增加,大数据营销已经成为企业营销策略中不可或缺的一部分。最早提出这个概念的是拉里·韦伯(Larry Weber),他指出,大数据营销从传统的互联网行业中产生,而且基本只作用于互联网行业。在移动互联网不断发展的历程中,人们的行为方式也从以 PC 端为主转变为 PC 端与移动端并重,而大数据营销可以让一切消费行为和营销行为数据化。

如今,人们在各种社交平台、消费平台、娱乐平台都会留下大量信息和痕迹,通过技术手段将这些人类活动转化成可存储、分析的数据,使企业能够预测用户行为和喜好,做到基于用户的个性化推荐,提高企业的周转率和用户黏性。

大数据营销的流程是一个闭环结构,如图 7-1 所示,始于数据采集,经过数据挖掘及分析和预测性分析,之后进行数据反馈,并在这一过程结束后加入新采集的数据,进行进一步的数据挖掘,由此循环往复,使得该营销系统的预测更为精准。

图 7-1 大数据营销的流程

7.1.2 大数据营销的优点

大数据营销以顾客为中心,运用技术手段在合适的时间通过合适的渠道以合适的方式将信息传播给目标顾客。通过大数据抓取目标顾客,有针对性地指引用户行为,能够大大提升预测分析的精准性,有效帮助企业解放大量人力、物力,显著提高买卖双方的效率。和传统营销相比,大数据营销具有以下优点。

(1) 数据来源广 信息时代让一切用户行为数据化,无论是在微博、豆瓣、知乎等社交平台搜索或发布感兴趣的内容,还是在大众点评、口碑等生活服务平台搜索相关的生活信息,或是在淘宝、京东等互联网销售平台浏览、购买需要的商品,甚至一些游戏平台、学习平台、视频平台的数据都能被大数据营销所用。广泛的数据来源能够刻画更为全面和准确的用户画像。

(2)时效性强 由于互联网的传播速度快、信息量大,用户在短时间内可以接收到大量的新增信息,这也代表着其消费需求和购买欲望在相当短的时间内极可能发生变化。因此,通过大数据技术分析用户决定购买的"黄金时点",即用户需求最大的时刻,并在此时将产品投放到他们的视野中,是十分重要的。例如,女性在孕期和产后的需求有明显的不同,如果数据时效性差,在其产后才将孕期需要的产品推送给用户,显然错过了最佳的营销时机。

(3)性价比高 大数据营销的核心是运用大数据技术有针对性地让潜在顾客看见并接受产品和服务信息,从而转化为购买行为,这种高效的方式不仅有极高的准确性,而且通过进一步的数据采集,有助于后续营销信息的投放和调整。

(4)精准性强 通过对用户数据的挖掘分析和再挖掘再分析,能够得出少而准的数据,抓住不同用户的需求点,从而找到精准的市场定位和顾客群体。精准营销的根本着眼点在于"合适"两字。这就要求准确、完整、高效地搜集、整理、分析和使用各类商业数据以达到精准营销的效果。其精准性主要表现在以下几个方面。

1)目标客户定位精准。以京东为例,京东的每位客户被记录的各类数据就超过了3000项。这些数据不仅包含了客户的基本信息,如年龄、性别、职业等,还包含了客户的行为数据,如网页浏览、搜索记录等。京东还详细地记录了客户的购买数据,如购买的商品、价格、退货记录、评价反馈等。京东通过对这些数据的分析可将商品和目标客户进行精准的匹配,还可以对客户未来的消费行为进行有效预测。

2)营销信息投放精准。依托大数据,商家可有效地掌握客户的消费行为和消费需求,找到需求后可锁定目标客户,进行营销信息的精准投放。例如,每位京东客户的首页商品推荐都是不一样的。这是因为京东通过分析不同客户的数据,把客户最感兴趣、最有可能购买的商品放在首页推荐给客户。京东还可以通过客户的点击情况和页面停留情况等数据反馈,不断优化推荐,提高购买率。

3)营销成本控制精准。美国前邮政部长、美国百货商店之父约翰·华纳梅克(John Wanamaker)曾感叹:"我在广告上的投资有一半是无用的,但问题是我不知道是哪一半。"菲利普·科特勒(Philip Kotler)也曾说过:"促销费用的大部分打了水漂,仅有1/10的促销活动能得到高于5%的响应率,而这个可怜的数字还在逐年递减。"这种状况在广告界是一直存在的。然而,随着技术的不断发展,大数据技术使广告投放更加精准,提升了广告的转化率和回报率,大大节约了成本。在大数据的支持下,企业能挖掘到大量与消费者相关的数据,从中分析出消费者的基本属性、兴趣爱好、消费习惯等,更加准确地定位目标受众并进行细分；再运用人群定向技术，精准地向目标受众投放有针对性的广告。这样的精准投放，改变了以往大范围、无目的的广告投放模式，大大节约了广告投放成本，避免浪费。同时，精准的广告信息往往能主动迎合消费者的需求，更容易使其对产品和服务产生好感，从而提高了广告的转化率和回报率。商家通过大数据进行精准营销，可最大限度地降低营销成本，提升品牌价值。

4）营销效果衡量精准。基于大数据的精准营销全过程可追踪，营销效果可衡量。这主要还是受益于营销信息投放方式的变化。定向投放和跟踪使营销过程受到监控，并且根据客户的反馈及时优化，极大地提高了营销活动投放效果衡量指标的测量度。例如，商家在京东投放广告，京东的数据系统会持续地跟踪、反馈广告效果：过去一段时间内，有多少客户是通过这个广告点击进入该商品页面的；这些客户中有多少是简单浏览，有多少将该商品加入了购物车，又有多少成功购买，这些数据都能够被记录下来。于是，广告的投入和产出就这样被量化了，营销效果最终体现在可量化的转化率上。不断提升转化率，进一步对大数据分析方式提出了更高的要求。

7.1.3　大数据营销的现状

计算机技术及信息技术的迅猛发展，带动了互联网和物联网的高速发展，与此同时，产生了不计其数的数据。大数据这一概念被提出以后，各行各业都在关注其商业价值，试图利用大数据来助力营销，提升企业价值。大数据产业链分为上游、中游和下游。上游提供数据资源，中游提供大数据技术服务，如数据安全、云计算等，下游则是大数据应用市场，涉及政务、工业、金融等多个领域[①]。

根据中国信息通信研究院 2022 年发布的《中国大数据发展调查报告》，企业数据应用已经历了辅助决策阶段和增强决策阶段，如今进入了自动决策阶段。互联网、金融、电信等领域的龙头企业在营销、经营分析等核心业务中开展了商业模式的全方位探索，2022 年已有 30% 的企业实现了基于大数据分析的自动决策，如在大数据商业分析中，谷歌 AdSence 基于用户行为数据分析进行广告投放。技术实力是大数据行业的核心竞争力。企业需要不断投入研发，提升数据处理、分析、挖掘等方面的技术能力，以适应不同行业和场景的应用需求。

大数据的普及颠覆了传统的营销模式，许多领域已经在利用大数据进行营销，典型的例子有淘宝的首页商品推荐、抖音的个性化视频推荐等，这些都是大数据营销的体现。目前，大数据营销被应用于广告精准投放、广告监测及优化、用户画像、线上与线下销售、客户关系管理等多个方面，市场前景广阔。

目前，我国大数据产业正处于快速发展阶段，根据《2024—2030 年中国大数据行业

[①] 《2024 年中国大数据产业全景图谱》，https://new.qq.com/rain/a/20240314A0838N00.

市场深度研究及投资战略规划报告》，2022年，大数据市场规模达1.57万亿元[1]，整体产业发展态势良好，市场规模不断扩大，技术不断进步，政策支持力度加大。政府对大数据产业的发展给予了高度重视，发布了多项支持政策，旨在推动产业的创新和应用，促进数据资源的开放共享，加强数据安全保护[2]。

7.2 大数据智慧营销的新思路

随着全球化和互联网技术的迅猛发展，市场环境正越来越复杂和多变，这给企业带来了前所未有的挑战和机遇。在这个大数据时代，消费者的行为日益数字化，每一次点击、分享和购买都产生大量数据，这些数据反映了消费者的偏好、习惯和消费趋势。同时，竞争对手越来越多地运用数据分析来优化他们的产品和服务，提升营销策略。为了在激烈的市场竞争中保持竞争力和可持续发展，企业必须开发并运用大数据智慧营销新思路，才能更好地满足消费者对个性化和即时响应的需求，同时提升运营效率和降低成本，从而在不断变化的市场环境中立于不败之地。

7.2.1 大数据智慧营销的意义

移动互联网、物联网、云计算等新一代技术的广泛应用使企业逐步信息化，带来了全球信息化的空前发展。人们日常生活中所形成的数据量呈指数级增长，这些数据蕴藏着巨大的商业价值和社会价值，对它们进行有效的分析和利用已经成为社会发展中至关重要的环节。同时，市场营销信息化进程也在不断推进，用户和交易等数据持续不断地从各行各业迅速产生，利用大数据技术开展市场营销已成必然。大数据的应用渗透营销的整个过程，极大地帮助企业精准、迅速地挖掘消费者的需求，对营销效果起着至关重要的作用。

1）大数据智慧营销更加注重对用户行为特征的分析。传统营销主要是采用随机分析法，即抽样调查来描绘用户画像，如发布调查问卷、搜集用户反馈等方式，从而制定相应的市场营销策略，这种方式得到的数据偏重于消费者的主观判断，而且数据规模小，经常带来误差和时滞。现在通过大数据和云计算，以上问题不会再干扰企业对于用户行为的判断。信息的高速传播能够让企业快速而全面地抓取用户行为数据，避免了问卷调查中问题设计不深刻、不全面的问题。大数据实打实地告诉企业消费者的行为模式和兴趣所在，在这个基础上去分析、预测消费者偏好，并提供能最大限度地满足他们需求的商品和服务，有针对性地传递营销信息，甚至针对消费者后续反应进行再分析、再传递。

---

[1] 华经产业研究院，《2024—2030年中国大数据行业市场深度研究及投资战略规划报告》。
[2] 中商产业研究院，《2024年中国大数据行业市场前景预测研究报告（简版）》。

这种周而复始的活动,能够大大提升企业的营销效率。

2) 大数据智慧营销优化了营销渠道。首先,大数据影响营销渠道结构。营销渠道结构本质上是企业将其产品或服务进行任务分派,用互联网思维收集、分析海量数据,并在制定渠道目标时从消费者角度出发,真正了解消费者使用产品的情况,使渠道规划更加科学、管理更加精细,并且及时发现渠道中存在的问题,优化渠道结构,从而提升营销渠道效率。其次,大数据影响营销渠道管控,企业要确保销售目标的完成就必须对营销渠道进行相应的管控,渠道管控贯穿渠道系统运行的整个生命周期,大数据的应用带来精准营销,使不同渠道的消费者能够及时获取产品信息。企业在不断优化产品的过程中,能够提高用户黏性,从而不断提高渠道管控力度。

3) 大数据智慧营销强化了"以消费者为中心"的营销理念。在传统市场营销中,因为信息传递不够迅速和全面导致难以处处达到消费者的期望。在大数据时代,通过高新技术对消费者的消费数据和行为数据进行分析,能够精准定位消费者的需求,有针对性地向消费者传递信息。同时,让基于消费者行为的个性化定制成为现实,提高企业的广告效益和用户黏性。

4) 大数据智慧营销能够有效管理客户关系。通过对消费者数据的挖掘,找到为企业创造主要价值的客户,针对这部分核心客户提供更加优质的服务,在提高营销成功率和客户依赖度的同时,更好地维护了客户关系。这种长期的客户关系一旦建立,有助于提高客户忠诚度,从而提升企业竞争力、创造新的商业价值。

有准备的企业往往能够从繁杂的客户信息、销售数据中准确地抓到最有效的部分,并在分析整合后精准地为客户提供其所需要的产品或服务。

7.2.2 大数据智慧营销的探索

在大数据时代之前,成功的营销操作似乎并不复杂。掌握营销的 4P 理论,当营销遇到挑战时,只要使用熟知的营销方案,加上好的产品和漂亮的广告,基本就可以实现营销目标。进入大数据时代后,一切营销行为和消费行为开始数据化,营销逐渐加入了科技的成分,数据分析和数据管理成为营销的核心竞争力,数据贯穿营销过程的始终,大数据的价值更是逐步在商业应用中体现出来。大数据营销在智能互联时代不断地进行着探索和创新。

1) 利用大数据进行消费者分析和精准推荐。在当今商业环境中,企业面临着一个共同的挑战:如何有效地满足不同客户的需求。传统的做法是向所有客户销售相同的流水线产品,无论他们是新客户还是老客户,大客户还是小客户,得到的服务都是同质化的。然而,这种方法往往会导致忠实客户的流失。幸运的是,大数据技术的发展为解决这个问题提供了可能。通过分析活跃粉丝的互动内容,设定消费者画像的各种规则,关联潜在客户与会员数据,关联潜在客户与客服数据,我们可以筛选出目标群体,从而进行精准营销。这样,我们就可以将传统的客户关系管理与社会化数据结合起来,丰富客户在不同维度的标签,并动态更新消费者的生命周期数据,保持信息的新鲜、有效。

无论是沃尔玛的"建议清单"、淘宝的"猜你喜欢",还是小红书的"产品推荐页",都是对个性化用户采用偏好推荐方式来提高销量的具体措施。这些形式的精准营销对企业的销售模式和长远发展有着深远意义。如果问全球哪家企业从大数据中发掘出了最大价值,那么答案可能非亚马逊莫属。亚马逊不仅是一家电商平台,还是一家科技公司,它在业内率先运用大数据技术,通过强大的智能系统和云技术,把电商平台打造成首屈一指的销售市场,把仓储中心打造成灵活的商品运输网络。亚马逊有20亿用户,它不仅记录了用户在电商平台上的所有行为,还从他们的购买数据中获得信息。有资料显示,通过挖掘大数据提供个性化服务、策划好的购物体验,增加产品推荐页,亚马逊获得了10%~30%的附加利润;通过动态定价算法,不断地优化价格,亚马逊的盈利平均增长了25%;通过精准的大数据算法,亚马逊根据用户偏好提前将他们可能购买的商品配送到最近的仓库,大大降低了货物运输时间。

2)利用大数据改善产品生产。在线购买、点击率、浏览行为、社交媒体互动、移动设备使用、地理位置等数据产生于消费者永不停歇的日常活动,企业可以利用数据做消费者洞察,用最省时省成本的方式生产产品,而且根据消费者的数据反馈,企业能够对现有产品进行有针对性的调整和改进。

以快时尚品牌ZARA为例,其战略定位就是"买得起的快时尚",从设计到销售平均只要12天,甚至最快只需要7天。国际大品牌一般需要120天才能完成从设计到成衣销售这个过程,而我国的服装业一般需要6~9个月。ZARA有着200多个人组成的庞大的新品开发团队,包括设计师、市场专家和产品经理。年轻的开发团队对时尚有非常敏锐的捕捉能力,他们从各种时装秀上获得灵感,设计与流行趋势相匹配的多种款式,而这种作品只需要短短几天就能展示在门店。在ZARA的店面里,各个角落都装有摄像机,店铺经理随身带着掌上电脑。当客人表示对商品某些细节的喜恶时,店员会记录下来。这些细枝末节的内容都是经理向上汇报的重要内容,总部设计人员收到顾客反馈,做出方案修改后,即刻传给生产线。除此之外,各分店每天要统计服装销售情况。ZARA还在多个国家开设了网络商店,将庞大的网络资料串联起来。网络商店中顾客的反馈和建议也是重要的数据资料,这些一手资料也成就了ZARA快时尚的品牌形象。可以看出,是否能够又快又准地应对市场变化将成为衡量品牌核心竞争力的标尺。精准地了解各店面销售数据和库存数据,准确地分析用户画像,有针对性地分配产品,正确的营销决策是ZARA成功的关键,而这背后都离不开适时有效的数据支撑。数据可以帮助企业制定最恰当的营销方案,要想一直伫立在时尚的最前沿,就要充分地了解消费者需求,以用户为中心。这些策略的制定不仅依赖不同消费者的消费意愿,还要根据目标人群过去的购买数据、行为数据预测其偏好,及时借助大数据技术整理信息,帮助企业自我完善、实现良性循环。

3)利用大数据充分挖掘营销渠道效能的潜力。传统的市场营销渠道大多是代理制或购销制,企业与经销商或代理商之间不常共享信息,存在着一种利益博弈关系。大数据时代,企业和渠道共同搭建大数据营销系统,这种合作才能真正有效地利用大数据、云计算等高新技术的优势。各方协调一致、致力于打造良好的购物体验及环境,让消费者有更强烈的购买欲望,对于提升品牌形象、增加利润空间能达到 $1+1>2$ 的效果。

4)利用大数据集成系统制定科学的价格策略。如今,众多企业在构建大数据营销系统,将数量庞大、种类多样的数据收集起来,并跨越不同的消费者需求、不同的细分市场、不同的渠道平台高效地收集客户数据、挖掘分析客户行为,以便深刻理解其需求、预测其偏好和价格接受水平,从而能够不断地调整产品性能、制定科学的价格策略。

5)大数据可以用于提升用户体验。要改善用户体验,关键在于真正了解用户及他们使用产品的情况,并提供最适时的服务。例如,在大数据时代,或许你正驾驶的汽车可提前救你一命。只要通过遍布全车的传感器收集车辆运行信息,在你的汽车关键部件发生问题之前,就会提前向你或 4S 店预警,这决不仅仅是节省金钱,还对保护生命大有裨益。事实上,美国的 UPS 快递公司早在 2000 年就利用这种基于大数据的预测性分析系统来检测全美 6 万辆车的实时车况,以便及时进行防御性修理。

大数据营销在筛选重点客户、库存管理、公共关系等很多方面都有尝试。随着云计算、人工智能、物联网、5G 等技术的不断发展,大数据营销的探索之路会迎来更大的机遇和挑战。

奈飞公司——聚焦用户,精准定位

奈飞公司通过推荐系统精准捕捉用户需求。奈飞公司利用 AI 技术彻底革新了传统的娱乐产业,通过个性化推荐,将多样化而适宜的内容推送到用户眼前。2024 年第一季度财报,奈飞公司订阅用户总数增长 960 万,达到 2.696 亿,远超增长 480 万的华尔街预期。面对上千种影音内容,奈飞公司如何帮助用户发现他们喜爱的影片呢?

从最初的不到 5000 万用户增长到 1.5 亿用户,并积累了上千种能满足不同用户群体需求的优质内容,奈飞公司的核心策略是高效地将正确的内容推荐给感兴趣的观众。虽然精准内容推荐在亚马逊、Facebook、谷歌等公司中并不新鲜,这些公司根据用户的历史行为数据来推荐商品或生成个性化页面,以提升用户体验,但对奈飞公司来说这一功能尤为关键。与购物或搜索信息不同,用户在使用影音串流平台时往往没有明确的消费目的,多数人是为了休闲娱乐而寻找感兴趣的内容。如果平台不能在短时间内准确推荐用户喜欢的影片,用户很容易转向其他平台或传统电视。所谓的"优质"内容,实际上是因人而异的,因此需要为长尾市场提供各种类型的内容。长尾市场的特点是每个细分市场的销量较小,但种类繁多,总销量巨大,累积收益有时甚至超过主流产品。在互联网的助力下，企业可以以趋近零的边际成本规模化地满足用户的个性化需求，这是传统大众传播方式难以实现的。

为了满足不同口味的用户，奈飞公司不断优化其推荐算法。首页展示的不同主题系列电影和电视剧背后是由各种算法驱动的。过去，奈飞公司尝试预测用户对每部影片的评分（1～5分），并据此推荐可能感兴趣的内容，而非仅仅推荐评分高的热门影片。随着积累的用户行为数据越来越多，包括观看内容、设备使用、观看时间、频率、地点等信息，奈飞公司开始运用机器学习构建推荐算法，以捕捉基于关联规则的推荐系统可能遗漏的重要信息，如观看顺序、不同因素间的相互作用、个性化界面推送等。奈飞公司个性化系统的另一个重要方面是用户认知，让用户明白系统是如何了解他们的喜好的，这不仅增强了用户对系统的信任，还鼓励用户提供更多反馈，以帮助系统提供更准确的推荐。

此外，奈飞公司通过自制内容实现了内容渠道的一体化，打破了单纯采购内容的局限，吸引了更多用户并提高了用户黏性。近年来，奈飞公司在内容方面的投资预算保持了40%～50%的年增长率，持续的内容投入确保了其拥有全球独家的高质量内容。奈飞公司不仅是北美最佳的原创内容平台，其内容投资规模也位居行业之首，用户黏性亦处于行业领先水平。

总之，由于用户在观影方面有其独特的偏好，只要能准确把握这些偏好，即使是后来者，也有机会在市场中脱颖而出。奈飞公司正是依靠众多优质的小众内容，把每个小众市场当作大众市场来服务，成功抓住了长尾市场的机会。其基本的盈利逻辑非常清晰：吸引越来越多的用户成为会员，并通过积累的大量精确数据为用户推送和定制他们喜欢的作品。因此，奈飞公司需要不断增加推荐算法考虑的因素，如影片上架的地区和时段、用户所在地、用户看过的影片的语言等，突破地域文化的限制，从而不断提升推荐算法的准确性，为用户提供更加沉浸式的观影体验。通过推荐系统，奈飞公司能将内容精准地送达最适合的观众群体，极大地提升了用户的观影体验和用户黏性，使其不易被竞争对手夺走市场份额。

（资料参考：https://new.qq.com/rain/a/20240419A047TR00.）

7.2.3 大数据智慧营销的趋势

互联网时代为人们提供了一个数字生活空间，移动网络的访问量快速增长，用户每时每刻都在创造新的数据，借助数据挖掘技术能够让这些非结构化的信息显现出巨大的商业价值。与此同时，各种移动终端的普遍使用深刻地改变了整个市场营销体系的生态，大数据、云计算和智能化正在一步步影响着未来的营销格局。

1)以用户为中心,以需求为导向。在信息技术与科学技术迅猛发展的时代,企业要让自己的产品与时俱进,就必须建立起用户大数据支撑的营销体系。以目前国内的一些音乐播放平台为例,网易云、虾米、QQ音乐都有个性电台和专属推荐模块,根据每个用户不同的听歌习惯和偏好的风格为其量身定制一份歌单,而这些推荐曲目中总有那么多直击聆听者内心的作品,这种与需求高度匹配的用户体验能够增强用户黏性、提升平台声誉。

2)在海量信息中掌握竞争企业的战略方向。在未来的商业竞争中,利用大数据技术洞察同行的企业信息,对竞争企业的用户画像、产品特性、信息传播方式等进行分析,参考行业标杆的营销方案,可以掌握竞争对手的发展态势,从而取精去糟,为自己的营销策略提供依据和参考。

3)多平台数据库的协同整合成为未来的发展方向。随着互联网技术不断发展,多平台、数据碎片化、用户分散成为数据处理过程中的常见问题。为了适应商业发展的需要,跨平台、跨媒介、跨终端的数据资源整合是未来的发展方向,这将给大数据营销带来极大的助力。

4)防止隐私泄露,保护用户信息。现在,许多网站和应用都会记录用户偏好和习惯,这也有助于企业对用户的行为数据进行商业挖掘。然而,有一些信息的公开触及了网络用户的敏感地带,他们不愿意让其他人知道某些行为方式。这时,互联网上留下的用户痕迹和历史数据或许会给用户带来隐私泄露的困扰。那么,大数据营销就应该对用户隐私进行保护,并且为大数据营销设置一定的门槛和规则,方能保证企业的长久发展。

7.3 大数据智慧营销的新场景

7.3.1 零售大数据营销

回顾零售行业的发展历程,每次新技术的深入应用,都催生出在当时来说新的零售模式。以大数据为核心的智能革命也不例外,它也催生了新的思维模式和商业模式。

2016年以来,新零售成为市场热点。新零售作为产品与服务的一种新的商业模式,包括传统零售门店的数字化改造和由数字化技术应用带来的新兴业态。它以数据为核心驱动力,以新生技术作为实现手段,以消费者为核心,以供应链和生态圈为重要构成,并对"人""货""场"的关系进行连接和重组,如图7-2所示。

传统零售的数字化改造包括传统的超市、百货店、便利店等将线下业务拓展为线上与线下结合的模式,如沃尔玛开辟了自己的电子商务平台,将线下客户引导至线上。新兴业态的典型代表有无人零售,如亚马逊的Amazon Go和国内的Take Go;共享设备,如共享充电宝、共享雨伞等;以盒马鲜生、超级物种为代表的"超市+餐饮"融合模式。

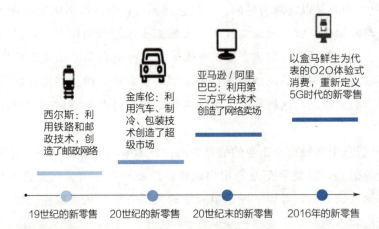

图 7-2 新零售

智能互联是零售行业数字化转型的重要赋能者。5G 技术将开启"智能互联"的新时代，物联网、AR/VR、AI、区块链等成为"新零售"的重要技术驱动力。国家统计局的数据显示，2022 年全国实现社会消费品零售总额 47.15 万亿元，比上年增长 7.2%。2023 年全国网上零售额 15.42 万亿元，同比增长 11%。其中，实物商品网上零售额 13.02 万亿元，增长 8.4%，占社会消费品零售总额的比重为 27.7%。

在互联网时代的新阶段，零售商应该充分挖掘大数据的商业力量。目前，零售业的大数据营销应用有以下几个场景。

1. 个性化推荐系统

推荐系统是一种过滤系统，根据顾客档案或历史行为记录，学习、模仿顾客的兴趣爱好，预测顾客的偏好。"猜你喜欢""购买过此商品的顾客还购买过……"对于离不开社交平台、电商、新闻阅读、生活服务的现代互联网顾客来说，个性化推荐已不陌生。电商平台根据用户的浏览行为、购买行为，结合相同属性的顾客行为进行分析、计算，得出顾客的兴趣、偏好，为顾客推荐他们可能感兴趣的商品。随着时间的推移，顾客的画像越来越精准，商品推荐也就越精准。近几年，零售行业的大数据化也实现了对产品的及时、精准、动态定位，如沃尔玛利用大数据实现线上与线下全渠道融合，对顾客数据进行闭环收集、更新与使用。精准营销和个性化推荐通过零售商业智能对海量数据（如商品、会员、门店、仓库、供应商）进行收集、整理、分析，并实现可预测、可指导。以 AmazonGo 无人便利店为例，顾客扫码进入实体店的同时，其个人账户的信息就实时传输到数据库，卖家根据上传的数据可完成个性化推荐，顾客的反馈及新的购买行为也被及时记录下来。线上与线下数据被打通，数据库里与顾客相关的信息越多，个性化推荐就越精准，从而使线上与线下连为了一体。未来，线上与线下数据彻底打通是必然趋势。

2. 广告精准投放系统

对于企业来说，什么因素影响投放广告的投资回报率是必须考虑的关键问题。在大数据时代，定向能力、数据的精准挖掘在不断迭代升级，科学合理的定向策略有利于广告投资回报率的提升。例如，腾讯社交广告基于真实、海量的社交数据，从基础属性、行业兴趣、内容兴趣、LBS①和重定向等多数据维度对人群进行体系化的标签分析。多层次、不同类型的定向组合，不仅能实现品牌不同的营销诉求，精准触达目标人群，还能帮助零售品牌做到精准的到店引流，以及赋能品牌理解用户所处的生命周期。

3. 物联网

随着物联网应用的普及，物联网的连接数量和产生的数据量将爆发式增长。以中国联通的物联网平台为例，中国联通的连接管理能力在业内保持领先地位，截至2022年5月份，"大连接"用户累计约7.95亿户，5G套餐用户累计约1.8亿户，物联网终端连接累计约3.28亿户。在零售行业中对大量实时性业务，物联网借助边缘计算可以更及时、高效地进行响应，提升客户体验；对刷脸支付等安全相关业务，边缘计算在本地进行人脸识别，最大限度地减少敏感数据的网络传输。

"四不像"盒马：生鲜超市＋便利店＋餐饮店＋网购 App

2017年6月，阿里巴巴集团旗下的创新型生鲜超市盒马鲜生在北京开设了首家门店，截至2023年，盒马鲜生已在北京、上海、广州、宁波、成都等多个城市开设门店300多家。门店均选址在人流密集的中心地带，临近盒马鲜生的住宅甚至被戏称为"盒区房"。盒马鲜生的成功得益于以下几个方面的因素。

1. 提升用户线下体验，增强用户黏性，节约线上交易成本、提高效率

盒马鲜生是新零售的典型代表，它成功打造了线上与线下的消费闭环，线下体验增强用户黏性、线上交易节约成本、提高坪效。开设1.5年以上的门店单店坪效超过5万元，单店日均销售额超过80万元，线上销售占比超过60%，均远超传统超市。盒马鲜生的线下门店装潢考究、商品陈列人性化，仅1.5m高的货架、超宽的货架间隔，一切都是为了打造极致的购物体验。独一无二的线下体验助力盒马鲜生增强用户黏性、提高线下顾客向线上转化的概率。

2. 多维清晰用户画像，精准切中生鲜消费新需求

阿里巴巴拥有海量的线上数据，盒马鲜生合理利用这些数据，并以支付宝为桥

---

① LBS 全称为 Location Based Services，意为基于位置的服务，利用定位技术来获取定位设备当前的所在位置，通过移动互联网向定位设备提供信息资源和基础服务。

梁，描绘多维而清晰的用户画像，线上与线下的"人"连成一体。只要顾客使用支付宝在盒马门店或 App 上进行支付，他们的消费数据就会被记录下来。

在大数据技术的支持下，盒马鲜生围绕家庭、办公室、大型商业中心三大生鲜消费场景，为顾客提供原材料、半成品及成品等多种生鲜产品，精准切中年轻人对生鲜产品的消费新需求。盒马鲜生瞄准的是 25~35 岁的互联网用户，他们的典型生活轨迹是白天上班，晚上下班回家，周末出去逛逛。

针对在家做饭的场景，盒马鲜生推出了丰富的半成品配菜，丰富多样的菜品能在家里轻松完成，让一些烹饪技巧欠缺的年轻人亲手做出美味的饭菜，收获成就感。"80 后""90 后"对生鲜产品的消费习惯和上一代人截然不同，呈现出"重品质"的特点，并且新增了社交等高层次需求。他们并不愿意像上一代人一样每天早起买菜，因此购买时间随意、方便快捷是其核心需求。他们更看重食材的品质，而把价格作为较为次要的考量因素。

3. 线上与线下完美融合、全链路数字化解决生鲜配送难题

区别于传统超市和电商，盒马鲜生并没有专门的仓库，门店即仓库。门店商品与 App 上的商品一一对应，货架上的每件商品都配有特制的电子价签并印有专属的二维码，顾客在门店打开盒马 App 扫一扫即可把商品加入购物车里，方便从线上直接购买。

线下购物融入线上元素，灵活结算、小量包装，迎合年轻顾客的购物习惯。区别于传统超市统一结算的方式，盒马鲜生的结算方式更为灵活，顾客可以随时结算。另外，商品的标准化重量与较小的分量完美贴合了精致生活的需求。

此外，全链路数字化系统解决了生鲜产品配送痛点，悬挂链、电子价签、智能分拨等技术提高了商品在店内的流转速度。由于全链路数字化系统的支持，盒马鲜生的自有物流实现了 30min 极速送达。

7.3.2 移动大数据营销

移动营销是指面向移动终端（手机或平板电脑）用户，在移动终端上直接向目标受众定向和精准地传递个性化即时信息，通过与消费者的信息互动达到市场营销目标的行为。移动营销是互联网营销的一部分，是在强大的云端服务支持下，利用移动云端营销内容，把个性化即时信息精准地传递给消费者，实现"一对一"的互动营销。

技术创新正不断驱动移动互联网发展，满足消费者更多新的需求。以大数据技术为驱动，移动营销公司利用数据挖掘技术分析消费者的个人特征、媒介接触、消费行为甚至生活方式等，帮助企业找出目标人群，然后将推广信息、媒体和受众进行精准匹配，从而达到提升营销效果的目的。

在智能互联时代，移动营销的发展呈现以下几大趋势。

1. App 营销是移动营销的主要形式

目前，移动互联网流量主要由各种 App 产生，App 产生的流量占 70% 以上，成为移动营销的主要载体。庞大的 App 数量形成巨大的长尾市场，通过大数据分析可以让用户在合适的时间、合适的地点、合适的场景，看到合适的内容。

网易云音乐的创新在于，基于大数据的个性化推荐功能，给每个用户贴上各种"标签"，通过对用户偏好的判断，运用智能算法给用户推荐他们可能喜欢的音乐，从而实现精准推送。

2. 移动营销打造 O2O 营销新模式

利用移动互联网跨地域、无边界、海量信息、海量用户的优势，同时充分挖掘线下资源，进而促成线上用户与线下商品/服务的交易。2016 年，小米手机业务明显下降，业务遭遇瓶颈、成长乏力，很多人对小米模式提出疑问。但是，困难之时也是机会来临之时，小米通过产品升级、生态链布局和 O2O 新零售拓展，恢复了业绩和市场地位，续写了小米"神话"。

3. 多屏整合成为主导方向

多屏整合是指通过技术手段实现不同设备、屏幕之间的同步或内容流转，以便用户能够无缝地在这些设备之间切换和共享资源。这一概念在近年来随着智能设备的普及和科技的不断进步而逐渐兴起。多屏整合通过协调各种屏幕媒介（如电视、电脑、手机、平板等）的传播优势，实现品牌信息的全方位覆盖和有效互动。例如，数字广告平台知道用户在多屏上浏览的信息和行为模式，可以通过跨屏来修正和完善对消费者的认知，使移动广告投放更精准、更有效。1 号店在地铁站做户外广告，根据地铁站的人流来判断人们喜欢买什么样的产品。人们在上下地铁时，用手机扫描二维码并完成购买，到家的时候，购买的东西可能已经送到。在多屏时代背景下，这种营销方式对提升品牌的营销效果具有重要意义。

7.3.3　社交媒体大数据营销

社交媒体是指互联网上基于用户关系的内容生产与交换平台，是人们用来分享意见、见解、经验和观点的工具和平台，其形式多样，主要有社交网站、微博、微信、博客、论坛等。

尽管社交媒体是新兴事物，但它经历了快速的成长过程。Facebook 和 Twitter 分别创建于 2004 年和 2006 年，截至 2022 年 4 月，它们的月活跃用户数分别为 29.36 亿和 3.89 亿。

社交媒体改变了人们的消费行为和生活方式，并成为现代化营销的前沿阵地。在智能互联时代，社交媒体数据已经成为企业不可或缺的重要资源，企业可以利用社交媒体数据定位顾客、分析市场、进行预测。Facebook 广告统计数据显示，2024 年百万企业通过 Facebook 获得了不错的投资回报率。为什么企业愿意在 Facebook 上投放如此多的广告去寻找顾客呢？因为 Facebook 收集了海量的用户数据，这使企业可以针对目标顾客群体进行精准营销。

社交媒体营销是社交媒体大数据的一个重要应用方向，越来越多的企业将社交媒体工具作为主要的营销策略。社交媒体营销的发展呈现出以下几大趋势。

1. 社交媒体和市场营销数据同步化

社交媒体的优势在于可以对平台上的舆论进行监控，找出潜在的威胁和趋势，再对个体进行分析，找出针对某个群体的营销方式，企业可以利用这些分析去微调在线营销策略。例如，社交媒体和 KOL 可以直接影响一个品牌的受众。

2. 社交媒体电商化趋势

随着技术的不断发展，企业意识到社交媒体除了广告和促销，还有直接接触目标消费者和变现的潜力。社交媒体的优势是可以极大地缩短消费者的购买旅程，让消费者做出直接购买产品的决定，微博、抖音等平台都可以将流量直接导入淘宝这样的购物平台。另外，"网红经济"的影响力也变得更加明显。

3. 口碑营销

越来越多的企业开始重视口碑营销。传统营销通过广告的方式进行宣传，随着社交媒体的迅速发展，人与人之间的交流方式发生了重大变化，与之相对应的是口碑营销越发重要。口碑营销指的是企业通过消费者与其亲朋好友之间的交流来宣传企业品牌、产品。因为口碑营销是熟人之间的相互交流，其可信度强、成功率高，是企业营销的重要方式。企业通过创造热点、提供优惠来引导消费者针对其产品、服务及品牌进行交流、讨论，并最终影响更多的人成为企业的顾客，进而由新的顾客再次进行传播，如此循环往复，不断提升企业和产品的知名度和美誉度。

4. VR 和 AR 技术

2018 年，VR 和 AR 技术已经被很多社交媒体平台使用，典型的例子就是 Snapchat 的面部滤镜功能（类似抖音内置的过滤器功能）。人们可以在过滤器上选择赞助商镜头或者地理位置过滤器，生成属于自己的个性化内容。VR/AR 产业链包含硬件、软件、内容制作及行业应用四部分。预计 2024 年，全球 VR/AR 产业市场规模将达 121.9 亿美元，2021—2024 年复合增长率或突破 36%。

同样地，大数据给社交媒体营销领域带来了许多挑战：①如何对用户生成的内容和用户关系等社交媒体数据进行采集和监控；②如何对采集到的数据进行有效性识别；

③如何有效利用采集到的社交媒体数据定义和解决实际问题；④如何设计合理的模型和方法分析海量社交媒体数据，并通过机器学习、数据挖掘等技术对数据进行科学有效的管理，以达到社交媒体营销的目的等。

阿里妈妈——数据和技术加持下的全域营销

全域营销，由阿里巴巴在 2016 年提出，是一种以数据为驱动力、以消费者为中心的数字化营销理念。它的核心理念是实现全面洞察、全渠道覆盖、全触点体验和全链路管理，采用数字化的 "AIPL 消费者运营" 模型，帮助企业全面提升营销的数字化水平。阿里妈妈，是阿里巴巴集团旗下商业数字营销平台，依托集团核心的商业数据和超级媒体矩阵，为客户提供全链路的消费者运营解决方案，让商业营销更简单高效。

在全域营销 1.0 阶段，阿里巴巴引领了以消费者为核心的数字化营销创新。进入 2.0 阶段，全域营销实现了三大飞跃：提升了数据洞察能力；推动了从线上到线下的全渠道数字化转型；实现了从整合到融合的跨端消费者运营。全链路管理包括两个层面：一是品牌在战略、传播、运营和数据积累方面的全链路管理，即对整个品牌进行全链路的选择规划和执行；二是品牌与顾客互动的维度。

在顾客决策过程中，每个人都有一个独特的、网状的、立体的、个性化的决策链路。因此，我们关注的不是顾客决策路径的单一性和线性趋势，而是顾客与品牌之间的互动关系，包括认知、喜好、购买和忠诚。这就是对全链路两个维度的解释。

鉴于阿里巴巴的全域营销是以数据为核心动力的，它自然拥有独特的数据工具——数据银行，这里记录了每个顾客在阿里巴巴旗下所有产品中的行为数据。

以阿里巴巴发布的官方数据为例：随机选取一个用户，可以发现该用户在阿里生态系统中存在 746 种行为，这些都是具体且客观存在的。再选择一个品牌，可以看到这个用户与该品牌相关的行为有 38 种。如果将这些行为放入用户的认知、喜好、购买和忠诚链路中，品牌方就能清晰地看到自己拥有多少顾客，这些顾客与品牌的关系如何，以及如何加深这种关系。

阿里巴巴集团拥有众多多媒体产品，如专注于品牌传播的霸屏广告、品牌雷达、优酷视频平台、品牌专区，以及我们熟悉的聚焦销售转化的直通车、智钻等工具。这些都可以帮助品牌实现全域传播，甚至是跨越阿里巴巴平台的传播。

通过一系列精准的广告投放和传播活动，将流量引入店铺后，店铺自身的运营能力就成为将流量转化为忠实客户的关键。品牌影响力、垂直类目细分、产品质量、客服专业度等都是店铺运营需要考虑的要素。

课后思考题

1. 大数据营销的定义是什么？大数据营销的现状如何？
2. 大数据在零售业中的应用有哪些新思路？
3. 在社交媒体中大数据营销有哪些新场景？请选择一个社交媒体平台详细描述。

实训案例

某电商平台口红销售大数据分析

案例概要：

本实训案例旨在通过对某电商口红品牌、销量和评论内容的深度分析，结合网络爬虫、文本分析、回归分析等大数据技术，探讨大数据在营销中的关键作用。通过共享的数据平台，学员将有机会进行实际的数据分析与操作练习，全面理解大数据在电商营销中的意义、技术和用途。

实训知识点：

大数据营销的意义：

（1）精准洞察消费者需求　大数据营销可通过分析该电商平台口红品牌的销售数据、用户行为等，深入洞察消费者的需求和趋势。这有助于企业更准确地定位目标受众，提供符合市场需求的口红产品。

（2）个性化推荐和定制化服务　借助大数据技术，该电商平台可以实现对用户口红偏好的精准推荐，为每位消费者提供个性化的购物体验。通过分析口红销售数据，企业能够更好地了解用户偏好，开展精准的定制化服务。

（3）市场竞争分析和战略制定　大数据分析有助于进行竞争对手的销售业绩、市场份额等方面的比较。该电商平台口红品牌可以通过对竞争对手数据的深入了解，制定更有针对性的市场竞争策略，提高竞争力。

大数据营销的分析方法：

（1）网络爬虫技术　运用网络爬虫技术，企业可抓取电商平台口红品牌的销售数据、评论内容等信息，建立全面的数据集。这为后续的分析提供了充分的原始数据。

（2）文本分析　对口红评论进行文本分析，可以挖掘出消费者的情感倾向、关注点，以及对产品的评价。企业通过情感分析等手段，可以更好地了解用户的真实反馈，为产品改进提供指导。

（3）回归分析　运用回归分析技术，企业可以揭示销售数据和口红特征之间的关联关系。这有助于发现影响销售的关键因素，为制定有效的营销策略提供数据支持。

大数据营销的用途：

（1）产品优化和创新　通过大数据分析电商平台的口红销售数据，企业可以发现产品的优势和不足，为产品创新和改进提供方向。这有助于不断提升产品竞争力。

（2）精准营销和广告投放　通过对用户行为数据的分析，企业可以进行更加精准的营销和广告投放。有针对性的宣传将更有可能吸引目标受众，提高广告效益。

（3）市场趋势预测　通过大数据分析，企业可以更准确地预测市场趋势，了解口红市场的发展方向。这有助于企业提前调整战略，抢占市场先机。

数据分析与实训操作：

通过本实训案例，学员将深入探讨大数据在某电商平台口红品牌分析中的关键作用，全面理解大数据在电商营销中的意义、技术和用途。通过实际操作，将培养学员对大数据分析的实际运用能力，为未来从事相关行业的工作打下坚实基础。原始数据与代码可登录教学实训平台（edu.credamo.com）或扫描下方二维码，加入"智慧营销"课程（在学生端单击"加入课程"，输入加课码：jkm_6015279262177280；教师可以在课程库中搜索该课程并直接导入），在相关章节的实训项目中获取。

7.1　大数据营销场景创新

7.2　基于大数据创新——数字化转型

第8章 智慧营销：
顾客价值传递概述

星巴克重视体验传递价值

  1992年，星巴克在纳斯达克上市。此后，星巴克业绩保持良好增势，公司市值不断提升，2024年12月，星巴克市值为1135亿美元，其品牌形象广受赞誉。但是，星巴克的发展并不是一帆风顺的。2008年，星巴克业绩大幅下降，究其原因，除了受到经济危机的影响，更多的是品牌核心价值遭到破坏。当时的管理层追求业绩的高速增长，使公司远离其核心价值，顾客的体验遭到破坏，导致顾客最终远离星巴克，由此导致公司业绩大幅下降。霍华德·舒尔茨（Howard Schultz）重返星巴克担任CEO，他进行了一系列改革，使星巴克起死回生。星巴克成功的最重要因素是它视"关系"为关键资产，舒尔茨一再强调，星巴克的产品不是咖啡，而是"咖啡体验"，与顾客建立长期关系是星巴克战略的核心部分，其特别强调顾客与"咖啡大师"的体验关系。

  星巴克的核心价值观在于通过创造良好的顾客体验来提供产品和服务，使星巴克成为顾客在家庭和公司之外的第三空间，最终获取顾客价值。第三空间的概念是星巴克咖啡店创始人舒尔茨最早提出来的，他希望通过提供良好的咖啡气味和环境使人们可以把星巴克当成家和工作地点之外的第三去处。舒尔茨认为"咖啡大师"在为顾客创造舒适、稳定和轻松的环境时扮演了关键角色，那些站在咖啡店吧台后面直接与每一位顾客交流的吧台"师傅"决定了咖啡店的氛围。为此,星巴克对每一个"咖啡大师"都进行培训,培训内容包括客户服务、基本零售技巧和咖啡知识等。"咖啡大师"还要预测顾客的需求,并在解释不同的咖啡风味时与顾客进行目光交流。星巴克认识到员工是向顾客推广品牌的关键,因此采取了与市场营销基本原理完全不同的品牌管理方式,将在其他公司可能被用于广告的费用用于员工福利和培训。星巴克非常重视顾客的信息收集,在接待顾客的时候,收银员除了要提供良好的服务之外,还需要收集顾客的简单信息,如顾客的性别、年龄等。

通过收集、分析这些信息,星巴克可以及时了解顾客消费习惯的变化及产品更新的情况,并针对顾客偏好的变化对产品、服务进行调整。星巴克也通过反馈来增强与顾客之间的关系。星巴克的管理团队每周都要阅读原始的、未经任何处理的顾客意见卡。此外,星巴克倾向于与顾客建立长期关系。尽管星巴克对合作伙伴要求严苛,但一旦选择合作,其就会非常努力地与他们建立良好的合作关系。星巴克的顾客理念是企业与顾客之间既是买卖关系,也是利益关系,更是伙伴关系。企业为顾客创造的价值越多,就越会尽可能地提高顾客满意度、忠诚度,客观上也有利于增加顾客为企业创造的价值,实现企业与顾客的双赢,实现顾客价值的最大化和企业收益的最大化。

舒尔茨认为"顾客体验"是塑造公司品牌形象最直接、最关键的环节,也是影响公司业绩的核心环节。顾客接触星巴克最直接的方式就是公司提供的产品、服务,以及在消费过程中所体验到的环境与氛围。舒尔茨尤为注重顾客体验,在他的领导下,星巴克把创造良好的顾客体验当作提供产品和服务的核心目的。按通常的理解,打造好的顾客体验需要较大投入,而且对业绩提升的效果不会立竿见影,但星巴克通过打造良好的顾客体验,不但提升了营运效率,还促进了营业额的增长。要想提升顾客体验,除了在产品和环境上用功,还需要在数字媒体和科技上加大投资。目前,社交媒体已经成为人们生活的一部分,它重新定义了人与人之间的连接方式。星巴克通过数字媒体和顾客进行连接,了解他们的喜好、消费行为,从而提供更好的服务,进而留住顾客。

8.1 顾客价值传递的内涵

8.1.1 顾客感知价值的概念

泽瑟摩尔（Zaithaml）在 1988 年首先提出了顾客感知价值理论，将顾客感知价值定义为：顾客所能感知到的利得与其在获取产品或服务中所付出的成本进行权衡后对产品或服务效用的整体评价。泽瑟摩尔认为，在企业为顾客设计、创造、提供价值时应该从顾客的角度出发，把顾客对价值的感知作为决定因素。顾客价值是由顾客而不是企业决定的，顾客价值实际上就是顾客感知价值。顾客感知价值体现的是顾客对企业提供的产品或服务的主观价值认知，与产品或服务的客观价值相区别。顾客感知价值被用来对服务效用进行总体评价，顾客购买的不仅是商品和服务，更多的是他们所托付的期望，期望在交易中获得满意的结果。顾客价值的本质是顾客感知，即顾客在交易过程中获得的主观感受。顾客价值感知的核心在于"感知利益"与"感知付出"之间的平衡，因为价值对于顾客是因人而异的，不同顾客对于同一商品或服务所感知到的价值并非一致的，顾客会根据自己感受到的价值与付出的对比做出是否消费的决定。

关于顾客感知价值的定义繁多，学术界经过讨论、总结，认为顾客感知价值有以下特点：顾客感知价值是由企业提供给顾客的价值；顾客价值是顾客感知到的价值；顾客感知价值最终由顾客决定，而非企业决定，但企业对于顾客感知价值有重大影响；顾客感知价值的媒介是企业提供给顾客的产品或服务；顾客感知价值是顾客权衡之下的结果，是顾客在感知利益与感知付出之间的权衡。

具体而言，顾客感知价值指的是产品的质量价值、情感价值、社会价值和产品价格。产品质量价值指的是产品的实用性，具体是指产品的质量是否稳定、做工是否精良、性能是否有用，产品的功能是否能够总体上满足消费者需求的知觉效用。情感价值是指产品的具体功能对顾客情感的影响，产品在满足顾客特定功能性需求的同时会给顾客心情带来正面或负面的影响。例如，某产品是不是顾客喜欢的产品、是否能够令顾客在使用时感到轻松、心情愉快，就是产品的情感价值。社会价值指的是产品除了提供本身的使用价值，还能满足顾客显示自身社会地位、展示自身所属群体的心理，相当一部分消费者会追求通过特定的产品（如奢侈品）来展示自身经济实力及社会地位。

8.1.2 顾客感知价值的特征

顾客感知价值具有较强的主观性和个体性。顾客感知价值是顾客对某产品或服务价值所做出的判断，其判断除了会受到产品本身性能、价格的影响，也会受到顾客个体特征的影响，不同的顾客有不同的需求、偏好、价值观、财务资源、体验等，这些个体特征会使每个人对同样的产品或服务产生不同的预期和评价，不同的人对同一产品的感知是不同的。

顾客感知价值是顾客基于自身的判断所接受和承认的价值，顾客消费产品的目的并不都是为了产品自身固有的使用价值。在很多时候，顾客更倾向于追求产品的情感价值、社会价值。这要求企业要对目标顾客进行深入的调查研究，充分了解不同类型顾客对本企业产品的不同需求，设计合理的营销方式，与顾客保持紧密的沟通，借助数据分析，设计出差异化、个性化的产品来满足顾客的需求。

顾客感知价值具有一定的层次性。罗伯特·伍德鲁夫（Robert Woodruff）在1997年提出了顾客价值层次模型。在该模型中，他把顾客购买产品或服务的期望分为三层。首先，顾客在购买时会优先考虑产品性能；其次，当顾客进行购买时，他们会对产品或服务进行价值判断，形成期望和偏好；最后，顾客会根据以上的评估结果对顾客目标的实现能力形成期望。

顾客感知价值具有动态性。同一顾客在不同的场景会对同一产品产生不同的感知价值，变化的时间、地点、境遇意味着个体所处的具体环境的变化，使个体的需求处于动态的变化之中。例如，顾客在晴天和雨天对雨伞的需求是不同的，在绿洲和沙漠对水资源的需求是不同的，以时间为轴线，顾客的价值判断更可能是一条曲线。企业不仅要了解顾客的现状，也要了解顾客感知价值随时间变化的特点和规律；不仅要了解不同顾客需求的差异性，也要了解同一顾客在不同情境下需求的变化。

顾客感知价值具有情境依赖性。具体而言，顾客感知价值处于特定的情境之中。在不同的情境下，顾客感知价值是不同的，顾客对产品价值的判断及个人偏好也是不同的，顾客对产品的价值评价与特定的情境具有高度的相关性。例如，当深夜驾驶汽车时，在前不挨村、后不着店的地方抛锚了。这时，只要有修车师傅愿意修理汽车，顾客就会感到非常幸运，哪怕修车师傅收取比平时高的费用，提供的服务也不如往常。这种心理是有深层次原因的，是在特殊的场景下产生的。对比来看，如果一个顾客的汽车白天在城市里抛锚了，他面临车祸、动物伤害等风险较小，他可以打电话把车拖走，然后选择其他方式继续自己的行程，完成自己的工作。但是，车在深夜的野外抛锚了，顾客遭遇车祸、野生动物伤害等风险较大，而且深夜的野外几乎不可能有其他的交通工具，这样就很容易打乱顾客原本的行程计划，对顾客的生活、工作造成较大的影响。在这种情况下，修车师傅提供的服务并不仅仅是修理汽车，更是提供了安全保障服务，提供了可以使顾客正常生活、工作的服务。然而，这些服务是不会收钱的，修车师傅只会收取修车的钱（有可能比平常高很多）。这对顾客而言，是一笔非常划算的交易，在修车的同时获取了更大价值的额外服务。由此可以看出，顾客感知是和顾客所处的情境密切相关的，顾客感知具有极大的情境依赖性。

8.1.3　顾客价值传递的意义

价值传递（Deliver）是 4D 营销理论的重要组成部分，与消费者需求（Demand）、动态（Dynamic）沟通、数据（Data）决策收集密切相关。价值传递是为了获得消费者需求，动态沟通是价值传递的方式，数据收集为价值传递提供智能化支撑，四个要素紧密相连，构成了新的营销理论。

在营销学理论的发展过程中，价值传递始终贯穿其中。古人常说，无信不商，自古以来，商家就特别讲究信用，要求在经商过程中坚持诚信为本，坚决不卖伪劣商品。到现代，营销学逐渐建立，各种理论蓬勃发展，其中著名的要数 4P、4C 等理论，诞生于移动互联网时代的 4D 理论更是把价值传递纳入理论框架。价值传递作为营销中关键的一环，随着技术的进步，传递的形式、渠道更加多样。价值传递的可行性与价值被不断提升，使它在互联网时代的 4D 营销理论中占有一席之位。

商业为本的西方文化非常重视诚信。罗斯柴尔德家族是欧洲最古老、最显赫的金融世家，家族创始人梅耶·罗斯柴尔德（Mayer Amschel Rothschild）留给子孙后代的家训中便有："要想真正成功必须具备谦虚、诚信、乐于助人的品质。"石油大王洛克菲勒提醒儿子：诚实是一种方法，坚韧而无往不利。在中国明清以来的近代经济发展史上，驰骋欧亚商界的晋商举世瞩目。晋商乔致庸非常讲究诚信，他把诚信作为乔家的传统，代代相传。乔致庸生长在商人家庭，从小就培养了一贯守信的风格，再加上崇尚"仁义礼智信"的教育，使他在一生中，宁可赔钱，也不失信，他深刻地领悟到诚信乃经商之本，商无信不立。

复盛油坊是乔家较大的商号之一，主要经营粮油等商品。在多年经营之中，复盛油坊坚持诚信为本，保证所售商品的质量，绝不缺斤短两，绝不掺假卖假。凭借诚信为本的理念，复盛油坊很快在当时弄假成风的市场中占据一席之地。一次，复盛油坊的掌柜在送往山西的胡麻油之中掺假，在优质的粮油中掺入了一些劣质的胡麻油，被乔致庸发现，他对掌柜进行了严厉处罚，告诫其他人无论如何也不得掺假卖假。但是，乔致庸也有"掺假卖假"的时候，乔家经营的米面粮油，根据不同的质量定价不同，每逢年关，乔家都会在劣等的米面之中掺入优质的米面，并且仍然按照原本的价格出售给民众，受到当地百姓的感激。乔家世代经商，以诚立信，以信立商。正是凭借着良好的商誉，乔家方能在乱世之中不断发展，才能在一次又一次的危机之中突围而出。乔家之信，重在信誉，重在信义，对待顾客不分贵贱，同等礼遇，以此赢得顾客的喜爱，赢得市场的青睐。

在营销学理论还没有建立之前，在数千年的历史长河之中，商人们就已经意识到，要想让商号保持活力与生机，就必须讲究诚信，这种朴素的品质在历朝历代大商人的经历中都有所体现。商家要把自家商品品质优良、绝不缺斤少两的信息传递给顾客，吸引顾客，做大做强自家的商号，抢占市场份额，进一步依靠顾客的口碑把商号的信誉传播开来，最终赢得市场，基业长青。

营销的本质是传递价值。随着差异化竞争时代的来临，核心竞争从产品竞争转变为服务竞争。在工业时代，企业关注的是如何扩大生产规模、提高生产效率、降低生产成本来提高利润，企业之间的竞争局限在产品的竞争。现在的企业关注的是如何在更短的时间内满足顾客多元化的需求，如何在提高个性化服务水平的同时降低生产成本。此时，服务竞争已经超越了产品竞争。服务竞争主要表现为对顾客的争夺。是否能够获得更多顾客，取决于顾客在消费产品和服务的过程中所获取的价值。顾客获得的价值越多，顾客满意程度越高，随之而来的是企业的市场占有率越大，竞争力越强，而企业的利润也会越丰厚。

有关价值的意义，鲍曼（Bowman）根据传统经济学的效用理论来区分使用价值和交换价值。前者意为目标使用者（包括顾客、制造商、生产者或消费者）所认知的符合他们需求的产品或服务之品质；后者则是指当此产品或服务在交易时所兑换的货币量，简单地说就是价格。随着各类商品市场蓬勃发展、竞争日益激烈，以往消费者基于产品功能、品质、价格等理性考量并选购商品的模式已经有所改变。在购买决策中，越来越多的消费者凭借感性因素来判断产品或服务的价值，以追求内心的满足感，产品所蕴含的情感、意义逐渐开始扮演重要的角色。因此，感性价值的创造与传递，成为现代商业竞争的关键要素。

8.1.4 顾客价值传递的目的

企业需要获取长远的、终生的顾客价值。顾客终生价值是指顾客一生中可能购买该类型产品的总价值，表现为企业收入的长期性增加、企业维系顾客的时间跨度拉长、企业宣传成本的降低、口碑效应的提升，以及附带产品销售的增加。为获取顾客终生价值，企业必须对客户关系进行有效的管理，使顾客成为忠诚用户，进而成为企业品牌的宣传者。研究结果显示，顾客满意度与顾客忠诚度之间存在着极敏感的关系，顾客对企业的满意度越高，对企业产品的变化就越敏感，产品质量的降低会导致顾客忠诚度的快速下降。

企业需要提升顾客占有率。顾客占有率指的是企业的产品在顾客所购买的同类产品中所占的比例。顾客占有率是各行各业评价企业市场地位及营销策略成功与否的重要指标。

不同于市场占有率，顾客占有率旨在让顾客和消费行为的价值最大化。为了维持并提升顾客占有率，使顾客保持对企业产品的忠诚度，企业必须提供完美的顾客体验，并且对产品进行不断的创新，提供多样化的产品或服务，满足顾客不同的需求。此外，企业要采用多种营销方式，通过向上营销与交叉营销相结合的方式不断给顾客推荐相关产品，这不仅能增加企业利润，还可以使顾客忠诚于企业的产品体系，不会因为其他企业个别产品的优秀而放弃本企业的产品。亚马逊早在 2006 年就宣称它 35% 的收益都是通过向上营销和交叉销售实现的。顾客每次进入亚马逊网站，购买的商品往往比计划清单上的要多，而且感觉这样消费更为合理，因而对亚马逊保持较高的忠诚度。

8.1.5　顾客价值传递的关键

　　恰当的、成功的商业模式是一个企业能否进行高效的价值传递的关键。所有的企业都要向顾客传递企业的产品和服务信息，并且要被顾客认同、接受，这不但要求企业产品和服务本身具有优越性，还要求企业的商业模式能够高效地传递价值信息。当今社会，商业模式的创新成为诸多创新者争取投融资的法宝。例如，拼多多的 C2B 全新商业模式，使拼多多快速崛起。拼多多代表的是"匹配策略＋单品爆款"的模式，这种模式能够迅速实现规模化，基于规模化的定制将生产成本大幅降低，再以低价、拼团等模式销售给下沉市场。拼多多从竞争最为激烈的市场中脱颖而出并成功上市，靠的正是其商业模式的极大创新。

　　商业模式创新描述了企业创造价值、传递价值和获取价值的基本原理。为实现顾客价值最大化，企业需要整合内外要素，形成一个完整的、高效率的且具有独特核心竞争力的运行系统，并通过最优实现形式满足消费者需求、实现顾客价值，最终实现持续盈利目标。通常意义上的商业模式有以下几种：运营模式、盈利模式、B2B 模式、"鼠标＋水泥"模式、广告收益模式等。商业模式的逻辑可以通过以下模式来描述：价值主张、目标顾客群体、分销渠道、客户关系、价值配置、核心能力、合作伙伴网络、成本结构、收入模型等。

　　选择合适的、恰当的商业模式需要对顾客进行细分。企业将顾客进行细分，利用有限的资源实现最有效率的配置，抓住真正的顾客，是提升企业运营效率的关键因素。只有对顾客进行准确定位，企业才能有效地进行产品推广宣传，切中顾客的需求。例如，如家、7 天、锦江之星等快捷酒店的崛起，正是因为它们看中了不是所有出游、出差的人都有入住五星酒店的需求，它们将顾客进行细分并定位在中档、中低档等消费者群体，借此快速发展。

　　选择合适的、恰当的商业模式需要了解目标顾客的需求。目标顾客的需求点是企业必须着重钻研的重点，以正确地为顾客提供他们想要的价值。例如，茅台酒把顾客分成两种：一种是茅台的使用者，另一种是茅台的购买者，这两种顾客经常不是相同的人。购买者购买茅台酒往往是用来送礼的，因此购买者看中的是茅台酒代表的社会价值，通过品牌价值极高的茅台彰显购买者的诚意。茅台酒的使用者往往是收礼者，他们大多有着较高的社会地位，看中茅台酒对自己身份地位的体现。因此，茅台酒看准了消费者的需求，不断地提升价格、控制产量，把自己塑造成高端稀缺品的形象，以满足消费者的需求。

选择合适的、恰当的商业模式需要企业对自身资源进行整合。企业必须清楚自己所掌握的及相对缺乏的资源,整合自己的资源,然后对资源进行评估,找到企业核心资源中能与目标顾客的需求相符的点。同时,企业要全面填补自身核心资源与目标顾客的需求之间的不足之处。

选择合适的、恰当的商业模式需要培养创新性思维。企业要培养创新性思维,通过创新性思维来找到消费者的需求中尚未被满足之处并进行拓展,扩大消费者的需求。若通过创新性思维找到尚未被竞争对手发现或重视的领域,企业可以无数倍放大在此领域提供的服务,给它一个新的商业概念和定位,让顾客有全新的感受。例如,众多火锅店靠口味来抢客源,海底捞却通过一流的服务模式来打造全新的火锅消费体验,让每位到海底捞消费的顾客都获得非凡的体验,并铭记在心。

案例

顾家家居:向往的生活在顾家

物质经济时代已是过去式,如今人们对情感回归的渴望、精神愉悦的期望与日俱增,加速了情感消费时代的到来。当下,消费者与产品和品牌产生联系,更多是为了满足情感和心理上的认同。

顾家家居自1982年成立以来,通过一系列精心策划的品牌营销活动,多次在互联网上引发广泛讨论。从2022年3月发起的"一封家书寻顾家老友"活动,到5月推出的"年轻的巨人",再到9月的"爱的存折"活动,顾家家居始终将"向往的生活在顾家"作为其品牌营销的核心主题。

特别是"爱的存折"这一活动,精准地触动了许多人内心的情感,通过共鸣与用户建立了情感联系。顾家家居不仅通过"爱的存折"活动与消费者建立情感纽带,还巧妙地利用这一活动深入人心,鼓励老用户注册成为顾家会员,进而通过更紧密的互动挖掘老用户的潜在价值,增强用户忠诚度,并提升品牌形象。具体来说,新老用户加入顾家家居会员后,都可以获得积分奖励,顾家将这些积分比作用户对家庭和生活投入的爱的象征。同时,会员还可以使用积分参与活动和兑换礼品,这是一种逐步深化用户参与的策略。

将老用户转化为会员,在一定程度上实现了双赢。对有购物需求的老用户来说,会员福利非常有吸引力;对企业而言,用户购买会员后通常会为了享受更多会员福利而增加复购行为。

顾家家居紧密结合当代消费者的实际需求,始终以"家"为核心,以用户反馈为动力,激发和引导终端流量转化。通过让用户参与、感知和传播话题的一系列活动,顾家家居全方位地扩大了品牌影响力,并将品牌推向了新的高度。

8.2 顾客价值的传递方式

8.2.1 降低顾客感知成本

顾客感知成本是指顾客为购买某一产品或服务所花费的一系列成本,包括顾客在实际消费过程中花费的金钱、体力、时间、心理成本等。菲利普·科特勒(1996)认为顾客总成本由四个部分构成,即金钱成本、体力成本、时间成本和心理成本。

金钱成本,是指顾客满足自身需求所花费的金钱。

体力成本,也就是使用过程中的学习成本,这是一个相对成本,是针对特定人群与特定需求而言的。它是大脑顶层功能所付出的成本,是用户识别、理解、记忆、使用产品所付出的精力。这与视觉、界面、人机交互等息息相关。例如,A先生使用第三方支付App,他只有快捷支付需求,无其他需求。支付宝的付款码设计在最顶层,而微信的付款码隐藏在二级功能。对于A先生而言,支付宝的使用体验明显优于微信。

时间成本,即顾客满足自身需求所付出的时间。系统反应时间、流程闭环时间,甚至线下反馈时间等,都是时间成本。例如,A商城的购物送货时间为1天,B商城的为2天,虽然是线下时间,但顾客感知的是需求被满足所付出的时间成本。

心理成本,即产品对顾客心理需求的满足度。顾客对安全性、可靠性、稳定性等的担忧程度,都是心理成本。例如,安全性高的产品可以减少顾客对使用过程中产生损失的担忧,其所带来的顾客体验显然比安全性不高的产品好得多。

除以上四种主要成本外,还有许多其他成本。例如,搬运笨重的产品需要耗费大量的体力,App的安装包文件太大,需要耗费大量的流量和时间等,都可以看作顾客所付出的成本。减少顾客所付出的成本,可以提升顾客体验。

在各项与感知成本相关的因素中,非货币因素往往具有举足轻重的作用,如运输、安装、订购、维护修理,以及采购失败或质量不尽如人意的风险等。许多顾客把时间和空间上的便利看作比金钱更重要的资产。

感知成本是顾客平衡感知利益的重要参考,对顾客满意度具有反向驱动作用。一方面,合理地降低产品的价格,有利于提高顾客对感知到的产品或服务价值的综合评价;另一方面,节约时间成本、降低搜寻成本或减少后期风险等,能够满足顾客降低成本和风险的需求,提高顾客的满意度。

8.2.2 优化顾客感知价值

顾客对产品或服务的感知价值不同于产品的客观价值。客观价值是固定的,由企业所提供的产品或服务本身的性能、价值决定,而顾客感知价值则是由顾客个体的认知判断决定的。企业创造、优化顾客感知价值应注意以下几个方面。

1)顾客感知价值的形成受到同类产品的影响。顾客在购买某产品的时候,会自然地对比同类产品,如果本企业的产品相比于其他企业有某些能够打动顾客的特色,那么本企业的产品的顾客感知价值就会高于同类产品的感知价值。为此,企业在产品设计、制造上要进行差异化处理,要针对不同顾客创造独具特色的产品,进行精准营销,把最能够打动顾客的差异化产品推送给合适的人群。在具体操作中表现为,一个企业的某一种产品可以多设计出一个以上有用的功能,并且把这个多出来的功能看作提高顾客感知价值的超值服务,即超出市场上同类同价产品性价比的服务价值。

2)企业营销要善于拓展产品的内涵,创造出独特的产品文化。传统的营销手段主要是通过广告提高企业知名度,宣传产品的优越性能或性价比来吸引顾客,而现代的营销已经不再局限于产品本身的性能,更是给品牌贴上了特定的标签;企业销售的不仅是产品,更是产品所传递的特定文化。例如,目前市场上有众多品牌的洗发水,让人眼花缭乱不知如何选择,面对如此激烈的竞争,宝洁公司赋予旗下几款洗发水品牌以不同的品牌特征文化,占据了极大的市场份额。顾客想要去屑就会想到海飞丝,想要养发护发就会想到潘婷,想要飘逸清香就会想到飘柔……这几款洗发水品牌通过多种营销方式,突出各自的核心特征并持续宣传推广,让人们牢牢记住这些特征。当人们到超市面对令人眼花缭乱的洗发水时,就会优先选择熟悉的品牌,而不是去逐个比较各个品牌的洗发水。

3)顾客感知价值可以分为售前的感知价值与售后的感知价值,两个不同时间点的顾客感知价值可能是不同的。在购买产品之前,顾客不可能完整地感受到产品所带来的价值,只有使用之后才能获得比较全面的感知。顾客购买某件产品,最直观的体验就是视觉印象。无论是网络购物还是线下购物,视觉是第一感官。因此,企业在呈现产品的时候要注重细节,注重营造氛围。从周围环境的选择到相关工作人员的着装,从产品的陈列到货架的布局设计,从文字的阐述到宣传片的制作等都应该综合思考,把产品最完美的一面展现给顾客,刺激顾客的购买欲,只有这样才能够给予顾客完美的感知价值。

4)现代营销注重顾客的终生价值,要想维护好客户关系、获取长期的收益就必须注重售后顾客的感知价值。销售人员要提供周到、迅捷的售后服务,进行产品售后追踪,使顾客感受到企业的真诚和关注,当顾客遇到问题时能够迅速予以解决,消除顾客的负面感知。销售人员还需要与顾客建立和谐的关系,提高顾客忠诚度,经常与顾客进行售后互动,保持良好的沟通。

8.3 获取顾客终生价值

顾客终生价值又称顾客生涯价值,指的是一个顾客在与企业关系维持的整个时间段内为企业所带来的价值,是顾客为企业带来的利润减去企业为获得和维持与该顾客的关系而产生的成本之后所得到的差额。随着信息技术、大数据技术的发展,企业可以对顾客行为进行追踪、分析、预测，顾客终生价值逐步成为一个可以量化的数据。

从对企业利润贡献的角度，可以把顾客终生价值分为以下几个时期：导入期、快速增长期、成熟期、衰退期。在导入期，企业通过各种营销手段初次获得顾客；在快速增长期，企业采取有针对性的营销策略使顾客对某一企业或某一品牌产品的购买初步增加，顾客消费金额处于上升态势；在成熟期，企业与顾客的关系是相对稳定的状态，顾客消费形成规律，其对企业的产品长期保持稳定的忠诚度水平；衰退期指的是随着时间的推进，顾客对企业某个品牌、某类产品的消费日渐减少的阶段。

顾客终生价值一般可以分为：①历史价值，指的是顾客在当前时间点之前在该产品或服务上消费的金额；②当前价值，指的是在顾客的消费行为和消费习惯不发生改变的情况下，未来仍然购买本企业同种或同类产品的消费金额；③潜在价值，指的是企业通过交叉营销等方式，向顾客推荐相关产品被顾客接受，或者是顾客向其他人介绍本企业的产品，从而给企业带来的营业金额。

顾客终生价值是一个系统的、动态的、多维的概念，其所指的价值并不仅仅是顾客在过去、现在、将来带给企业的货币收入，还包括潜在的非货币价值。例如，忠诚顾客很有可能把自己使用过的产品向其周围的人进行推荐，为企业带来原本与本企业没有交集的顾客，这种口碑传播的转化成功率远高于传统的需要高昂费用的营销活动。顾客终生价值是处于动态变化之中的，顾客会随着自身经济状况、周围环境的变化而改变使用的产品品牌，会随着企业产品质量的更新换代决定是否继续消费等。这种潜在的、未来的顾客价值，会对企业营销人员乃至整个营销体系提出新的要求。

顾客终生价值理论为企业产品设计和营销活动创造了新的思路，但是目前在分析顾客终生价值过程中也存在大量的困难。

首先，顾客信息的收集与更新面临较大的困难。除了个别电商巨头外，一般企业很难掌握具体的、细化的顾客信息。顾客信息包括两个方面的内容：①顾客目前的信息，②顾客在未来较短时间内发生变化的信息。顾客目前的信息可以通过顾客的购买情况获得，但顾客两次购买之间的信息变化是企业无法获得的。目前的客户管理模式多停留在历史的、静态的分析，难以建立实时动态分析系统。

其次，收集的顾客信息质量较低。企业收集顾客信息多局限于顾客在什么时间购买了什么产品，对于顾客的其余信息，如顾客经济情况、个人消费观、职业、性格等细节信息难以收集，这些信息的实时变化就更加难以获得，而且对顾客信息的收集是否涉及法律或隐私等问题也值得探讨。在这种信息不全的情况下只能依据核心数据（消费者购买情况）进行分析，这种分析难免存在不准确和滞后的问题。

最后，涉及顾客隐私。如今，消费者对自身隐私越发重视，以前靠送小礼物就可以让顾客如实地填写一份涉及个人隐私的问卷，但这种做法现在已经难以奏效，很多消费者在反馈信息时会有选择地填写或留下虚假信息以保护自身隐私。

获取顾客终生价值的关键在于维持与顾客的关系，使顾客对品牌产品保持稳定的忠诚度。企业要通过大数据分析顾客消费行为的变化趋势，开发差异化的产品，开展精准营销，提供个性化、定制化的产品与服务。

8.3.1 维护客户关系

在企业的日常营销活动中，让顾客长期稳定地购买本企业的产品是一项非常重要的工作。大部分商品都是有使用周期的，顾客会每隔一段时间购买一次，其需求是重复性的。例如，婴儿从出生到三岁前对奶粉的需求是固定的，学生对文具的需求是固定的，所有人对食品的需求是固定的……如何让顾客持续购买本企业的产品就成了一个重要的问题。另外，获取新顾客的成本越来越高，其边际成本逐渐上升。因此，为了降低经营成本，企业必须增强用户黏性，获取顾客终生价值。

对于企业而言，获取顾客终生价值的重点在于维持顾客忠诚度，也就是维持客户关系。传统的营销注重销售技巧，如何把产品卖出去、获取利润是核心要素；然而，顾客终生价值理论认为，营销的关键不仅在于卖出产品，更在于维持长期稳定的客户关系，根据商品使用周期有规律地向顾客提供产品，甚至通过交叉营销的方式扩大顾客范围，鼓励顾客向其周围人群推荐本企业的产品。因此，获取顾客终生价值对企业售后服务体系提出了新的要求，企业必须设计一整套完善的客户关系维护制度，并将其纳入企业年度预算，拨出相应的资金用以维护客户关系。

8.3.2 开展精准营销

近年来，移动互联网技术、大数据技术和定位技术快速发展，为企业开展精准营销提供了更为便利的条件，使原本难以实现的营销手段成为可能。对于公司而言，获取顾客终生价值需要收集顾客的基本信息，包括性别、年龄、收入、习惯、职业等。此外，还需要收集顾客消费行为的变化数据，对相关数据进行分析、处理，精准预测顾客的消费倾向。在分析顾客消费倾向的基础上开发相应的产品，开展精准营销，预先提供能够令顾客满意的产品，给予顾客完美的消费体验，从而提高顾客对企业产品的忠诚度。

企业可以针对老顾客采取差异化的营销策略。老顾客在面对新顾客时普遍会有心理上的优越感，认为自己是某产品的忠诚用户，应该比新用户享有更多的特权或享有更低的价格。然而，随着大数据技术的迅速发展，原本可以为熟人（老顾客）提供更好服务的技术却造就了"大数据杀熟"现象，某些互联网企业的App就遭到了用户的极大抱怨。"大数据杀熟"指的是企业利用其掌握大量老顾客的信息，通过数据分析针对不同的人群提供不同价格的、相同的或相似的产品或服务。这种现象极大地损害了老顾客的利益，也是最不能被老顾客接受的。这种做法完全忽略了顾客终生价值，站在了老顾客的对立面，自绝其路。企业不仅不能通过"大数据杀熟"为老顾客提供歧视性服务，反而更应该为老顾客提供新顾客享受不到的优惠服务，只有这样，才能使老顾客对产品忠诚，产生信任感、自豪感和优越感，进而牢牢地抓住老顾客，获取其终生价值。例如，美团隔一段时间就会送一些顾客常用产品的优惠券，吸引顾客在美团 App 上进行消费，使顾客每隔一段时间就会使用一次美团 App，进而形成习惯，成为其忠诚用户，以便获取顾客终生价值。

性价比："迪卡侬"的制胜之道

2022 年是户外运动的"大年"，一个运动品牌凭借其高性价比的特质飞速崛起，这个品牌就是迪卡侬。迪卡侬拥有 40 余年的历史，一直以亲民的价格策略深受消费者喜爱。品牌名称"迪卡侬"源自其法文名 Decathlon 的音译，寓意着十项全能运动，这反映了迪卡侬的市场定位：在同一家商场内为所有运动爱好者提供价格最优的产品。

迪卡侬在 2022 年"双 11"购物节期间，销售额同比增长了 280%，2023 年业绩达 156 亿欧元（约合 1222.93 亿元人民币），较 2022 年增长 1.15%。在"618 购物节"期间，其成交额同比增长超过了 5 倍。市场调研显示，迪卡侬在 2022 年成为最受偏好的运动服饰品牌，其受欢迎程度远超排名第二的 Lululemon。

与 Lululemon 不同的是，后者试图打造针对中产阶级的精致运动品牌形象，目标客户群相对狭窄，且产品价格较高。例如，Lululemon 的运动夹克每件售价接近 1000 元，而其运动羽绒服的标价甚至超过 8000 元。

相比之下，迪卡侬坚持高性价比的策略，旗下产品线丰富，广泛的产品类别扩展了品牌的定义，并降低了参与运动的门槛。尽管主要用户群体是追求性价比的消费者，迪卡侬也吸引了高阶运动玩家的关注。

在迪卡侬，消费者可以购买到几千元一套的高尔夫球杆和山地自行车，也可以仅花费 49.9 元购得一件速干运动衣，或是以 99.9 元的价格获取一款户外露营睡袋。迪卡侬能够提供高性价比产品的原因之一是几乎不做广告营销，同时在产品质量和控制方面实施严格的成本管理。

自 1986 年起，迪卡侬开始自主研发品牌产品，通过设计、开发、生产和销售一体化的经营模式，为低价销售提供支持。为了有效控制成本，迪卡侬采取了先定价后生产的模式，面向成本进行设计，并尽可能地使用标准化原材料，通过标准化和模块化设计降低生产成本。

迪卡侬之所以能在众多户外运动品牌中脱颖而出，不仅得益于其完整的供应链，还归功于其对市场的深刻洞察、稳定的商品定价，以及具有竞争力的成本控制策略。这些因素共同推动了迪卡侬品牌的快速崛起。

（资料参考：https://m.thepaper.cn/baijiahao_20859931.）

课后思考题

1. 什么是顾客感知价值？请描述顾客感知价值在营销中的作用和重要性。
2. 商业模式对于顾客价值有何影响？请举例说明。
3. 请简述互联网时代下的顾客感知价值方式有哪些新的变化和挑战。

实训案例

精准营销——定制家居实训案例

案例概要：

本实训案例旨在探索如何将定制家居企业从单一产品模式转变为"定制家居＋软装家具＋艺术品"多品类的销售模式，以提升品牌影响力和市场份额。调查重点在于了解消费者需求、挖掘潜在消费人群，并据此制定市场竞争发展策略。

实训知识点 1：

维护客户关系：通过深入的问卷调查和数据分析，本案例不仅揭示了现有消费者的购买偏好和行为模式，还对潜在消费者进行了细致的洞察。这些洞察为企业提供了有力的客户关系管理工具，如个性化产品推荐和更有效的市场定位。

精准营销：数据分析揭示了影响消费者的购买意愿和满意度的关键因素，如购买偏好、价格敏感度、设计要求等。基于这些发现，企业可以制定更为精准的营销策略，包括产品优化、价格策略和服务创新，以更好地满足消费者的需求。

数据分析与实训操作 1：

学员可以通过平台分享的数据进行实际的数据分析与操作练习，可以学到相关和回归分析方法。培养学员的数据分析能力和市场策划能力，为职业发展提供宝贵的实践经验。

实训知识点 2：

顾客感知价值：着重探讨培育钻石对消费者的感知价值，包括专业机构检测认证、品牌知名度、服务质量、线下门店环境等因素，从而识别影响购买决策的关键因素。

商业模式：分析该集团公司的商业模式，深入了解其如何整合地质勘探、矿山开采、产品销售等环节，构建完整的培育钻石产业链，为市场开发提供战略支持。

价值传递方式：探讨如何通过证书认证、品牌推广、服务质量等方式向消费者传递培育钻石的价值观，从而建立消费者对培育钻石的信任和认同。

客户关系维护：强调与消费者的关系维护策略，包括售前、售中、售后服务，提高整体服务质量，以促进客户忠诚度和口碑传播。

精准营销：分析该集团公司的精准营销策略，从消费者调查、问卷分析、聚类分析、相关分析、逻辑回归、随机森林模型等多个角度出发，制定有针对性的市场推广策略。

数据分析与实训操作 2：

学员可通过教学实训平台的实际数据进行操作练习。使用数据平台分享的问卷、消费者调查数据，学员能进行描述性统计分析、聚类分析、相关分析、回归分析、随机森林模型等实际操作，从而深入理解大数据在市场调研和精准营销中的应用，为其在未来从事市场营销等领域的工作提供实用技能和经验。实训问卷、数据与建模分析可登录教学实训平台（edu.credamo.com）或扫描下方二维码，加入智慧营销课程（在学生端单击"加入课程"，输入加课码：jkm_6015279262177280；教师可以在课程库中搜索该课程并直接导入），在相关章节的实训项目中获取。

8. 顾客价值传递概述

第9章 智慧营销：
顾客价值传递策略

正在袭来的无人零售

零售巨头亚马逊在 2017 年推出使用人工智能技术的线下新型零售商店 Amazon Go，顾客在此商店购买商品无须排队结账，只需要在入口处使用智能手机打开 Amazon Go 应用程序并扫描闸机，在货架上选取商品后可以直接离开商店。

顾客使用智能手机扫描闸机进入店铺的同时，摄像头会进行人脸识别并记录信息。手势识别技术用于判定顾客从货架拿起的商品最终是购买还是观察后放回。货架上的传感器和感应装置记录顾客最终取走商品的种类和数量并把数据实时上传至 Amazon Go 商店系统，顾客可以在 Amazon Go 应用程序中查看自己的消费清单并进行支付。整个购物过程完全由顾客自主完成，不需要与任何工作人员接触。

在传统的线下超市，顾客挑选商品只需要几分钟，但结账可能需要更长时间。Amazon Go 商店免排队结账科技的运用，在极大地提升顾客购物体验的同时，还为顾客节省了许多时间，购物效率大大提高。同时，这种模式还帮助超市节省了大量的人力成本，使更多的资源可以投入到提升服务质量上。

在 2019 年的中国国际智能产业博览会（简称智博会）上，第三代京东无人超市正式亮相，该超市主要运用了商品大数据选择商品、用户画像分析、AI 无感知支付、重力感应、电子价签等高科技，以此分析顾客的偏好并据此调整货架上商品的摆放方式。与以往的扫码支付、刷脸支付等无人超市不同，该超市可实现无感知购物。顾客只需要通过微信小程序开通免密支付等功能，扫码进入超市、挑选货品后，直接从结算通道走出超市，系统可以自动完成支付。在整个购物过程中顾客都没有经历结算和付款过程，这为顾客带来了全新的购物体验。

与此同时，智能售货机在国内发展迅速。火车站、地铁站、商场、学校的教学楼、公司等随处可见的智能售货机让顾客能够随时随地购买饮用水、零食等物品，为他们的生活提供了便利。智能售货机运用反向O2O模式，这是它与普通自助售货机最大的不同点。顾客在购买商品时，不仅可以用现金支付，还可以用支付宝、微信进行支付，为有不同支付习惯的顾客提供了多种支付方式的选择。智能售货机真正实现了"不使用现金，线上下单，线下取货"的便捷自助式营销。2022年，中国自助售货机市场规模已经达到289.08亿元，智能售货机已经成为无人零售的重要组成部分。

无人货架同样是无人零售的新形式，在许多公司中变得日益常见。将放满商品的货架放在办公室中，员工可以自己选购商品并自助扫码付款。无人货架的出现，为公司的员工带来了极大的方便，并成功地将他们的消费需求转化为了实际的消费行为。

目前，线下渠道仍然是顾客消费的主要方式。当顾客在线下渠道购买商品时，不只是为了物质利益而支付，同时也付出并收获与之相关的人际互动。线下渠道中的社交互动也是许多顾客依然选择去实体店购物的主要动机，而当无人零售店大规模进入线下渠道时，快捷的购物体验将会驱使顾客接受它。

顾客价值（Customer Value）是指顾客在购买和使用某种产品或服务的过程中，所获得的利益与所付出的成本之间的差额，即顾客所获得的利益与支付的成本之间的比较。当所获利益小于支出成本时，顾客会感到物无所值；当所获利益等于支出成本时，顾客会感到物有所值；当所获利益大于支出成本时，顾客会感到物超所值。因此顾客价值是衡量消费者决定是否购买企业提供的产品或服务的重要指标，也是企业在市场竞争中获取优势的关键因素。

Amazon Go通过无缝购物流程、免结账购物、个性化服务、实时数据分析等零售方式为顾客节省购物时间，提高了便利性和购物效率，使顾客认为其所获利益大于其支出成本，向顾客传递了价值。这些创新做法不仅为顾客带来了便利和满意的购物体验，也为零售业的未来发展趋势提供了新的思路。创造和传递价值是品牌价值体系运行的"任督二脉"，把两者打通并形成闭环是品牌制胜的不二法则。如何将企业价值传递给顾客是十分重要的营销目的，本章将主要讨论顾客价值的传递。

（资料参考：https://c.m.163.com/news/a/IDPNFSLP0552SV13.html。）

9.1 顾客价值传递的过程

9.1.1 顾客价值传递的步骤

价值传递贯穿了顾客购买和使用商品的整个过程,它主要通过以下三个步骤实现。

1. 制定顾客价值传递策略

顾客价值的概念是顾客价值传递策略的中心,是管理者通过向目标顾客提供产品并在使用情境中产生的利益结果。例如,一个运动游艇的制造者可能将它的价值概念定义为:"游艇使用者能够在使用游艇的时候增强自豪感并获得安全感。同时,游艇在水中活动的范围能够尽量满足使用者的需求。"这包含了三种价值属性——自豪、安全和游艇活动的范围。这三种价值属性总结了一系列目标顾客期望得到的比较特殊的结果及与船有关的其他属性。不同的顾客对于相同的产品可能有不同的需求,并且想要得到的价值也不一定相同。商家要想把价值传递给顾客,需要根据顾客的个性化需求及企业自身的经营状况制定合理的价值传递策略,最大化地满足更多顾客的需求。

价值概念的界定会影响品牌在顾客心中的形象,因而品牌的价值是顾客是否选择该品牌的重要影响因素。所以,企业应制定前后一致的品牌价值提升策略。例如,谁负责创造品牌的价值概念,怎样形成统一的观点?企业怎样才能保证负责人共享顾客价值方面的知识?哪些程序和工具(如头脑风暴法、价值产品匹配练习)对于创新是最有效的?企业的内部应该如何分工,才能最大化地发挥企业的优势?企业在制定顾客价值传递策略时,需要回答这些问题。企业只有保证拥有了完整的营销策略和相应的人员、安排及计划后,才可以进入后续的执行阶段。

可以说,消费者需求是营销的前提,企业先要了解消费者需要什么,然后提供符合消费者需求的产品和服务,再以超出顾客预期的方式去满足其需求;数据是企业开展营销的支撑,只有在数据的支持下,企业才能通过现代化的互联网大数据计算追踪顾客的轨迹并分析其特点,进而更精准地服务顾客。消费者需求研究的核心在于顾客痛点分析,预测顾客痛点并创造消费者需求。这就要求企业必须了解顾客,对其行为模式进行建模,对现有的产品质量、服务流程、渠道环节进行分析研究,获取消费者实际体验和痛点之间的深层次逻辑——企业在了解消费者需求的基础上要预测消费者需求。消费者需求并不是一成不变的,而是动态的、随时间推移不断变化的。因此,企业需要利用互联网、大数据等技术,通过顾客的购物行为、消费情况等数据来掌握和预测消费者需求的变化。企业在拥有了一定的市场地位后,还要创造消费者需求,引领消费者需求变化。企业可以通过社交媒体平台、KOL引领等方式来获取和创造消费者需求。

企业了解了消费者需求之后,就面临着如何恰当地传递企业产品信息的问题。价值传递是连接企业产品与消费者需求之间的桥梁。然而,价值传递也面临着如何正确传递价值等问题。在售前阶段,企业进行价值传递的目的是实现销售和短期盈利;在售后阶段,企业进行价值传递的目的则是为顾客提供售后服务,与顾客保持沟通,进而最终留住顾客并获取长远价值,以提升企业的利润。价值传递是营销活动中最重要的一环。顾客会遇到不同企业的具有相同或类似功能的产品,当面对大同小异的产品时,顾客会如何选择?企业如何使自家的产品脱颖而出,让顾客主动购买?这正是企业价值传递面临的难题。

企业进行销售的目的并不是要满足所有的消费者需求,而是满足与自家产品最为匹配的需求,用最少的营销成本获得最大化的顾客价值。所以,企业进行无区别的广告覆盖是存在极大的浪费的。因此,企业要准确把握市场定位,根据目标顾客的需求进行精准营销。企业要尽最大可能地收集顾客信息,对顾客需要的产品进行细分,辨别出一部分最适合自家产品的顾客,同时根据消费者需求调整或开发新的产品,提高市场占有率,扩大销售规模。

2. 实施顾客价值传递策略

策略制定之后需要正确实施才能发挥其价值,所以实施顾客价值传递策略在价值传递中十分重要。策略的实施包括特定的市场分析、产品和过程设计、销售产品和技术服务。市场分析应该重视消费者需求、顾客所愿意支付的成本和顾客的消费能力等可量化的数据,这对营销的精准开展至关重要。此外,工作人员还应该及时与顾客沟通,对顾客信息进行不断更新。通过这四个方面的分析更加全面地获取消费者需求。产品和过程设计需要商家根据市场分析的结果,设计出能够最大限度地满足消费者需求的产品,更好地将价值传递给顾客。产品销售需要商家通过合理的促销手段对产品进行推销,包括广告、优惠政策等方式,吸引顾客购买产品。技术服务需要对顾客提供现场的帮助和指导,当顾客对产品存在疑虑时,需要专业的服务人员解决顾客的问题。只有实施价值传递策略,才能够将理论付诸实践,从而真正达到将价值传递给顾客的目的。

3. 跟踪顾客价值传递的表现

获取顾客的反馈能够确保商家制定的价值传递策略为顾客创造价值并为自己盈利。策略执行后如果不针对顾客的反馈进行调整,价值传递的效果就会大打折扣。企业只有了解顾客价值传递的表现,才能判断当前的价值传递策略是否合理,若与预期有所偏差,企业应及时地调整策略。跟踪顾客价值传递的表现的核心是测评,商家需要明白自己传递给顾客的价值是否满足了顾客的期望。如果满足,则继续施行之前的价值传递策略;如果没有满足,则需要识别顾客的期望出现了哪些变动,以及自己的策略是在制定环节还是实施环节出了问题,并及时改正问题,不断调整策略。同时,通过顾客的反馈,企业能够获得丰富的顾客数据。对此数据进行深入的分析和挖掘,企业能够更全面地获取消费者需求,对顾客进行精准的画像,以便更好地传递顾客价值。获取顾客反馈这一活动要持续进行,因为消费者需求是动态变化的,企业无法预测消费者需求何时发生变化,某一价值传递策略可能在某一时刻表现良好而在另一时刻不适用。只有及时获取顾客的反馈，企业才能不断调整自己的策略。

9.1.2 顾客服务价值链

研究顾客价值传递模式是为了实现以顾客为中心的目标，建立起反映消费者需求的服务价值链。建立此价值链需要从以下的三个方面入手。

1）深入洞察、全面管理消费者需求。洞察消费者需求要求企业建立顾客信息数据库并对顾客的需求信息进行深入分析与挖掘。全面管理消费者需求要求企业根据所获得的消费者需求进行分类，针对相近的需求开发同一产品，节省开发成本、提高开发效率。例如，护肤品品牌旗下有众多功效不同的产品，满足了不同顾客的最大化需求。对于顾客想要达到的"皮肤水嫩""补水保湿""不紧绷"等效果，企业可以通过研发一款具有能够提升皮肤水分含量的新产品来满足这三个类似的需求。同时，企业可以在满足消费者需求的基础上，力求开发出让顾客获得超出他们预期的产品，获得更好的使用体验。

2）建立由外向内、跨服务层级的顾客价值传递机制。当企业了解了顾客的需求之后，应为企业内部的各个部门设计不同的服务要求，每个部门负责不同的工作，发挥各个部门的长处。无论是 CEO 还是基层员工，无论是设计部门还是市场部门，都不能脱离顾客价值传递链，都要从各自的角度了解顾客的需求，而不是将所有顾客与公司内部人员的沟通全部推给产品经理。在 B2B 企业中，所有人员都是销售人员，而 CEO 是最强大的销售人员；在 B2C 企业中，人人都是产品经理，而 CEO 是最强大的产品经理。作为顾客价值传递链的组成部分，企业里每个人都肩负着传递价值给顾客的重任，而每个部门根据职能的不同，传递的价值角度、侧重点也不尽相同。例如，研发部门更侧重科技价值传递，产品部门更注重使用效果的价值传递等。

3）建立以顾客价值为导向的、覆盖各服务层级的服务评价机制。基于已经建立的顾客价值传递链及顾客价值需求，企业应建立完整的服务评价机制，通过调研顾客对服务的评价，获取顾客价值传递的效果，发扬已有的优点并针对存在的问题进行改进，不断提升自己的服务质量。将商品卖给顾客并不是终点，好的营销还应该在卖出产品后，把关注点放在收集使用反馈并且不断完善、优化产品上。这样形成的服务评价机制使得营销链条是一个完整的闭环，它也是顾客传递其体验价值的重要渠道，有助于不断实现产品迭代与更新。

9.2 顾客价值传递策略

在营销渠道构建完毕后，企业便应思考如何布置具体的营销战术去实现产品或服务的销售，向目标顾客传递信息与价值，在实现盈利的同时提高顾客对企业和品牌的认知度。通过媒介传播打造品牌，逐步提升顾客对品牌的认知度、美誉度、忠诚度，并且在品牌不断升级的过程中，及时有效地将信息传递给受众群体。无论是广告投放、企业自媒体，还是终端店面，都是品牌价值传播的重要媒介。畅通的传播渠道能够实现品牌价值的放大效应，而传播渠道的不畅通则会使品牌价值大打折扣。因此，传播渠道在营销中十分重要。

9.2.1 品牌传递价值

品牌在顾客心中的形象对顾客是否购买该品牌的产品有着十分重要的影响。当一个品牌的知名度和美誉度很高的时候，顾客便容易信任此品牌，也更乐意购买此品牌的商品。如果品牌能够向顾客传递价值，就会得到顾客的青睐。

1) 品牌会使顾客的决策过程变得更加容易。肯德基是著名的全球连锁餐饮品牌，它以实惠的价格、优质的服务、干净的用餐环境及方便快捷的用餐体验吸引了众多顾客。很多人会在出差的时候选择肯德基作为工作餐，因为他们知道肯德基能够为自己提供什么。这为他们带来了方便，他们不需要花费大量的时间去选择餐厅。因此，肯德基减少了顾客外出就餐时的决策成本，品牌为顾客带来了便利。

2) 顾客不能轻易地鉴别多数产品的品质。例如，顾客在选购汽车的时候，由于对汽车没有真实的长期驾驶体验，而难以鉴别不同品牌汽车的品质，因此他们往往更倾向于以自己能承受的最高价格去购买知名品牌的汽车；在购买化妆品、酒水等商品时也是如此，顾客在无法鉴别品质的时候往往倾向于购买知名品牌的产品。顾客认为，购买知名品牌的产品，买到劣质产品的风险会降低，因为企业想要维护其品牌的价值，企业明白品牌价值的降低会给企业带来严重的损失。品牌此时的作用是降低风险。

3) 品牌的价格代表其价值。就某些产品而言，一个简单的事实就是：产品越贵，对拥有者而言越有价值的。一些人选购奢侈品牌就是出于这种原因。他们认为穿戴奢侈品牌的服装和配饰能够显示自己拥有财富，这为他们带来了极大的满足感。此时，品牌就为顾客传递了所需的价值。

4) 认知创造现实。当顾客使用他们认为很贵的护肤品时，他们认为效果比廉价的护肤品更好；当顾客认为自己穿着的衣服比较昂贵时，他们认为自己更有气质，从而更有自信；当顾客认为自己喝的咖啡很贵时，他们认为咖啡的味道更加香醇。在这种情况下，认知创造现实，品牌创造实践。品牌帮助了顾客，才能最终帮助企业。换句话说，品牌得到了顾客的认可，满足了顾客的期望，为顾客传递了价值，才能帮助企业盈利。企业要知道，摧毁品牌比树立品牌容易得多，而保护品牌，品牌也会反过来保护企业。保护品牌价值的重要性不言而喻，企业应该在这方面加大人力和财力的投入。否则，一旦品牌的形象在顾客心中崩塌，很难再挽回局面，而重塑品牌价值所付出的成本代价将是维持品牌的数倍之多。

9.2.2 企业文化价值传递

在全球 5G 市场中，中国科技公司华为名列前茅。截至 2022 年年末，在全球 5G 必要专利族数占比排名中，华为以 14.59% 的份额位居全球第一，远超高通、爱立信和诺基亚。在十分不利的国际贸易形势下，华为不仅生存下来了，而且更加强大，成为全球 5G 领域的领导者，依靠的正是华为全体员工自强不息、团结合作、坚持艰苦奋斗、坚信产业报国、坚信华为可以让世界更美好的企业文化。

华为规定，新员工报到之后需要接受 180 天的培训。除了基本的业务技能培训，华为更注重培养员工艰苦奋斗、团结合作的精神。华为创始人任正非在给新员工的一封信中写道："华为公司共同的价值体系就是要建立一种为世界、为社会、为祖国做出贡献的企业文化，该企业文化黏合全体员工团结合作，走群体奋斗的道路。"任正非还说，公司要求每一个员工，要热爱自己的祖国，热爱我们这个刚刚开始振兴的民族，只有背负着民族的希望，才能无怨无悔地进行艰苦的搏击。任正非认为，物质资源终会枯竭，唯有文化才能生生不息，才能支撑高新技术企业持续发展，华为的企业文化就是奋斗文化。

华为的每个新员工在入职培训的时候都要学习华为的企业文化，这种文化会逐渐根植于员工思想的最深处，华为员工坚信自己以产业报国，坚信自己可以让世界更美好。这种文化使华为人有着崇高的理想信念，在面对任何艰难险阻的时候都有信仰的支撑。这种文化不可谓不强大。

华为的企业文化不仅可以使员工在面临困难的时候迎难而上，决不放弃。在平时的销售工作中，华为人根植于脑海深处的"让世界更美好"的信念，使他们始终为顾客提供最适合的服务。这种理念下的销售不再是为了销售而销售，它更有利于培养与顾客的长期关系，赢得顾客的信任，获取顾客的终生价值。

1. 塑造企业文化

在公司规模不大、人员不多的时候，企业文化的重要性并不会凸显。但是，企业规模越大，企业文化就越重要。因此，每一个优秀的企业都必须塑造自身文化，根据自身所处的行业、自身发展的长远目标来逐步建立自身文化。企业文化根植于企业发展的历史进程中，企业文化成长于企业所经历的每一次困难之中，企业要不断总结自身发展过程中的精神文化，积极吸取其他优秀企业所拥有、适合本企业的文化，并在实践中全员参与，由领导带头，积极践行，使企业文化不断丰满、成熟。

塑造企业文化要以人为本，全员参与。要牢固树立以人为本的思想，坚持全心全意依靠员工办企业的方针，尊重劳动、尊重知识、尊重人才、尊重创造，用美好的愿景鼓舞人，用宏伟的事业凝聚人，用科学的机制激励人，用优美的环境熏陶人。积极完善员工发展平台，提供员工发展机会，开发人力资源，挖掘员工潜能，增强员工的主人翁意识和社会责任感，激发员工的积极性、创造性和团队精神，实现员工价值与企业蓬勃发展的有机统一。坚持为增强综合国力做贡献，为社会提供优质商品和优良服务，妥善处理各方面的利益关系，践行报效祖国、服务社会、回报股东、关爱员工的和谐一致的理念。在企业文化建设过程中，要坚持把领导者的主导作用与全体员工的主体作用紧密结合。尊重员工的首创精神，在统一领导下，有步骤地发动员工广泛参与，从基层文化抓起，集思广益，群策群力，全员共建。努力使广大员工在主动参与中了解企业文化建设的内容，认同企业的核心理念，形成上下同心、共谋发展的良好氛围。

华为的企业文化来源于其艰苦的创业历程，以及在这个历程中无数的华为人披星戴月、艰苦奋斗的精神。1987年，华为刚刚成立的时候，国内通信市场被国外企业占据，华为通过"农村包围城市"的战略，先攻占基层市场，然后向城市进军，最终成长起来。在这一进程中，无数华为人付出了努力，他们艰苦奋斗、牺牲自我，为中国通信事业的发展立下了汗马功劳，形成了华为特有的"床垫文化""不穿红鞋子文化"等。华为的企业文化不断激励着一代又一代华为人奋勇前进。

2. 传递企业文化

企业文化的传递分为两部分：一部分是企业把自身的文化传递给企业的员工；另一部分则是员工在内心深处认同企业文化之后，再把企业文化传递给顾客，这一过程包含在企业把产品价值传递给顾客的过程之中。企业员工交付企业产品，实质上就是在向顾客传递一个企业的文化内核。

正如任正非所说，只有企业文化才能支撑科技企业的发展。科技企业与传统的制造业及资源密集型企业不同，后者只要有资源就可以生存下去，资源是企业的核心资产。资源是有限的，世界对资源的需求是永无止境的，因此只要企业能够控制相当数量的资源，在资源耗尽之前，就可以一直生存下去。与后者不同的是，前者的核心资源是人才，而人是会受各种因素影响的。要把人团结起来应对各种各样的挑战，就要以金钱为基础，在金钱之上必须依靠企业文化，也只能依靠企业文化，因为企业文化是形成企业内部凝聚力的核心。

企业要把企业文化传递给新员工，把企业文化传承下去，并且在发展过程中不断丰富和完善企业文化，使其成为企业生存发展的支撑。大多数成功的企业都会在员工入职的时候对其进行培训，对其灌输企业文化。此后，在日常工作中通过实践不断强化员工对企业文化的认知和认同。当新员工从内心深处真正认同这家企业的时候，才真正称得上是企业的一员。

华为对新员工的培训可谓相当完善。新员工入职要培训180天。在这180天里，公司会对新员工进行系统的通信理论培训，让新员工参与通信设备修理和安装。此外，最为重要的是对员工进行全面的企业文化灌输。如果不能真正认同华为的企业文化，是很难在这个组织中生存下去的。在180天的集中培训之后，华为的新员工会有半年的实践期。处于实践期的员工会被派遣到各个城市参加初步的工作，参与公司业务，在实践中感受企业文化，加深对企业文化的认同。

华为通过培训把企业文化传递给员工，通过金钱激励加强员工对企业文化的认同。正是在这种氛围中，华为形成了以顾客为中心、坚持艰苦奋斗的企业文化。

华为向员工传递了这种企业文化，员工在为顾客服务的时候会自然而然地受到企业文化的影响，从顾客角度出发，为顾客提供最优的产品和服务，并积极帮助顾客解决在产品生命周期中遇到的各种问题，维持与顾客的长期关系，进而获取顾客的终生价值。这也是向顾客传递华为的产品和服务价值的过程。

9.2.3 营销要素价值传递

1960 年，密西根大学教授杰罗姆·麦卡锡（Jerome McCarthy）提出 4P 理论。4P 指的是产品（Product）、价格（Price）、渠道（Place）和促销（Promotion）四个要素。麦卡锡把复杂多样的营销简化为这四个要素，为营销理论的发展做出了重要贡献。我们分析这四个要素，发现它们都和价值传递有着千丝万缕的联系。

1. 通过产品传递价值

4P 理论中的产品指的是商业的核心产品及其他产品，包括实体产品及非实体的服务等，也就是企业所销售的东西。传统意义上的"产品与服务"中的服务指的是作为商品出售的服务本身，而非销售产品之后为了维护产品而进行的服务。对于企业而言，产品是核心，只有提供优质的产品，才能与时俱进、跟得上时代的潮流、跟得上消费者偏好的变化，进而赢得市场、赢得顾客。产品是连接企业与顾客最直接的存在，顾客通过使用产品进而形成对生产制造商的印象，好的印象会促使顾客继续购买该厂商生产的其他商品；企业通过商品向顾客传递信息，树立并维持企业的良好品牌形象。如今，各种产品的更新换代令人眼花缭乱、目不暇接，针对不同顾客推出的个性化产品和服务更是多如牛毛。面对如此激烈的竞争，任何大企业都必须十分重视产品的质量，持续不断地为顾客提供优质产品。

2. 通过定价传递价值

4P 理论中的价格指的是企业出售商品的价格，包括各种价格制定方法，如竞争比较法、成本加成法、目标利润法等。无论如何定价，价格都传递着商品或服务的信息，"质优价高，质劣价低"是总体原则。例如，苹果公司生产的带有 iOS 操作系统的手机价格普遍高于其他公司生产的带有安卓系统的手机价格，除了苹果的品牌效应外，更多的是因为苹果手机的质量更好。安卓手机使用一段时间后有可能会出现卡顿现象，而苹果手机很少出现这样的情况。此外，针对偏好不同的顾客，个性化的服务要比通行服务价格更高，但个性化的商品也不一定价优质良。依然以手机为例，同一品牌同一型号的手机往往会根据颜色的不同收取差别价格，这个差别从几十元到几百元不等，仅仅根据不同的颜色就收取不同的费用，依靠的正是个性化的服务。总有一部分顾客喜欢某种特定的颜色，对于他们来说，自己有意愿并且有能力支付超额的价格选择喜欢的颜色。因此，他们就会为获得心仪的颜色而付出更多的金钱。

3. 通过渠道传递价值

4P 理论中的渠道指的是企业把产品销售给顾客的过程中所穿插的一系列中间环节。

传统的制造业产品从制造者流通到顾客手中通常需要经历代理商（甚至有不同层级）、批发商、零售商等中间环节，每一层中转都会提高一部分价格，层级过多的话就会使得商品的价格大大高于出厂价格，甚至是出厂价格的数倍。如今，随着跨境电商的发展，越来越多的企业开始尝试直销模式，希望通过减少中间环节，以更低的价格来争夺市场份额。主打"没有中间商赚差价"的瓜子二手车直卖网，专注于推动国内个人二手车市场的发展，是直接面向二手车买卖双方的交易服务平台，在促成二手车成交的过程中，省去了中间环节（中介、车商等），以互联网连接买家和卖家，减少中间商赚差价的情况，给买卖双方留出了更多利益空间。

除了线下渠道，还有线上的传播渠道——互联网。互联网目标是"分享＋价值＋传递"。

互联网的意义在于内容的分享与传递。然而，伴随着互联网平台信息量和交易量的疯狂增长，用户满意度却在不断下降，这使互联网价值传递陷入繁荣的困境之中。中国互联网的繁荣伴随着电商的快速发展，电商是互联网价值传递的主要推动者，也是互联网在商业领域的主要运用者。相对于传统商业而言，互联网在价值传递方面具有无与伦比的优势。尤其是随着智能手机、社交网络、移动支付的兴起，互联网在网络购物方面展现出前所未有的优势。淘宝等电商平台抓住机遇，应运而生，乘势而起，取得了巨大的成功。

价值传递的难点在于价值判断。互联网提供了海量的信息，但其中包括了大量的垃圾信息、无效信息和虚假信息，这就使价值判断成为信息处理的核心环节。价值判断，首先要对海量的网络数据进行价值判断，选取最有价值的信息。目前，进行价值判断需要解决的两个问题是资源的稀缺性与判断标准如何确定。从互联网平台上精选出最有价值的信息，以大众偏好的群体角度作为筛选的依据，这对互联网资源来说是巨大的浪费。价值判断的标准需要更加宏观，并且要尽可能减少干扰判断的要素，要对顾客有利而非对平台和信息提供者有利，传递价值才会有意义。

互联网的发展催生了网络社群的繁荣。目前，网络社群真正的价值在于连接，不仅是在资源和经济上的连接，还有在情感与价值上的连接与交流。门户网站是最早的价值传递平台，如今已经被智能媒体与分众媒体取代。例如，今日头条的核心就是价值连接，它为用户提供定制化的信息，通过大数据分析为用户提供个性化服务内容，从而形成专属的价值连接。价值连接的逻辑与现行的互联网平台差异较大，它不做平台也不做价值传递，而是利用智能方法帮助用户进行价值判断，进而形成价值连接，它的本质是用智能连接代替平台传递。价值连接是一种跨时间连接、无缝隙连接、无付费连接。要实现价值连接这一智能程序，需要定位技术、需求识别、智能搜索、智能连接技术的支持。

4. 通过沟通与促销传递价值

过去4P理论强调产品、价格、渠道、促销，其中促销包含广告、公共关系、营业推广、直效营销和人员直销。后来4P理论演变为3P＋C，即产品、价格、渠道和沟通

（或信息），沟通在营销要素中包括广告和公共关系。企业可以使用这些组合工具来传递价值并建立客户关系。

广告是对企业形象、理念、品牌、产品和服务进行非人员的展示和促销，而互联网时代的广告通过提取转发评论、留言和弹幕互动等实现一定程度的"双向沟通"，便于企业获取不愿意主动反馈的顾客的意见和信息。广告能够让顾客了解产品的优点与用途，激发顾客购买产品的欲望，并且企业如果想要上市新的产品，广告是让它被大众了解的较为快速的传播途径。公共关系关注与各方公众建立良好的关系，而互联网让企业的正面和负面信息在短时间内迅速扩散。企业不应该盲目追求短期销售量的增加，而应该树立一个正面的企业形象，使公司拥有良好的信誉，从而获得长远的利益。

现代互联网社交情境下的营销要求企业与顾客保持动态沟通。动态沟通是一种实时的、双向的信息交换方式。传统的沟通是通过见面交流、电话咨询的方式进行的，这种沟通方式存在诸多问题，如沟通本身存在一定的时间、经济成本；沟通是一对一的、静态的；沟通难以得到实时的、积极的反馈，顾客难以了解问题处理进程、解决进度；沟通形式单一，往往只通过语音、图片等方式了解产品，缺乏实际体验；沟通效率低下，会使企业产生极大的成本，不利于企业提升服务效率；沟通局限于企业与顾客之间，而顾客与顾客之间的沟通几乎不存在……随着移动互联网社交媒体的发展，现代化的动态沟通更为快捷、方便、立体化、效率高、形式多样、反馈明晰等。科技使得沟通不再昂贵，随时随地都可以开启沟通与互动，这种双向的、动态的沟通使效率大幅提升。沟通形式越多样，顾客对产品的了解就越深刻，而其他已经购买产品的顾客的评价让顾客之间被动地建立起了桥梁。值得企业重视的是，已购买产品或服务的顾客评价对其他有意向但未购买的顾客的决策有着重要的影响，好的评价会促使其他顾客购买，而表示产品有瑕疵、体验感不佳的评价会使其他顾客失去购买的意愿。

激烈的竞争使企业在向目标顾客进行价值传递时，需要保持动态的沟通。企业要做好随时响应消费者需求的准备，随时准备为顾客解决问题，回答顾客提出的疑问，解除顾客的疑虑，为顾客提供细致的服务，赢得顾客的信赖，获取顾客的"好评"，进而留住顾客，获取长远利益。

社交网络的发展使产品的口碑越来越重要，动态沟通也并不仅仅是指企业向顾客传递信息，还涉及如何正确引导顾客之间、顾客与潜在顾客之间的沟通交流。面对出现不利于企业或产品的有较大影响力的言论，企业如何开展沟通、消除影响，是决定产品成功与否、企业能否存续的关键。以《流浪地球》和《上海堡垒》两部电影为例。

《流浪地球》上映之前的宣传并没有引起多大反响，很多人甚至不知道有这样一部影片，然而电影上映第一天就好评如潮，看过的观众很多会在社交媒体上发表积极的评论，认为《流浪地球》这部电影意味着中国科幻电影元年的到来，标志着中国科幻电影的崛起。在网络口碑效应的影响下，无数观众前往电影院观看《流浪地球》取得了远超预期的成功，位居中国电影票房排行榜第二名，投资收益非常可观。反观《上海堡垒》，同样是科幻电影、同样的宣传方式,甚至演员阵容及其流量更大,上映第一天票房有 8000 多万元,第二天票房就跌到了 1000 多万元。究其原因,第一天观看的观众差评如流,使原本计划前往观影的观众纷纷放弃了观看这部影片。电影的拍摄同样需要和观众保持动态的沟通,观众对电影的评价决定了一部电影的成功与否。

顾客每天都会被各种不同来源(传单、电话、信息、邮件、App 推送、网页弹窗广告等)的信息轰炸,但顾客很少主动分辨各类信息的来源,而是无形中将来自不同途径的商业信息整合成关于企业形象或品牌的唯一信息或判定结果。一旦不同来源的信息产生互相矛盾的情况时,顾客将会对企业形象和品牌等产生困惑,进而形成对企业的负面印象。信息大杂烩难免让顾客"不知其味",而企业则需要把不同渠道的信息整合在一起,找出顾客可能接触到企业形象和品牌的所有接触点,在每次接触时都向顾客传递一致、清晰、令人信服的企业形象和品牌信息,从而树立一个无歧义的、完整的企业形象。

营业推广包括折扣、优惠券、销售推广、现场展示等方式。营业推广是企业为顾客传递价值的有效手段,它需要企业制订完整的推广计划,迎合顾客的购物心理,吸引更多的顾客购买产品。在进行推广活动之前,企业应在内部制定统一的方案,向顾客传递一个清晰、一致、正面的企业形象。企业通过推广活动提供短期激励以刺激产品或服务的销售,场景营销更是强调让推广变得即时可用。当顾客走进一家购物中心并接入无线网络后,购物中心可以第一时间向顾客的手机推送当前的推广信息,而不是像之前需要海报宣传或者顾客自行发现信息那样。在线推送推广信息既节约了顾客的时间,又可以让商家实现定向推送,从而提高了营销效率。

人员直销是指企业的销售人员以实现销售或建立客户关系为目的直接做产品或服务的展示,虽然互联网渠道更加方便,但人员销售带来的社交体验仍是无法替代的环节,工作人员与顾客的直接接触能够为顾客带来更好的社交体验,同时,优秀的销售人员也可以为企业收集顾客信息并更加灵活地传递企业价值。直效营销则是直接与顾客建立关系,及时对顾客的需求做出反馈。互联网渠道让直销的优势发挥到了极致,特别是涉及个性化的消费,顾客根据自身需求自由选择,在享受便捷服务的同时可以更加关注企业和品牌所传递的价值。

乐高——始终如一的传播创造力

被人熟知的乐高品牌 LEGO,源于 1934 年,由丹麦比隆小镇的木匠奥勒·基奥克所创立。最初,乐高生产的是木制玩具。品牌名"LEGO"源自丹麦语"Leg Godt",意味着"玩得好",这在拉丁语中也有"构建与堆砌"的含义。

每盒乐高积木的包装上都印有"启迪和培养未来的建设者"这一承诺,鼓励孩子们发挥想象力,自由组合积木,这不仅为他们带来了乐趣,也锻炼了动手能力。

乐高的成功得益于其卓越的品质。一方面，每块乐高积木都带有品牌标志，保持了一致的兼容性，即使生产周期不同。乐高不通过改变尺寸来强迫消费者更新产品，而是通过统一的制造标准，让消费者享受不断为自己的乐高世界注入新活力的体验。另一方面，乐高产品线丰富多样，包括针对低龄儿童的 Duplo 系列、针对普通儿童的经典创意系列、城市系列、迪士尼公主系列等，以及蕴含东方元素的气功传奇系列、幻影忍者系列和科幻题材的生化战士系列，还有面向成人的高阶机械组系列和建筑系列。此外，乐高还与《星球大战》《哈利·波特》，以及 DC 和漫威等热门 IP 合作，推出粉丝定制产品，巩固了其全球领先和高端市场的地位。

乐高之所以能取得如今的成就，与其拥有的热情成人粉丝群体密不可分。这些狂热的粉丝热衷于分享他们的乐高创作，将个人的创造力和乐趣传递给更广泛的受众，无形中成为乐高的"民间推广大使"。

随着互联网时代的到来，乐高面临了新的挑战和机遇。曾经有一段时间，乐高对外宣称不接受外部创意，仅依赖内部团队进行产品开发。然而，乐高后来推出了 LEGO Ideas 平台，开放接受广大粉丝的创意投稿。一些广受欢迎的产品，如 NASA 阿波罗土星五号模型、皮克斯动画中的机器人 WALL-E，以及社交媒体上的热门《生活大爆炸》乐高版，都是源自这个平台。LEGO Ideas 平台让所有人都可以在线提交创意并接受公众投票，一旦在规定时间内获得 1 万票支持，这些作品就可能被乐高官方设计师注意到。经过完善和商业化评估后，这些创意最终可能作为官方乐高 IDEAS 系列上市，并且原创作者还会得到 1% 的销售奖励。目前，已有 21 套通过这一平台推出的项目面市。

(资料参考：https://ideas.lego.com/.)

9.3 顾客价值传递的困难

企业希望将价值完整地传递给顾客，但是来自企业内部结构和顾客自身认知的双重障碍使顾客价值传递变得复杂，企业难以完整地传递价值。企业和顾客沟通的本质是使顾客得到完全的顾客价值，即得到相关产品价值、服务价值、成本价值和个性化价值。这些价值也就是企业需要传递给顾客的价值。企业的组织管理方式需要进行重要的变革，才能在顾客价值方面的高层次竞争中胜出。一些无意中形成的障碍使很多企业难以从一种内部结构向另一种能鼓励更好的顾客价值传递的结构转化，较为普遍的有企业观念、组织程序和管理学习障碍。企业只有识别并超越这些障碍，才能向顾客传递更完整的价值。

9.3.1 企业观念

企业观念所带来的障碍是企业最难克服的障碍，这些障碍往往不易被企业直接看到。但是，在企业的管理者进一步了解顾客价值的过程中，那些看不到的障碍就会显现出来。

例如，"我已经知道我的顾客希望什么""我没有时间做全面的调查"等反映出，企业缺乏对顾客价值学习效果的认识或缺乏对顾客学习和作为回报的反馈信息之间关系的理解。此时，企业观念的障碍便是阻碍企业传递顾客价值的重要因素。

企业在营销过程中主要考虑如何把最好的产品和服务提供给顾客，而忽视了顾客的期望。当竞争市场中存在深度挖掘顾客期望的企业时，只考虑顾客当下需求的企业就会处于劣势。例如，顾客的需求是有一辆能够安全、快速到达目的地的汽车。有些企业只满足了顾客当前的需求，而一些满足顾客期望的企业会生产出具有安全、快速、舒适、美观、智能操控等优点的汽车。在同等价格下，显然顾客更倾向于购买满足自己期望的汽车。因此，企业观念的障碍，阻碍了企业将价值传递给顾客。

9.3.2 组织程序

每个组织都有被普遍接受的、管理者适应的程序，即使一些程序并没有提高顾客价值传递的竞争力，但是因为标准或偏好，它们仍然被管理者使用。例如，识别消费者需求是很多企业需要解决的问题，一些企业利用头脑风暴法猜测顾客期望的价值。但是这种方法忽视了一个事实——企业内部的人员不善于利用个人经验推测消费者需求，这一程序达不到预期的目的。依靠研究来了解顾客的组织也可能存在程序障碍，它们可能过度依赖熟悉的技术或遵从报告程序，从而阻碍了顾客价值信息向需要它们的管理者流通。例如，企业的管理者要求调研人员将调查结果整理为很短的概要报告，但这不利于传递内容丰富且复杂的顾客价值质化研究结果。事实上，调研人员希望将自己努力的全部结果以一份更详细的资料形式进行传递。然而由于组织程序的障碍，坚持短报告的领导抛弃了大部分资料。他们很有可能错失了很多重要的发现，继续助长他们将决策基于过分简化的顾客模型的倾向。

这就需要组织善于发现固有方法的缺点，不能只被标准和偏好左右自己的选择。组织应该善于打破僵化的程序，不断调整顾客价值传递的策略。随着技术的发展，组织也应该善于利用新的技术，解决之前存在的问题，不断进步。

9.3.3 管理学习

企业只有不断获取新的技能，才能在顾客价值战略竞争中有更卓越的表现。当顾客价值产生新的问题时，企业通过学习才能解决这些问题。企业的领导者可能太专注于原有的做事情的方法，而忽略了那些他们没有注意到的新鲜事物、新工具和新方法。一部分原因可能是难以超越的组织文化，另一部分原因可能仅仅是缺乏研究新问题、新工具、新方法的条件和环境。对于前者，企业短时间内很难改变组织文化，这需要长期的规划；对于时刻可能发生改变的研究新问题、新工具的条件和环境，企业随时可以跟进和更新，只要有相应的人力、财力投入，便可实现与时俱进。随着互联网技术的快速发展，营销的渠道也更加多样化，企业如果不及时学习新知识与技术，便会在竞争中处于劣势，被乐于学习的竞争者甩在身后。

课后思考题

1. 什么是顾客价值传递？请简述其含义、步骤，并解释每个步骤的重要性。
2. 如何运用营销要素进行价值传递？请结合 4P 理论进行说明。
3. 促销在顾客价值传递中起到什么作用？请结合实际案例进行分析。

实训案例

品牌认知与品牌价值传递策略——以某品牌酸奶为例

案例概要：

近年来，我国低温酸奶市场规模逐年扩大，受技术、需求、供给、政策等多方面驱动。在这一发展赛道上，某乳业公司作为中坚力量，面临机遇与挑战。如何抓住市场机会、精准定位目标客群、应对市场考验、提升产品销量，是公司未来发展的关键。通过本实训案例，学员将全面了解某乳业公司在低温酸奶市场开发中的关键问题和挑战，并培养对顾客价值传递的渠道、策略制定和障碍克服等方面的实际操作能力。

实训知识点：

顾客价值传递的渠道：通过分析消费者对品牌、包装和产品的认知，探讨如何通过线上线下渠道，包装设计等方式传递顾客价值，提高品牌认知度和产品销量。

顾客价值传递的策略：分析现有问题，提出品牌 IP 化、产品 IP 化、包装设计升级、线下推广、线上渠道搭建等五个策略方向，以实现企业的需求和目标。

顾客价值传递的障碍：总结调研结果，明确市场潜力和公司面临的障碍，如品牌认知度低、线下门店衰退、包装设计不够吸引年轻群体等，为制定对策提供基础。

数据分析与实训操作：

学员将通过教学实训平台的实际数据进行操作练习。使用数据平台分享问卷和调研数据，学员将进行描述性统计、聚类分析、回归分析等实际操作。通过实际数据的操作分析，将为学员在未来从事市场营销等领域的工作提供实用技能和经验，学习如何提升销量和品牌认知度，吸引年轻消费者。实训问卷、数据与建模分析可登录教学实训平台（edu.credamo.com）或扫描下方二维码，加入"智慧营销"课程（在学生端单击"加入课程"，输入加课码：jkm_6015279262177280；教师可以在课程库中搜索该课程并直接导入），在相关章节的实训项目中获取。

教学实训平台

教学视频

9.顾客价值传递策略

第 10 章 智慧营销：
动态沟通概述

案例引入

时尚奢侈品牌的商业模式创新

随着互联网的迅猛发展，企业营销创新迎来了前所未有的机遇。顾客的价值观念和生活方式的演变带来了新的市场需求。同时，互联网也孕育了电子商务、众包、个性化定制等新兴商业模式，以及微信、微博等成本效益高的传播渠道。这些渠道以其动态互动的特性，为企业提供了获取顾客体验和反馈的最直接途径。英国传统奢侈品牌巴宝莉，便是利用这种动态互动的优势，于 2019 年 9 月与苹果公司合作，推出了一项名为 R Message 的个性化聊天服务。该服务与巴宝莉现有的 iOS 应用程序整合，形成了一个功能更加强大的应用程序平台。

通过 R Message，巴宝莉的店员能够直接向特定顾客发送商品信息，实现即时沟通和互动，从而打造一种创新的奢侈品购物体验。目前，该服务采用定向邀请制，仅限部分门店和顾客体验，待系统运行稳定后，将逐步推广至全球所有巴宝莉门店。

根据 *Vogue Business* 的报道，巴宝莉的全球门店采用了一款名为 R World 的应用程序作为内部库存管理系统。通过 R World，员工可以实时接收公司的动态和最新信息。该应用程序曾获得巴宝莉前 CEO、后来成为苹果零售业务高级副总裁的安吉拉·简·阿伦茨（Angela Jean Ahrendts）的高度评价。

R Message 可视为 R World 对外扩展的一部分，它将巴宝莉的内部库存系统与面向顾客的应用程序相连接，最终实现了顾客"在指定门店预约专属销售顾问，接受个性化商品推荐，并完成购买"的全新购物体验。

在推出 R Message 之前，巴宝莉已经通过应用程序中的 iMessage 商业聊天功能，与顾客进行了一对一的直接沟通。然而，R Message 的功能更为独特，它允许销售人员一次性联系到特定范围内的所有目标顾客，提供更加个性化的服务，而非通过广为人知的通用系统提供标准化服务。这种服务模式类似于奢侈品牌举办的私密晚宴、展览或新品预览会，通常仅邀请忠实顾客参加。通过这种方式，顾客能够感受到品牌的专属尊贵体验。

与传统的奢侈品行业运营思维相比，电子科技行业的运营思维有所不同。尽管两者都面向公众提供产品，但奢侈品行业的核心客户群是具有较高消费能力的消费者。差异化的创新销售模式关注核心顾客的需求，帮助企业维护并持续加强与核心顾客的关系。

R Message 将首先在巴宝莉位于英国曼彻斯特的旗舰店投入使用，并与 Apple Pay 进行整合，打通支付环节，进一步完善整个商业模式的闭环。

（资料参考：https://m.sohu.com/a/338240022_114760?_trans_=010004_pcwzy.）

10.1 动态沟通的内涵

顾客在进行消费时，追求的是一种对自身价值最大化的交易。但是在采取购买行为时，顾客往往对企业的价值信息没有全面的认知，导致不能做出最优选择。如果企业缺少与顾客的沟通，就不能较好地了解顾客对价值的认知程度，也就无从着手解决信息不对称的问题。因此，企业要采取适当的沟通策略，使企业提供的顾客价值和顾客期望的价值趋于一致，并以最低的成本满足顾客最大的需求，达到事半功倍的效果，增强企业的竞争能力。

沟通的作用主要体现在三个方面：一是提供信息，使人了解；二是改变习惯；三是改变态度。最简单的沟通模式是 AIDA，即注意（Attention）：让潜在顾客了解产品和服务的存在；兴趣（Interest）：关于产品和服务存在的信息刺激潜在顾客获取其他有关该产品或服务的信息；欲望（Desire）：如果潜在顾客认为你的产品或服务能解决一个问题或满足一种需求，就会出现购买欲望；购买（Action）：企业如果能恰当地运用沟通手段，就有助于顾客形成购买行为。

10.1.1 动态沟通的概念

在智慧营销时代，沟通已经不再是企业与消费者之间一对一、点对点的静态沟通，而是动态多点沟通，即多对多、立体化的动态沟通。沟通方式的转变主要体现在以下三个方面：

1）从一对一沟通到多对多沟通。传统的营销沟通往往是企业与消费者之间的一对一沟通，即企业向消费者传递信息，消费者接收信息。在智慧营销时代，由于社交媒体和移动互联网的发展，消费者不再是被动接收信息的一方，他们也成为信息的生产者和传播者。因此，现在的营销沟通已经变成了多对多的模式，即企业、消费者以及其他相关方都参与了信息的生产和传播。

2）从点对点沟通到多点沟通。传统的营销沟通往往是点对点的，即企业直接向特定的消费者传递信息。在智慧营销时代，由于大数据和云计算的应用，企业可以同时向多个消费者传递信息，而且这些信息可以根据消费者的个性化需求进行定制。

3）从静态沟通到动态沟通。传统的营销沟通往往是静态的，即企业向消费者传递的信息往往是固定的，不会随着时间和环境的变化而变化。在智慧营销时代，由于 AI 和机器学习的应用，企业可以实时收集和分析消费者的行为数据，然后根据这些数据动态调整自己的营销策略。

10.1.2 动态沟通的特点

在智慧营销时代，动态沟通指的是企业与消费者之间的互动是实时的、持续的，并且能够根据消费者的行为和反馈进行即时调整。这种沟通方式不仅是信息的单向传递，而且是一个双向的、多维度的交流过程，它涉及以下几个关键方面：

1）实时互动。在智慧营销时代，企业能够通过各种在线平台实时监测和参与消费者的对话。这种实时互动允许品牌即时回应消费者的疑问、反馈和需求，从而建立更加紧密的顾客关系。例如，企业可以通过社交媒体实时跟踪用户对产品或服务的评论，并立即提供反馈或解决方案。

2）个性化沟通。利用大数据分析和人工智能，企业可以根据消费者的历史购买行为、浏览习惯和个人偏好来制定个性化的沟通信息。个性化的内容能够更好地吸引消费者的注意力，提高转化率。例如，推荐系统可以根据用户的行为数据推荐他们可能感兴趣的商品。

3）全方位接触。动态沟通意味着企业不再依赖单一的沟通渠道，而是通过多个渠道（如电子邮件、社交媒体、移动应用、线上和线下活动等）与消费者保持持续的接触。这种全方位的接触策略有助于企业在不同的消费者触点上保持一致的品牌体验。

4）情感化连接。智慧营销强调通过内容营销和故事讲述与消费者建立情感联系。通过触动消费者的情感，企业可以增强品牌忠诚度和推广效果。例如，企业可以通过分享用户的使用故事或背后的品牌故事来引发共鸣。

5）数据驱动决策。在智慧营销中，所有的决策都是基于数据的。企业会收集大量的消费者数据，包括交易数据、社交互动数据和行为数据，然后使用这些数据来优化沟通策略和提高决策的准确性。

6）技术支持。动态沟通依赖最新的技术，如云计算、大数据分析工具、AI聊天机器人等。这些技术使企业能够更快地处理大量数据，自动化完成常规任务，并通过智能分析得出有价值的见解。

7）持续优化。智慧动态沟通是一个持续的循环过程，它要求企业不断测试不同的沟通任务、学习哪些策略最有效，并据此进行调整。这种持续的优化过程有助于企业适应市场的变化，并确保营销活动始终保持高效率和效果。

智慧营销时代的动态沟通是一种多维度、高度互动和数据驱动的沟通方式。它要求企业具备灵活运用技术和数据的能力，以便实现与消费者的有效沟通，提升营销成效。

10.2 动态沟通的媒介

随着新技术的兴起，尤其是社交网络的出现，企业与顾客的沟通机制已经不再是一对一、点对点的静态沟通机制，转而演变成多对多、立体化的动态沟通机制。⊖

⊖ 张淑宁. 顾客价值沟通与传递策略研究［D］. 哈尔滨：哈尔滨工业大学，2005.

10.2.1 动态沟通媒介的特点

企业在将价值传递给顾客时，为了确保传递过程的有效性，需要与顾客进行有效的沟通。企业在与顾客进行价值沟通时，需要利用某些方式把有利于价值传递的信息与顾客共享。很多时候，沟通的效果取决于企业选择的价值沟通方式，即顾客价值沟通的媒介。顾客价值沟通的媒介在形式上虽然与品牌传播媒介、公共关系媒介相同，但是在沟通过程中，其所承载的信息量要远远大于品牌传播媒介和公共关系媒介所承载的信息量，且其蕴含的信息深度也是品牌传播媒介和公共关系媒介无法比拟的。这是因为在沟通的过程中，顾客价值沟通媒介所承载的不仅是一个品牌的公众形象和内涵，还承载了实体化的产品信息。也就是说，顾客价值沟通的媒介所承载的信息是一种更为具体，并且有可能直接导致顾客产生购买行为的信息。表10-1区分了几种沟通媒介的不同之处。

表10-1 不同类型的沟通媒介的差异

差异	类型		
	顾客价值沟通媒介	品牌传播媒介	公共关系媒介
信息量	大	一般	小
信息深度	最深层次	一般	流于表面
信息流向	双向	单向	单向
作用	现实与长远利益统一	提升品牌美誉度、知名度	树立良好的公众形象

从表10-1中可以清晰地看出三种媒介在信息量和信息深度上的差别，顾客价值沟通媒介的信息流向也明显不同于品牌传播媒介和公共关系媒介，正是这种信息流向的差异揭示了为什么三种媒介在形式上相似，在作用上却大不相同。顾客价值沟通媒介的信息流向是双向的，这实际上反映了媒介需要承担的是双向沟通的任务，从而实现良好的顾客价值沟通。这种良好的沟通不仅对企业的公众形象和品牌底蕴有显著而长远的贡献，还会为企业的效益带来短期明显的增长。可见，顾客价值沟通媒介有着兼顾现实利益与长远利益的作用。不过，相比于其他媒介，对顾客价值沟通媒介的把握要更加困难。

10.2.2 动态沟通媒介的类型

根据媒介在顾客价值沟通过程中发挥的互动作用，可以将顾客价值沟通媒介划分为表10-2中的三种类型。从顾客价值沟通媒介的发展方向可以看出，不管什么类型的媒介，其最终的发展方向都是为了信息可以在企业与顾客之间形成双向沟通，并且这三种类型的媒介在顾客价值沟通过程中不断地更新迭代，在发展到一定阶段以后，这些媒介会构成一个整合的媒介体系，从而帮助企业实现与顾客之间良好的价值沟通。

表 10-2 顾客价值沟通媒介的类型及差异

差异	类型		
	全双向信息流媒介	准双向信息流媒介	单向信息流媒介
特征	企业可以和顾客进行充分的即时信息交流	企业可以和顾客进行简单的即时信息交流及充分的后续信息交流	企业只能将信息传递给顾客，而很难与其互动
典型媒介	互联网、电话	电视、广播	报纸、杂志
发展方向	充分利用网络终端设备，使沟通达到文字、声音和图像的统一	利用家电信息化技术，接入互联网，最终实现完全即时信息交流	补充电子版本，基于互联网尽量增加反馈信息流

10.2.3 动态沟通媒介的标准

任何一个企业都想充分利用现有媒介为企业进行有效的价值沟通服务。但事实上，考虑到资源的有限性和相对获益水平等因素，企业往往会放弃一部分媒介，选择最有利于企业价值沟通的媒介并进行整合。这种顾客价值沟通媒介的选择需要遵循三个主要的原则，分别是适应性原则、区别性原则及经济性原则。

适应性原则是指根据顾客价值沟通的对象特征来选择和使用沟通媒介，即根据不同的顾客类型选择该类型适用的媒介并做排列组合，通过这样的排列组合有效地将信息传递给目标顾客，并最终被目标顾客接受。在这个原则下，顾客反馈的信息会流回企业内部，达到双向沟通的目的。

区别性原则是指根据顾客价值沟通的内容特点和要求来选择和使用沟通媒介。很多企业盲目选择某些"接触率"高的媒介而忽视了那些对该企业价值沟通最有优势的媒介，造成本末倒置的情形，这往往浪费大量的人力、物力和财力。因此，只有根据沟通的内容来决定沟通的形式，才有可能充分发挥顾客价值沟通媒介的优势。

经济性原则是指根据企业的经济能力和最经济的条件选择和使用价值沟通媒介，即利用企业本身的经济能力及现有资源形成最佳配置，在资源有限的情况下获得最大的传播效益，这就好比企业的投入产出比。假定企业希望与顾客沟通的价值信息用数字表示为 100，那么在表 10-3 中，企业应该选择哪一种沟通媒介呢？

表 10-3 沟通媒介的经济性

媒介	识别项		
	有效的价值沟通中的信息量	沟通中所需的成本	顾客价值沟通媒介的经济性水平
甲	99	100	0.99
乙	90	80	1.125
丙	40	50	0.8

从表 10-3 中可以看出，乙媒介的经济性水平最高。虽然甲媒介的有效沟通信息量最大，但就经济性水平来说，企业更应该采用乙媒介。但是在现实中，企业有时候会选

择丙媒介，这可能有两种原因。第一，企业过于关注成本因素。在选择沟通媒介时，企业可能由于关注成本因素而忽视了有效的沟通价值中的信息量。第二，企业资金方面的因素。企业可能在沟通媒介方面的预算不足，而被迫选择成本较低的顾客价值沟通媒介。从上述顾客价值沟通媒介的基本选择标准中可以看出，企业应该在价值沟通中综合考虑各种因素，正确选择适合本企业的顾客价值沟通媒介。

10.3 动态沟通策略

10.3.1 体验式营销

当顾客需要在两个信誉度相近的品牌之间做出选择的时候，品牌在沟通中的作用就不那么明显了，此时企业就必须采取其他策略来与顾客进行沟通。除了用品牌策略消除顾客对价值质量水平的疑惑，企业还可以通过体验式营销策略让顾客在付出成本之前体验价值质量水平，以此来解决信息不对称的问题。

体验式营销是企业从顾客的感觉、感受、思维、行动和关系等五个方面对营销方式进行重构，如图10-1所示。体验式营销可以给顾客留下深刻的印象，然后利用氛围烘托抓住顾客的情感诉求，最后使顾客身临其境地感受到企业为其创造的价值。这样，顾客就会得到较为全面的顾客价值信息，从而决定其消费行为。

体验式营销可细分为三种类型，分别是产品体验、服务体验和事件体验。

图 10-1 体验式营销

产品体验是顾客在试用产品的过程中产生的，这种体验可以在卖场获得，也可以在顾客与其他购买者的交流中获得。产品体验的过程可以培养顾客对产品的好感，而以往的营销手段要让顾客产生这种好感，只在顾客购买产品之后才会发生。例如，山姆超市通过产品试吃这种先尝后买的方式让顾客立即感受到产品的价值的。良好的产品体验会在很大程度上促成企业与顾客就顾客价值进行良好的沟通，进而促成顾客的购买行为。

服务体验会影响顾客对企业所提供的服务质量（或服务价值）的预先判断。顾客通过对模拟性（一种实际与期望相结合的）服务的感知，可以充分感受到在选购企业产品之后所能享受到的快速、热情、完善的服务。在此基础上，顾客会对企业的服务质量提出自己的个性化建议，从而促使企业与顾客之间进行良好的价值沟通。以索尼为例，索尼集团通过体验中心从三个方面来服务顾客：①设计独特的体验效果，吸引顾客；②让工作人员担当起导游的角色，调动起顾客的体验兴趣；③举行各种活动，吸引顾客光临。这不仅展示了索尼的品牌魅力，也使顾客零距离地体验时尚数码生活。

最后一种体验式营销是事件体验。很多企业会利用一些活动或事件充分发挥体验式营销的魅力，土星汽车无疑是其中杰出的代表，其1994年的"回家体验"活动更是事件体验的典范。"回家体验"活动是土星车主在通用汽车公司位于田纳西州斯普林希尔的汽车制造厂为期两天的聚会。在这两天中，土星车主不仅可以深入了解通用汽车是如何打造土星汽车的，还可以相互交流并扩展社交。在这种体验过程中，顾客与顾客之间、企业与顾客之间就以土星汽车为桥梁进行了良好的交流与沟通，从而为土星汽车的市场发展奠定了良好的基础。

> **案例**
>
> **UNIQLO 全新零售：超级体验**
>
>
>
> UNIQLO是全球著名的日本休闲服饰品牌，其以高质量、功能性和简约设计深受消费者喜爱。为了进一步巩固市场地位并吸引新的顾客群体，UNIQLO采取了体验式营销策略，特别是在其集合空间店（Flagship Stores）方面进行了创新升级，以下是该策略的具体内容：
>
> 集合空间店的体验升级：UNIQLO的集合空间店不仅是销售产品的地方，而且是通过提供独特的购物体验来区别于普通门店的地方。这些店铺的设计通常更加宽敞明亮，结合了最新的零售技术和创意元素，如高科技试衣间、互动屏幕等，使顾客在购物的同时享受到科技带来的便利与乐趣。
>
> 成为新消费社交场所：UNIQLO集合空间店通过提供超出传统零售的消费体验，成为年轻人追求的新消费社交场所。店内不仅设有舒适的休息区域，还经常举办文化活动、艺术展览等，吸引顾客在购物之余停留交流，从而为商业地产汇聚人流，并与周边商场形成差异化竞争。
>
> 五感愉悦消费体验：在UNIQLO的集合空间店中，顾客不仅能购买到高质量的产品，还能获得满足五感的愉悦体验。例如，店铺内播放舒缓的音乐（听觉）、使用特定香氛（嗅觉）、提供触感良好的面料（触觉），以及举办时尚秀或互动活动（视觉和味觉），全方位地提升顾客的购物感受。

> 超级体验店 KPI：
>
> 新鲜感：UNIQLO 不断推陈出新，定期更新产品线和店铺活动，确保每次顾客访问时都有新的发现。
>
> 娱乐性：通过设置互动装置、举办时尚秀等活动，提高顾客参与度，使购物成为一种娱乐体验。
>
> 共鸣性：UNIQLO 通过与顾客共享价值观和生活方式，建立情感联系，促进品牌忠诚度。
>
> 便利性：优化购物流程，如简化结账环节、提供多样化支付方式等，确保顾客享受便捷的服务。
>
> 可靠性：保持产品质量和服务水平的一致性，赢得顾客的信任。
>
> 增值性：提供额外服务或产品，如个性化定制、会员专享优惠等，增加顾客的消费价值。
>
> 总结：UNIQLO 通过集合空间店的体验式营销策略，成功地将传统的"消费场"转变为充满吸引力的品牌"体验场"。这种策略不仅提升了品牌形象，也为商圈带来了新的活力，同时通过满足顾客五感的体验需求，增强了与顾客之间的连接，提高了品牌的竞争力。

10.3.2 情感营销

在激烈的市场竞争下，顾客的注意力很容易被转移，所以单纯依靠体验式营销有时并不能实现企业的沟通目标。最吸引人的体验是最感人的体验，企业要与顾客进行无障碍沟通，无疑要借助情感营销策略。情感营销可能在感官和理智层面给人以触动，但最终会因其触及心灵而给人们留下深刻的印象。

情感营销是从顾客的情感需要出发，唤醒和激起顾客的情感需求，引发顾客心灵上的共鸣，寓情感于营销之中，让有情的营销赢得无情的竞争。在情感消费时代，顾客购买商品所看重的已不是商品数量的多少、质量的好坏或价格的高低，而是为了一种情感上的满足，一种心理上的认同。

企业在充分了解消费者需求的前提下，要不断地从情感层面取胜，在引导顾客做出购买决定的同时，更要用周到而独特的服务使顾客对产品从情感上、心理上产生认同。事实上，情感营销的最高境界是通过对产品或服务的各要素及营销过程注入情感，把原本没有生命的东西拟人化，赋予其感情色彩，从而引起顾客的共鸣。简而言之，就是让顾客爱上企业的产品和品牌。企业在品牌服务与营销中如果能充分关注人性和情感，便能在沟通中，让顾客产生共鸣，认同企业的产品和品牌。高端玫瑰及珠宝品牌 Rose only "一生只爱一人"的品牌理念就是利用情感营销，打动了无数热恋中的顾客，快速成为高端爱情信物品牌。

10.3.3　病毒式营销

病毒式营销并非真的以传播病毒的方式开展营销,而是通过用户进行口碑传播,使信息以快速复制的方式传向数以百万计的受众。病毒式营销的经典范例是 Hotmail。Hotmail 是互联网免费电子邮件提供商之一,在创建之初就吸引了上千万名用户注册。在网站成立的 12 个月内,Hotmail 的营销支出非常少,甚至还不到其直接竞争对手的 3%。

病毒式营销依赖用户的口碑传播,是一种网络营销方法,它通过提供有价值的信息和服务,利用用户之间的主动传播来实现信息传递。在互联网上,这种口碑传播更为方便,是一种高效的信息传播方式。由于这种传播是用户之间自发进行的,因此它几乎是无成本的。

然而,天下没有免费的午餐,任何信息的传播都要为传播渠道付费。病毒式营销被认为是无成本的主要原因在于,它利用了目标客户的参与热情。尽管渠道的推广成本依然存在,但目标客户受到商家的信息激励后,自愿参与后续的传播过程,原本应由商家承担的广告成本转嫁到了目标客户身上。因此对于商家而言,病毒式营销是无成本的。

与大众媒体广告投放相比,病毒式营销降低了信息传播中的噪声干扰,增强了传播的效果。大众媒体广告的投放方式是"一对多"的辐射状传播,实际上无法确定广告信息是否真正传递给了目标受众。大众媒体投放广告有一些难以克服的缺陷,如信息干扰强烈、接收环境复杂、受众戒备/抵触心理严重等。以电视广告为例,同一时段有各种各样的广告投放,其中不乏同类产品"撞车"的现象,从而大大降低了受众的接收效率。病毒式营销是自发的、扩张性的信息推广,它并非均衡、同时、无分别地传递给社会上的每个人,而是顾客通过类似人际传播和群体传播的渠道,将产品和品牌信息传递给那些与他们有着某种联系的个体。受众从熟悉的人那里获得或主动搜索得来的信息,在接收过程中自然会有积极的心态;其接收渠道也比较私人化,如社交软件微信等(存在几个人同时阅读的情况,这样进一步增强了传播效果)。例如,目标受众在社交媒体(如微博、Facebook 等)上读到一篇有趣的文章,他的第一反应或许就是将这篇文章转发给好友、同事……无数个参与转发的"大军"就构成了庞大的传播主力。

以上优势使病毒式营销尽可能地克服了信息传播中的噪声影响,增强了传播的效果。

10.3.4　线上与线下闭环

线上与线下的核心是闭环。产业链上游的企业如果想提升自身的价值、使自身利益最大化,一般就要往下游走。如果企业无法直接参与下游产业的运营,就要做闭环。毕竟线上与线下融合带来的价值不仅仅依靠广告的模式，也需要借助闭环才能对用户进行更个性化、更精准的广告推送。对于线上与线下融合的模式，大众点评的CEO张涛曾强调：如果想做大，必须完成闭环。

良品铺子就是一个线上与线下全渠道运营的良好例子。良品铺子原本只是一家致力于休闲食品研发、加工分装、零售服务、线上与线下一体化运营的专业品牌连锁公司。在电子商务蓬勃发展的背景下，传统零售业被迫积极转型。在此压力下，2012年10月良品铺子电子商务公司正式成立，以入驻天猫、京东、1号店等国内知名电商平台的方式，开始发展线上业务。2013年，良品铺子成立了电商物流部门，为电商渠道设置专门的编号，并先后在全国各地设立仓库，实现线上订单在全国范围48h内送达。在后续经营过程中，良品铺子开始探索线上与线下一体化的全渠道运营，以实现更好的线上与线下闭环。

闭环的核心在于形成对每一次用户行为的跟踪和记录。闭环的关键是把用户行为流程的最后一个环节引导回线上，使顾客的购买行为被线上系统掌握、记录。所有这些被记录下来的用户行为，就是线上与线下闭环的价值所在，以及挖掘更大价值的基础。

统一线下活动和线上宣传，反复推动，由线上发起线下活动，再由线下活动引发线上讨论，形成闭合回路，用互联网吸引顾客，用体验留住顾客，用品牌打动顾客，线上与线下相辅相成，使传播效果放大数倍，更加容易达到理想的传播效果与品牌影响。

营销的核心在于对人的洞察，也就是对人的尊重。要想获得顾客的认可，可以从探讨他们的生活态度和习惯、与他们做朋友、融入他们的生活圈开始。互动营销聚焦于社会化媒体，是因为社会化媒体有更多互动的可能。随着互联网迅速兴起和发展，正如4D营销理论所述，沟通机制已经不再是企业与顾客一对一、点对点的静态沟通机制，而是演变成多对多、立体化的动态沟通机制。

在下面的案例中，可以看到创业者是如何利用社会化媒体进行营销推广，与顾客建立多点、动态的沟通机制，从而获得营销成功的。

同道大叔

同道大叔，作为微博上备受认可的著名星座博主，巧妙地利用星座元素来讲述普通人的情感故事。他不仅是一位连续创业者，从美术学校到社交平台，涉猎广泛。与"大叔"形象不符的是，他拥有一张年轻帅气的面孔，加之毕业于清华大学美术学院，并且绘画技艺精湛，形成了鲜明的个人特色。正是这种与众不同的反差，激发了粉丝对同道大叔品牌的兴趣。

同道大叔为十二星座设计了一系列卡通形象，并以此为基础进行图文故事的创作与拓展。他的团队也开始活跃在优酷、爱奇艺等视频平台，持续推出以星座为主题的短视频内容。

自媒体的多样性赋予了个人品牌建设丰富的玩法。同道大叔，作为一个专注于星座内容的自媒体人物，利用美术手段与粉丝建立并加强联系。将十二星座形象化是同道大叔IP沉淀的第一步，而通过线上影响力和线下活动来巩固品牌并吸引新关注者则是第二步。

2015年4月，同道大叔成立了同道文化传媒有限公司，并获得了红杉资本中国、创东方资本等顶级投资机构的支持。在资本的推动下，除了开设淘宝店铺、销售广告、进行品牌营销外，同道大叔还通过合作授权等方式，推动星座文化的IP产业链发展。

从2016年起，同道大叔逐步将微博和微信的知识产权与使用权"公司化"，成立了深圳市同道大叔文化传播有限公司。同时，围绕自有IP和自媒体渠道，同道文化设立了IP与品牌管理公司——同道创意与新媒体公司，以及同道传媒。前者负责IP形态的基础建设，打造基于星座文化和卡通形象的文化品牌；后者则利用自媒体影响力进行营销和传播。此外，同道文化还设有影视公司道仔影业和衍生品公司同道制造，打造符合品牌战略的影视产品和衍生产品。同道文化还将业务拓展至导购和电商平台，拓宽自媒体的变现途径。

同时，同道大叔不断推进与线下商场的合作，利用品牌形象举办主题活动，改善消费氛围，增加主题消费的趣味性，并为商场进行推广宣传和引流。在实现多元化变现的同时，同道大叔通过线下实体店为粉丝提供聚会场所和新产品体验的机会，吸引对星座感兴趣的顾客，加深品牌影响和情感连接。线下互动和反馈也为线上品牌推广提供支持，让更多粉丝参与品牌的建设与推广，形成线上与线下互动的闭环，通过动态沟通传递顾客价值，全面满足消费者的需求，保持顾客忠诚。

（资料参考：http://media.people.com.cn/n1/2016/1210/c40606-28939120.html.）

10.3.5 多渠道整合

在传统渠道中，价值传递往往借助广告等单向传播模式和人员销售等双向沟通模式，而互联网的出现对传统渠道来说也仅仅是丰富了形式，并未打通并发挥整体优势。整合多种传播渠道，如电子邮件、社交、网站、实体店铺、App等多管齐下，发出一个声音，覆盖所有媒介，吸引顾客的注意力，才是企业应该选择的方式。互联网思维的核心是用户。因此，要深刻洞察用户需求，不断引导用户需求，在满足需求的过程中不断改进产品，创造更多的附加价值。互联网带来了营销环境大变革。新媒体营销不仅要在技术上紧跟互联网时代的步伐，营销观念也要紧随时代潮流。在互联网时代，人们的消费行为和生活观念与以往大不相同，人们获取信息的积极性和自主性加强，信息量的爆炸式增长无形中强化了人们对外界的抵触心理。要想使人们对媒介或信息有所期待，必须从人们的个性化需求出发，制定因人而异的传播策略。分众化是伴随媒体日新月异的发展而衍生的一种营销观念，认为受众必然被种类日益繁多的媒体分化为更多的规模分支，因而面对不同类型的受众，必须采取相应的不同的营销手段。要想有效覆盖目标受众，必须发挥分众媒体的独特优势。

2022年北京冬奥会期间，蒙牛面对其竞争对手伊利作为官方唯一乳制品合作伙伴的压力，采取了一系列创新和高效的整合营销策略。首先，蒙牛成功签约了一名冬奥会冠军作为品牌代言人，有效提升了品牌曝光度和关注度。其次，蒙牛在社交媒体上积极互动，如邀请明星发文庆祝代言人夺冠，并创造相关话题，吸引了大量讨论和阅读量。蒙牛还发起了"请牛人干牛事"的百万文案征集活动，邀请网友进行海报共创，增强了用户的互动感和品牌参与度。蒙牛的这一系列整合营销活动不仅提升了品牌的热度和消费者的参与度，还通过多种渠道有效提升品牌形象和市场竞争力。相关话题在社交媒体上达到了253.5万的讨论和31.4亿的阅读量，而纪录片在腾讯平台的播放量达到了3.5亿。

可口可乐，作为全球饮料行业的领导者，一直在包装创新上走在前列。2017年5月，面对罗马尼亚市场销量的挑战，可口可乐结合当地年轻人的音乐节热情，推出了创新的"腕带瓶"。这一策略不仅针对年轻人的消费习惯，还通过音乐节的氛围增强了品牌互动。这一营销活动使当地销量增长了11%，并改变了超过75%的年轻人的消费选择，受到了《福布斯》等主流媒体的广泛报道。同年，可口可乐中国还参与了阿里巴巴旗下闲鱼的拍卖活动，通过拍卖一瓶1950年的美国"古董可口可乐"，吸引了超过50万人次的关注。这不仅为品牌带来了大量曝光，还以一种独特的方式讲述了可口可乐的百年历史。2019年6月，可口可乐进一步深化其营销策略，与著名音乐人合作推出了"老萧音乐瓶"，并结合"扫Coke劲享互动惊喜"活动，提供演唱会门票抽奖机会。这一举措再次成为热议话题，通过明星效应和互动活动，可口可乐增强了与消费者的联系。2023年，可口可乐推出了"快乐昵称瓶"，将流行的网络用语印在瓶身上，如"喵星人""文艺青年"等，这种个性化包装吸引了年轻消费者的注意，并通过社交媒体传播形成了广泛的讨论和分享。同年，可口可乐与微信展开跨界合作，推出了"3PM午后畅爽畅赢"活动，利用微信平台的强大用户基础，通过扫描瓶身上的Pincode参与活动，有效地将线下消费者引导至线上互动，提升了品牌的社交媒体曝光率和消费者忠诚度。

可口可乐通过多渠道整合营销策略，成功地提升了品牌影响力和市场份额。这些案例不仅展示了可口可乐在营销领域的创新能力，也为其他企业提供了宝贵的参考经验。在可口可乐的营销策略中，其强大的分销渠道网络发挥了至关重要的作用。通过向KOL

（关键意见领袖）传递信息，可口可乐成功地引起了消费者对产品的兴趣。同时，公司利用社交媒体和遍布全国的多级分销网络，实现了这些富有创意的产品销售点的广泛传播。这种传播方式打破了传统社会营销的限制，基于消费者的地理分布，通过传统广告手段完成了全面的信息传递。当然，这一成果也得益于可口可乐营销团队高质量的创意和策略。

信息是否能对用户产生影响取决于三个方面的因素：信息量、信息压力和媒体。"昵称瓶"之所以会在社会化媒体上产生轰动效应，并非因为其信息量多，而是由于用户在互联网上多次接收到的来自可口可乐的相关信息，以及在线下实际购买过程中得到的产品信息对其产生了较大的信息压力。可口可乐利用成本优势使用户获得了炫耀资本并自发地为其信息增加流量的方式，可以说是非常巧妙的做法。当某种信息属于稀缺信息时，社会化媒体所起到的传播作用就会很大。尤其是利用分布式的信息投放，使一系列信息投放点或 KOL 同时释放特定信息，此时的信息压力是最强大的，传播效果也是最好的。当可乐瓶身真的被印上昵称并大量开始发售时，之前积累的信息稀缺优势便荡然无存；当每个人都可以拥有一个标签化产品时，拥有一个昵称瓶就再也不是一件值得炫耀的事了。

弹幕网站

文化形态的多样性体现在其传播载体上，正如报纸和电视分别承载着文字和视觉文化，弹幕网站则成为弹幕文化的平台。弹幕网站在 2008 年左右被引进中国，后来逐渐演化成现今的 AcFun（简称 A 站）和 Bilibili（简称 B 站）两大主要弹幕网站。

在这些平台上，字幕组提供视频字幕，传统视频网站提供内容源，而观众则贡献弹幕评论。在弹幕网站出现之前，国内观众要观看、评论动漫或动画，需要自行去下载动画，或者去主流视频网站观看动画，之后再去论坛参与讨论，这一过程烦琐且分散。弹幕网站的诞生实现了资源的集中整合，提供了一个集观看、评论于一体的高效互动平台，满足了快节奏生活与快餐文化下中国"二次元"群体的心理与效率需求。

随着移动网络环境的改善和智能设备的普及，弹幕视频的发展不再局限于 PC 端，而是扩展到了手机、平板电脑等多种终端。A 站和 B 站这两大弹幕视频网站也推出了支持 iOS 和 Android 系统的应用程序，用户可以随时随地编辑、发布和分享弹幕评论。

在传统的信息传播模式中，信息从源头到受众是单向流动的；在新媒体时代，受众不再是被动的信息接收者，而是逐渐转变为信息传播的主动参与者。互联网和社交网络赋予了用户表达意见、分享观点的能力，用户不再只进不出地吸收外界的信息和他人的观点，还要充当分享者，乐于分享自己的所见所闻并经常与其他用户进行沟通互动，谈论对产品或服务的正面或负面看法。在弹幕文化中，用户可以根据自己的喜好个性化地选择弹幕的发送内容和形式，还可以自由选择观看其他用户上传的内容；通过"吐槽"或"刷礼物"等方式与其他用户进行即时互动。这类即时互动让用户更加主动、积极地参与其中，促使内容创作者根据用户的反馈不断调整上传的视频内容，同时也为其打造自媒体品牌提供了参考。

随着弹幕日渐兴起，越来越多的视频网站开始出现弹幕功能，如腾讯、爱奇艺等娱乐性质的平台。弹幕不仅能够让人在短时间内对视频内容产生共鸣，还能让观看者容易找到志同道合的朋友，营造出边看视频边交流的氛围，减少孤独感，提升观看体验。这种感觉颠覆了用户以往观看视频浏览网页的传统使用习惯，满足了不同人群的社交需求。

（资料参考：https://www.163.com/dy/article/H75QUGFC0511805E.html.）

课后思考题

1. 请列举三种常见的顾客价值沟通媒介，并简要解释它们的特点和作用。
2. 在顾客价值沟通策略中，有哪些方法可以提升顾客的体验感？请举例说明。
3. 如何实现线上与线下闭环的顾客价值沟通？请提出一个具体的方法或策略。

实训案例

顾客价值沟通与情感营销策略——以某品牌的轻食餐为例

案例概要：

该实训案例聚焦轻食餐产业，通过多元媒介传递品牌理念，强调传统文化与创新。采用品牌策略、体验式营销策略、情感营销策略等，构建线上与线下的全方位顾客价值沟通方式。学员将通过数据平台分享的实际调研数据进行数据分析，深入了解消费者的需求，为该公司制定科学的品牌决策提供支持。这一实训旨在培养学员全面了解营销策略，并运用数据分析技术，推动品牌在轻食餐产业中取得长期且良性的增长。

实训知识点：

顾客价值沟通媒介：

该公司通过多元化媒介传递顾客价值。利用线上平台，通过社交媒体、电商平台等传递品牌理念；同时，通过线下实地考察、深度访谈，感知消费者期望，建立真实互动。

顾客价值沟通策略：

1）品牌策略：该公司突出传承非物质文化遗产、创新轻食餐的双重优势。借助品牌故事，引发消费者情感共鸣，树立品牌价值观。

2）体验式营销策略：利用活动、体验店等方式，让消费者亲身感受该公司食品的独特文化，加深对品牌的认知和喜好。

3）情感营销策略：通过广告营销，强调食品安全与传统工艺，激发消费者对该公司产品的信任和喜爱，建立深层次的情感联系。

顾客价值沟通方式：

线上与线下营销：在线上，通过社交媒体、电商平台传播品牌理念，提供便捷的购物渠道。在线下，则通过实地考察、体验店等方式，建立实际感知和情感连接。

数据分析与实训操作：

通过数据平台分享的问卷和调研数据，学员可以进行实际的数据分析，挖掘消费者的行为模式，深入了解消费者的需求与反馈，了解市场趋势，为该公司品牌决策提供科学依据，推动企业的可持续发展。实训问卷、数据与建模分析可登录教学实训平台（edu.credamo.com）或扫描下方二维码，加入"智慧营销"课程（在学生端单击"加入课程"，输入加课码：jkm_6015279262177280；教师可以在课程库中搜索该课程并直接导入），在相关章节的实训项目中获取。

10. 动态沟通概述

第11章 智慧营销：
动态沟通场景

亚马逊的个性化推荐系统

  智能冰箱能够精准地判断何时需要补充牛奶，智慧门锁能够根据家庭成员的活动规律来优化物流配送时间，这些便利都得益于大数据技术的应用。随着市场动态和消费者行为模式的不断演变，基于数据驱动的预测在商业决策中变得日益关键。

  作为电子商务领域的先驱，在顾客还未下单之前，亚马逊早已使用"读心术"做出预测，为顾客提供实惠的价格、精准的推荐和快速的物流购物体验。亚马逊的个性化推荐系统利用大数据技术，综合分析消费者的购物历史、商品浏览记录、加入购物车的行为、点击历史、社交关系分析、特定商品的流行趋势，以及类似购物习惯的用户数据，通过这些因素的综合加权，为顾客提供更为精准的商品推荐，从而提升了10%~30%的营业收入。这种个性化的推荐不仅增加了销售额，也极大地改善了顾客的购物体验。

  在电商领域，价格是影响消费者决策的关键因素之一，亚马逊实施动态价格优化以保持其产品的竞争力。在信息透明的时代，顾客或多或少都会进行比价，卖家会想尽办法给商品制定合适的价格，消费者会想尽办法找到便宜的价格。因此，亚马逊密切监控市场价格，每十分钟调整一次网站上的商品价格，以确保其产品价格始终保持竞争力。通过对竞争对手定价的分析，以及对产品预期利润、库存等数据的综合考量，亚马逊能够为畅销商品提供优惠折扣，同时在销量较低的商品上实现更高的利润。举个例子，亚马逊对一款卖得最好的智能手机的定价比同行低25%，而另一款销量较低的智能手机则可能比其他网站贵出10%。Boomerang Commerce⊖的一份分析报告指出，尽管亚马逊并非在所有商品上都是最低价的商家，但其热销商品的持续低价策略以及对人气商品的价格优惠，使消费者形成了一种认知，认为亚马逊的商品价格甚至比传统零售巨头如沃尔玛更具优势。尽管亚马逊把它的成功归功于改善顾客的购物体验，但我们可以说它的成功是建立在强大的供应链基础上的。凯捷管理顾问公司的一项调查显示，89%的美国顾客在购物需求无法及时被满足时，就会选择别的购物平台以在最短的时间内获得他们想要的商品或服务。得益于其卓越的供应链管理，亚马逊能够在沃尔玛运送50万件商品的同时，运送出1000万件商品。亚马逊与生产商有着实时的联系，根据数据追踪存货需求为顾客提供当日/次日配送的选择。通过分析供应商与顾客之间的地理邻近性，亚马逊能够选择最佳仓库进行配送，并预测各仓库的库存需求，从而最小化配送成本。此外，亚马逊还应用图论算法来优化配送时间、路线和产品分类，进一步降低物流费用。

亚马逊在2013年获得了"预测式购物"专利，这标志着其在个性化推荐之外的又一次创新。该专利允许亚马逊根据顾客的购物习惯预先将潜在购买商品配送至最近的配送中心，以便在顾客下单后立即送达。这种做法显著缩短了运输时间，对实体零售产生了冲击。预测式购物依赖高度精确的预见性分析系统，以预测顾客的购买时间和产品。然而，如果预测失误，亚马逊可能面临额外的物流成本。未来，亚马逊如何平衡竞争力与解决这些挑战，值得我们关注。

亚马逊通过大数据对顾客行为进行动态分析，并据此进行策略调整，与顾客保持持续的动态互动，这是智慧营销中关键的一环。在4P营销理论中，促销指的是企业利用各种信息载体与目标市场进行沟通的传播活动，包括广告、人员推销、营业推广和公共关系等。随着理论演变，促销演变成了以顾客为中心的沟通，因为企业的促销活动归根结底是为了能与顾客建立良好的沟通机制，从而维护好企业与顾客的关系，进而将顾客与企业的利益进行整合。随着新技术的兴起，尤其是社交网络的出现，企业与顾客之间的沟通不再是点对点的线性方式，顾客会从各种社交网络上搜寻品牌和产品的相关信息。因此，企业的沟通方式必须转变为立体的、动态的沟通机制，做到实时响应，全面覆盖。

（资料参考：https://mp.weixin.qq.com/s?_biz=MzkzMTcyMDUyNQ==&mid=2247490603&idx=2&sn=04b7d6ec576af40f961929bdb3a43ea4&source=41#wechat_rediret.）

⊖ Boomerang Commerce是一家为零售商提供实时分析及动态定价的初创企业，由亚马逊前员工哈里哈兰创办。

11.1 智慧广告沟通

11.1.1 互联网广告的概念与特点

1. 广告与互联网广告

广告就是广而告之，向社会广大公众告知某件事物；将信息重复多次并传达给地理上分散的广大潜在购买者。广告的规模和密度不仅反映了品牌的市场影响力、受欢迎程度，还体现了企业的市场地位。广告具有表现性，企业可通过巧妙地应用视觉、声音和颜色等来使其信息引人注目。一方面，广告可用于建立产品的长期形象（如华为的广告）；另一方面，它能够促进快速销售（如京东618降价广告）。

广告由来已久。考古学家在地中海周围国家发掘出宣传各种事件和供应品的标识：例如，罗马人在墙上绘画，宣传角斗士的搏斗；腓尼基人在游行路线沿途的大石头上画图宣传他们的陶器；在古希腊的繁荣时期，街头公告员会公布牛、手工艺品甚至化妆品的贩售情况。现代广告比早期广告要有效得多，相比电视广告等传统媒体广告，互联网和移动互联网广告有着更为广泛的应用。广告的应用不仅限于商业用途，人们还能利用广告向目标对象传递理念，如社会机构、非营利组织的理念传递等。广告是告知和说服的方式，无论是在全球范围内销售可口可乐，还是在发展中国家推广计划生育，广告都是一种非常实用的告知和说服手段。

互联网广告是一种通过互联网媒介进行的商业广告活动，它采用多种形式传播商品或服务信息。

互联网广告的形式多样，包括但不限于以下几种：

（1）横幅广告　通常位于网站页面的顶部或底部，以静态图片或动态图像的形式出现，吸引用户注意。

（2）文本链接广告　以文字链接的形式出现，通常嵌在网站内容中，用户可以单击跳转至广告主的网站或营销页面。

（3）多媒体广告　结合声音、动画等效果，提供更丰富的用户体验，常见于视频网站或社交媒体平台。

（4）搜索引擎广告　根据用户的搜索关键词展示相关的广告内容，如谷歌的AdWords和百度的竞价排名。

（5）社交媒体广告　利用社交网络的传播特性，发布在社交平台上的广告，包括推文、状态更新、朋友圈广告等。

（6）邮件营销　通过发送电子邮件到用户的邮箱，传递广告信息，通常包含促销内容或最新的产品资讯。

互联网广告的优势在于其高度的定向能力和可衡量性。广告主可以根据用户的地理位置、兴趣、搜索习惯等数据来精准定位潜在客户,并通过点击率、转化率等指标衡量广告效果。随着技术的发展和用户习惯的变化,互联网广告的形式和策略也在不断改进,为广告主和用户提供了更多的可能性。

2. 移动互联时代的广告特点

移动互联网广告是以移动互联网和智能移动终端为主要传播载体的广告形态,带有明显的移动媒体传播方式的特征。移动互联网广告内容具有以下四个特点。

(1) 基于地理位置的定向个性化　移动运营商能够基于电子地图及GPS定位的支持,得到用户的地理信息,提供与用户位置相近且匹配的饮食、生活、交通、住宿、旅行方面的广告服务。此外,还能借助移动互联网的庞大数据库和数据处理能力,分析用户的人口统计学特征,为不同的消费者群体提供专门的"广告定制服务"。

(2) 信息接收更加迅速、便捷　移动终端产品体积小,用户能够随身携带,随时随地获取最新的资讯,有效利用碎片化时间。相对于传统媒体广告,移动互联网广告的信息接收便捷性更高,用户无论在何时何地都能够直接浏览并接收广告信息。

(3) 受众和传播者具有双向性　传统媒体广告的特点是受众单向接收信息,受众只能单方面地接收信息,无法与传播者进行互动。移动互联网广告具有交互性的特点,受众和传播者之间的界限变得模糊,可以更方便地进行双向沟通,同时,受众也能成为广告的发布者和制作者,形成双向的传播。

(4) 广告效果可实时评估　移动互联网广告可以即时、快速地分析受众的行为数据,利用移动终端的特点,实时监测、调整广告的策略,提供更符合受众需求和行为特点的广告内容。

11.1.2　互联网广告的设置

互联网广告的设置流程主要包括设定广告目标、确定广告预算、制定信息决策、做出媒体决策和评价广告效果五个步骤,如图11-1所示。下面将依次进行介绍。

图11-1　互联网广告的设置流程

1. 设定广告目标

广告目标基于以前的目标市场、定位和营销组合的决策,这些决策决定了广告在整个营销方案中必须执行的任务。广告的总体目标是通过传播顾客价值,帮助企业建立客户关系。在这里,我们讨论具体的广告目标。

广告目标是指在特定的时间内向特定目标群体传播信息。广告目标基于主要作用来进行分类，可以分为告知、说服和提醒。告知性广告主要用于新产品的开拓阶段，以唤醒消费者的初级需求为目的。例如，小米在刚刚推出手机时，采取饥饿营销策略的过程中主要用的是告知性广告，如介绍商品属性及抢购时间等。随着竞争加剧，说服性广告变得越来越重要。例如，小米手机希望说服消费者选择小米而不是其他品牌的手机。

广告的目的是促使顾客向购买者准备阶段的下一个阶段移动。大部分广告的目的在于让顾客直接进行消费，也有许多广告的目的是维护品牌和顾客的长期关系。例如，在耐克的电视广告中，知名运动员身着耐克服装完成极限挑战，这并不会直接促成销售，但它能改变顾客对品牌的感知。

2. 确定广告预算

确定了广告目标之后，企业可以着手为每个产品确定广告预算。常见的确定广告总预算的方法有量入为出法、销售百分比法、竞争对等法和目标任务法，其确定方式及缺点，见表11-1。

表11-1 确定广告总预算的方法和确定方式及缺点

方法	确定方式	缺点
量入为出法	根据公司能够接受的水平来确定广告预算	忽视了广告对销售量的影响，给制订长期市场计划带来困难
销售百分比法	根据目前或预期销售额的百分比来确定广告预算，根据单位销售价格的百分比来确定广告预算	销售和广告的关系是结果与原因，而不是原因与结果。销售百分比法是基于能够获得的资金而非机会的
竞争对等法	根据竞争对手的投入来确定广告预算	每个企业会有很大的不同，每个企业都有独特的促销需求；基于竞争对手的预算也可能引发"广告战"，从而降低双方的利润
目标任务法	根据企业想要通过广告实现的目标来确定广告预算	目标任务法能迫使管理层厘清费用和广告结果之间的关系，但在实际运用中也存在一定的难度

3. 制定信息决策

创意部门制作出好的广告，媒体部门选择向目标群体投放广告的最佳媒体。成功的商业广告，必须进行有效投入，才能吸引相对应的关注。在广告费用昂贵、外界干扰颇多的环境下，好的广告创意非常重要。它们往往有以下几个特点：

（1）独具吸引点 企业必须创造出足够有趣、有用、有娱乐性的内容去吸引消费者。如果消费者觉得一则广告有趣，他就会与品牌产生对话；如果不是，那他就会觉得这只是浪费时间。

（2）广告与娱乐相融合　广告和娱乐正在产生新的交汇点，其目标是让广告成为娱乐而不是干扰。广告不应该打断人们感兴趣的东西，而应该成为人们感兴趣内容的一部分。

（3）信息战略　在选择广告信息时，首先必须了解消费者的利益和产品的定位，再来决定要向消费者传递的信息内容。信息战略应该清楚、直接地概述广告所要强调的利益和定位点。

（4）信息执行到位　将创意以不同的形式执行，根据各种语气、方式、形象、词汇，找出适合的表现方式去传递信息，吸引消费者的注意力，使广告脱颖而出。

（5）促使用户生成信息　互联网和社交媒体在用户生成信息中发挥着越来越重要的作用，如"小米发烧友"组成的小米社区等。

4．做出媒体决策

做出媒体决策的主要步骤如图11-2所示。

（1）确定触及面、频率和影响力　在制定广告策略时，必须确定在一定时间内，要触及多少目标人群、平均每人能看到多少次广告。

（2）选择主要媒体类型　媒体规划者必须了解各种主要媒体（如广播、电视、报纸、互联网、杂志等）的优点和局限性，要考虑媒体的影响力、信息有效性和成本。

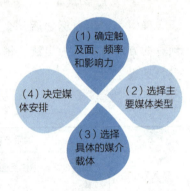

图11-2　做出媒体决策的主要步骤

（3）选择具体的媒介载体　电视有各种不同的频道，杂志也有不同的目标受众。在选择媒介载体时，必须考虑受众性质、成本、媒体影响力等因素。

（4）决定媒体安排　需要决定广告发布的模式和时间，是采取连续性播放的形式还是根据特殊的节奏安排。

5．评价广告效果

广告的效果分为两个方面：传播效果和销售效果。广告的传播效果可以通过单个广告在投放前和投放后的差别来评价，了解受众在未接收广告前，对产品的印象如何；在接收广告后，对于产品的认知度、偏好度是否有态度上和记忆上的转变。

评价广告的销售效果，除了与过去的销售额、利润及广告费用比较，还有一种方式——实验法。例如，可口可乐在不同的市场上通过差异化的广告费用支出来衡量其达到的不同效果，借以评估其销售效果的差异。此外，企业也可以设计更复杂的，包括其他变量（如广告差异和媒体差异）的实验。

11.1.3　互联网广告的发展趋势

互联网广告行业正在经历一场深刻的技术革新，多元化、创新化和智能化是当前的主要特点，其核心趋势如下：

（1）用户需求多样化　随着消费者对广告的接受度和偏好的变化，互联网广告行业需要更加关注用户体验和个性化需求，以提供更加精准和相关的广告内容，从"以媒体为中心"转变为"以顾客为中心"。对于传统媒体广告来说，只需要选对合适的媒体管道，就能有很好的投放效果和目标受众覆盖率。互联网广告的重心已不再是选择媒体，而是以顾客为中心。企业必须明确判断目标顾客的身份、偏好、兴趣等特征，追踪其在网上的行为轨迹，进行分析，并且考虑各个网站的投放价值，做到精准投放。

（2）AI技术深度应用　AI技术的融入使互联网广告变得更加精准和高效。AI不仅能够帮助优化广告投放，还能提升内容的创意和个性化水平，从而推动业务模式的创新。传统广告注重创意性、艺术性的传达，针对消费者痛点，以感性、创意的方式来引发目标顾客群体的情感共鸣。传统广告是"创意驱动"，而互联网广告是技术与创意的共同驱动。

（3）多元化的广告形式　随着新技术如生成式AI的出现，互联网广告开始采用更多样的展现形式，包括商品推荐、智能客服等，以及在直播场景下通过虚拟主播为企业降本增效。

响应互联网快节奏，创造潮流热点。过去几年，广告营销领域不断打破边界，朝多元化的方向发展。从线上到线下，从快闪店到年轻人的亚文化，伴随着消费升级与年轻化的诉求，品牌面对的市场经历着前所未有的细分，传播渠道也复杂多变。另外，互联网讲求"快"，相较传统4A广告公司完成一个项目可能需要半年的时间，决策链长、效率低，互联网公司营销频次高、节奏快、创意不断更新迭代。以阿里巴巴为例，包括视频、H5、动图、线下事件等，一个创意从产生到最终执行，周期在半个月左右。

互联网广告市场正在不断进化，企业需要适应这些变化以保持竞争力。随着技术的进步，未来的互联网广告无疑会更加智能化、个性化，并且能够更好地满足消费者和企业的需求。

> **案例**
>
> **小米提醒你，该穿上PUMA去酷跑啦！**
>
> 2016年，小米发布4M（Moment，Media，Matching，Measurement）智能营销体系，该体系通过感知不同情境来捕捉消费者的需求，运用大数据进行精准投放和匹配，选择合适的媒体进行展示，并在最佳时刻与顾客建立沟通联系，最后对营销效果进行量化评估。
>
> 2016年4月，国际知名运动品牌PUMA与小米营销合作，宣传PUMA新发布的PUMAIGNITEDISC跑鞋，小米手机用户可以通过主题商城下载70多款PUMA定制的手机界面。配合主题"一旋即发"，小米手机的解锁方式也被设计成以旋转屏幕上

的虚拟 DISC 旋钮来解锁,如图 11-3 所示。

  同年冬季,PUMA 全新上市的 PUMAevoKNIT 跑鞋再次与小米合作,推出"酷跑街头"的营销活动。整合跨平台的数据,结合"小米运动"的生态体系,在锁屏画面能看到相关的运动数据,如跑步时长、消耗的卡路里数量等,如图 11-4 所示,提醒顾客穿上 PUMA 跑鞋,搭配小米手环,享受街头跑步的乐趣。

图 11-3   小米的 PUMA 主题锁屏   图 11-4   小米的 PUMA 主题界面

  通过小米生态全场景的曝光,PUMA 的此次营销活动实现了总计 1.4 亿次的品牌曝光,以及超过 39 万次的总点击量。小米营销通过全生态和场景营销的方式,实现了品牌的营销与用户使用习惯的完美结合。

  截至 2019 年 3 月,小米在实施生态链战略五年后,已投资超过 270 家生态链企业,构建了包括手机、电视、手环等在内的多样化 IoT(物联网)产品体系。这些产品在多个应用场景中与用户进行真实互动,赋予了小米全场景覆盖的能力。这些大数据的积累为小米的营销业务提供了显著优势。

  小米于 2019 年年初正式启动"手机+AIoT"双引擎战略,预计在未来 5 年内在 AIoT 方面投入 100 亿。2020 年年初,公司立项智能电动车业务,布局米车新赛道,全场景切入用户心智,小米生态壁垒或将进一步夯实。

  (资料参考:https://m.sohu.com/a/69486909_162522?_trans_=010004_pcwzy.)

11.1.4   大数据广告推广

  1. 大数据广告投放

  通过大数据分析,可以使互联网广告的投放在三个方面达到更高的精准度:目标顾客定位、目标顾客消费情境的发现,以及分渠道广告投放效果评估,如图 11-5 所示。

图 11-5　互联网广告通过大数据分析实现的精准投放

在现今的大数据环境下，传统广告很难精准地定位目标受众，无论是媒体还是广告主，对于目标消费者的判断都非常模糊。通过大数据等技术，互联网平台能对消费者进行更加全面的追踪、分析、记录和深入挖掘，收集各种维度的数据（如年龄、性别、地理位置、身份等人口统计学上的自然属性特征，以及购物偏好、线上游戏参与、社交互动、搜索、评论等社会属性特征），判断消费者的消费偏好，精准地发现目标消费者，以便有针对性地投放广告。

借助大数据技术，除了能精准地定位目标消费者群体，还能精准地发现其消费情境。例如，通过终端设备的地理定位和各种"签到"应用，我们能获知消费者的地理位置和消费场所；通过消费者在网上的评论留言，我们能得知消费者的人际互动和社交连接；通过消费者在网络上的搜索词，我们能了解消费者的购买目的和偏好。通过实时、动态的追踪，我们能够精准地找到消费者的具体消费场景，并且针对不同的时间段和场景（如在地铁、上班前、饥饿时等）提供更准确的广告信息，实现更好的广告效果和用户体验。

通过大数据分析，我们除了能精准地发现目标消费者及其消费情境，还能做到对不同渠道广告投放效果的精准评估。

互联网广告的投放效果，可以从两个层面来评估：总量效果和分渠道效果。总量效果包括广告的总投入和转化率，包含用户的点击次数和独立访客订单转化率等，传统互联网广告基本上能实现对这些数据的分析，但是很难深入了解各个不同媒介渠道的效果评估。通过大数据挖掘，我们能一一记录消费者在看到广告信息、进行产品搜索、通过搜索点击进入品牌页面或电商平台进行下单的这些动作，对这些步骤一步一步地进行拆解分析，了解不同渠道的广告效果，做出更精准的评估。

2. 大数据营业推广

广告通常与营业推广和公共关系这两种大众促销工具相结合。营业推广是指以短期促销的方式来鼓励购买、销售产品及服务。广告提供了购买产品或服务的理由，营业推广则是提供立即购买的理由。例如，京东商城提供优惠券，购物满 500 元减 50；天猫商城的限时抢购活动引起顾客冲动购买商品；学生用户在当当网上书店购买教科书会得到免运费的机会；在淘宝平台上，顾客在商家页面进行评价能享受一定的折扣。

营业推广有不同的目的。例如，利用营业推广吸引潜在顾客，提高顾客的购买率，用奖励忠实顾客的方式来巩固与顾客的关系，提供免费试用品来吸引新试用者等。其中，新试用者可以分为三种：非此类商品的试用者、此类商品其他品牌的顾客和经常转换品牌的顾客。营业推广通常并不会吸引前两种试用者，因为他们不会经常注意此类促销或有所行动。转换品牌者为了寻求低价或高品质则会被吸引，但营业推广并不会使转换品牌者成为品牌的忠实用户。因此，营业推广在品牌差异不大的市场中能带来短期的大量销售，但很难增加市场的永久性份额。在品牌差异较大的市场中，营业推广能永久地改变市场份额。

（1）大数据营业推广的特点

1）精准性。在大数据时代，我们能通过获取的数据来分析产品的定位，充分了解市场的信息，掌握竞争对手的商品情况、动态和产品在行业中所处的市场地位；同时，根据区域人口数量、顾客的消费水平、顾客的习惯和爱好，对产品的认知及市场的供求状况进行市场评估；可以针对新顾客、潜在顾客及老顾客三大类人群进行分群推广，利用更有针对性、精确性的推广方式，提供最合适的产品和服务。

2）多样化。大数据促销能够通过互联网、移动互联网、广电网、智能电视等多渠道进行数据采集，这有助于全面、准确地理解消费者行为。

3）时效性。在网络时代，消费者的购买行为和偏好可能迅速发生变化，大数据促销能够在需求高峰时及时进行推广活动，抓住最佳时机。

4）高性价比。通过精准的目标受众分析和个性化广告投放，大数据促销可以提高广告效果，减少无效投放，从而具有较高的性价比。

5）关联性。大数据促销可以挖掘用户关注的内容和位置信息，使推广信息之间产生前所未有的关联性，提高互动性和效果。

总体来说，大数据推广的核心在于利用海量数据资源，通过精准分析和技术手段，实现对消费者的深入了解和高效触达。这不仅提高了推广活动的针对性和转化率，也为企业在激烈的市场竞争中提供了新的竞争优势。

（2）大数据营业推广的流程　营业推广的分析流程主要包括三个方面：设定营业推广目标、选择营业推广工具、制定营业推广策略，如图11-6所示。下面将依次进行介绍。

图11-6　营业推广的分析流程

1）设定营业推广目标。营业推广的目标有很大的差异，它可以促使短期销售的增加或建立市场的长期份额，也能在顾客试用新产品的过程中，把顾客从竞争对手那里吸引过来，使其购买大量的成熟商品。一般而言，营业推广主要是通过建立客户关系来增强产品的地位和巩固长期客户关系，其目标不只是增加短期销售量或吸引转换品牌者。

2）选择营业推广工具。营业推广工具有样品、代金券、现金退款、特价包装、奖品、广告特赠品、光顾奖赏、购买点、比赛抽奖及游戏九类，以下分别对它们进行介绍。

①样品。样品是指企业提供产品的货样或试用品来对产品进行宣传。虽然用赠送样品来介绍新产品是最有效的方法，但其成本也是最昂贵的。

②代金券。代金券是指顾客在购买特定商品时，凭券可享优惠，它可以刺激品牌的销量或促进新产品的提前试用。代金券可以与产品一起邮寄或在广告中插入。

③现金退款。现金退款与代金券的不同点在于，它是在购买之才退款，而代金券则是在购买时直接抵扣。代金券使企业销售所得大幅减少，不利于企业竞争。

④特价包装。特价包装又称减价交易，是指在产品正常价格上提供优待，如企业将优惠价格写在标签或包装上，或提供特价包装，降价出售（如买二赠一），或是将两件相关的产品绑在一起销售（如洗衣液与洗衣袋）。在短期促销方面，特价包装有时甚至比赠券更为有效。

⑤奖品。奖品是指在购买某特定商品时，免费或低价提供产品作为一种激励消费的方式。

⑥广告特赠品。广告特赠品是指将印有企业标识或名字的物品作为礼物赠送给顾客，常见的礼物包括购物袋、水壶、便当、帽子、咖啡杯等。

⑦光顾奖赏。光顾奖赏是指以现金或其他方式给经常使用企业产品或服务的顾客以奖励。例如，顺丰快递，当顾客寄件或评价快递员时可获得积分，累积到一定数量可在其兑换中心兑换商品。

⑧购买点。购买点指的是在购买点或销售点进行商品的陈列与展示，如在商品旁边摆设海报或招牌来吸引顾客。

⑨比赛抽奖及游戏。通过比赛、抽奖和游戏等活动为顾客提供赢得现金、旅游或奖品的机会。比赛是由顾客报名参加的，企业在比赛过程中宣传产品；抽奖要求顾客参加抽奖；游戏是指顾客在购买商品后，需要采取某些行动，如收集画片来换取奖励的方式。

3）制定营业推广策略。周全的营业推广策略需要营销者做出几个方面的决策：决定激励的规模、设定参加者的条件、如何促销及传递促销信息、促销时间的长短和确定营业推广的预算，如图11-7所示。

①决定激励的规模。促销要取得成功，需要设置最低激励程度，低于最低程度的激励是无效的；较高的激励将产生更多的销售量，但成本也高。

图 11-7 营业推广策略

②设定参加者的参与条件。激励的对象可以遍及所有人,也可以只限于某些特定的群体。

③如何促销及传递促销信息。因每种方法传递信息的程度和成本不尽相同,所以促销信息是摆在店内任人取用、邮寄,还是刊登在广告中,都是营销者考量后要做出的决定。

④决定促销时间的长短也非常重要。如果促销时间太短,可能错失与潜在顾客达成交易的机会;如果促销时间过长,顾客会认为是长期性的削价推销,而丧失立刻购买的冲动。

⑤确定营业推广的预算。营业推广预算的确定,需要仔细考虑营业推广策略的成本效益,推广策略的预算通常会在营业推广的总预算中占有一定的比例。

> **案例**
>
> **云南白药——百年医药品牌利用大数据开发新销路**
>
> 2017年6~9月,"云南白药牙膏官方旗舰店"在线上全新开业。为了利用新店开业之际进行有效的营销推广,并为品牌构建长期的市场竞争力,云南白药携手阿里巴巴,启动了一系列精心策划的推广活动。
>
> 阿里巴巴依托庞大的电商大数据资源,对搜索、浏览、点击、收藏、加购云南白药产品的用户行为数据进行深度挖掘,圈出了一个云南白药的"品牌人群包",找到符合产品定位的目标人群,达到精准推荐的目的。
>
> 基于对目标人群的深度分析,云南白药推出了为年轻消费者群体设计的定制礼包。品牌精心挑选了两位明星作为代言人,通过"帮爱豆上头条"的明星PK活动和AR互动游戏比赛,吸引了30多万名"粉丝"参与游戏。这些活动在短时间内为新店制造了上亿的曝光量。同时,参与活动的"粉丝"也转化为云南白药店铺的忠实粉丝,为品牌奠定了坚实的用户基础。
>
> 2017年8月,云南白药借电视剧《春风十里不如你》在优酷热播的契机与其原著作者合作,推出了"春风十里旅行套装";通过阿里和优酷的数据整合,经ID匹配,成功捕捉到该剧的观众人群并开发IP合作爆款产品;结合大数据分析,精准触达品牌

偏好人群、牙膏类目偏好人群，以及《春风十里不如你》和其作者的粉丝群体，在淘宝平台上实现了深度市场渗透和商业价值变现。

2021年，云南白药利用春节、三八妇女节等节日配合电商及春秋冬季重要节点，延续二十四节气和重要节日的原生海报、视频、H5的内容输出，丰富传播内容和消费者触达。

在一系列的大数据营销推广下，云南白药新店获得强势曝光，品牌的天猫店也获得了不错的数据提升。互联网流量时代，人们的时间和注意力都被切割成小碎片，企业想要打动用户不仅要提供有价值的内容，更要以用户的情感痛点为抓手，将内容与场景融合，激发用户情绪、情感的交流，以达成深度共鸣。

11.2 智慧公共关系

公共关系是指通过树立良好的企业形象，消除不利的传言或舆论，处理危机、纠纷事件等，赢得公众信任，建立顾客的消费信心。公共关系可用于促销产品、人员、景点、创意、活动、组织甚至国家。企业通过公共关系与顾客、投资者、媒体和行业团体建立良好的关系。

公共关系能以较低的成本对大众认知产生极大的影响力，这是广告不能达到的效果。企业只需要付给编辑、传播信息和主管活动的员工报酬，无须为媒体宣传付大笔费用。如果企业有一个有趣的故事，就会引来众多媒体加以报道，这相当于价值不菲的广告，而且这种宣传比广告的可信度更高。同样，负面消息也会为企业带来不好的影响。

11.2.1 互联网公共关系

尽管公共关系作用很大，但它仍然不被重视，因为公共关系会使有限的资源被分散地使用。公共关系部门经常设在公司总部或者由第三方代理充当。公共关系部门的员工忙着处理与各方的关系，其中包括股东、员工、政府和新闻界，以至于支持产品营销目的的公共关系方案往往被忽略。营销经理和公共关系执行者的想法并不总是一致的，很多公共关系执行者认为他们的工作仅仅是沟通，相比之下，营销经理更感兴趣的是广告和公共关系如何影响品牌的建立、销售额和利润，以及客户关系。

然而情况正在发生改变，尽管公共关系投入在大多数公司只占整体营销预算的一小部分，但公共关系在品牌建设方面起着越来越重要的作用。在数字时代，公共关系与广告的界限越来越模糊。例如，品牌主页、博客、短视频到底是广告行为还是公关行为？两者皆是。广告与公共关系应该在整合营销传播项目中紧密合作，以建立品牌和客户关系，这是一个重点领域。

11.2.2 互联网公关人才的挑战

在互联网公共关系越来越重要的今天,公关从业人员面对着更多的挑战,而优秀的公关人员需要具备以下能力:

(1)更迅速的反应能力　在传统媒体时代,企业在面临负面新闻时,公关人员能有充足的时间应对,面向公众表述立场、澄清事实。在互联网时代,关于企业的负面消息会在极短的时间内散播到网络的每个角落。因此,公关人员必须能够迅速地反应并做出应对。

(2)应对复杂局面的能力　如今,传统媒体与网络媒体的互动变得更加复杂,以往传统媒体获取的新闻资源有限,现在它们能从互联网上迅速获知热点话题、小道消息,接着深入挖掘并进行报道;网络媒体编辑则会跟进传统媒体的深度报道,进一步地传播、转发,如此循环互动,进而引起更广泛的关注。传统媒体和网络媒体的互动,将使局面变得复杂,危机效应也逐渐扩大。

公关人员不仅需要协调复杂、多元的各方力量,还需要快速应对大众舆论的压力,因此需要具备良好的素质。即便少数顾客的负面意见,借助论坛、社群的转发扩散,引发舆论关注,也很有可能导致重大的危机事件。因此,公关人员会不断面临新的挑战,应谨慎处理相关事件。

(3)随时关注新技术和新应用的能力　在互联网时代,新的技术和应用不断出现,公关人员必须关注和学习最新的互联网"玩法",否则将很快被时代淘汰。

11.2.3 互联网公共关系的管理

公关人员应该如何适应互联网的变化和发展,利用网络媒体进行公关传播呢?以下介绍了几种常见的方法。

传统媒体由于空间、新闻性的要求,所能呈现的文章往往篇幅较小,甚至影像的呈现也有很大的限制;网络媒体则没有这些制约,它拥有海量的信息空间,不管是图像还是视频,都能够更好地呈现企业的产品信息,促进品牌形象的推广,因此网络媒体得到公关人员的关注和使用。

在网络公关宣传中,网站首页和重要的栏目位置,具有非常可观的流量来源,可以达到很好的传播效果。另外,网络搜索词也相当重要,就算展示位置不好,通过搜索引擎,一样能让新闻暴露在大众视野,达到一定的宣传效果。根据传播目的的不同,如品牌形象、产品服务、科学技术、战略合作等,搭配不同的文章类型和新闻题材,能更深入地进行网络营销。具体而言,有以下几种策略可以供公关人员使用。

(1)稿件发布　公关传播最基础的方式是撰写软文、定期发布稿件,让品牌在网络上有一定的曝光度,利用网络媒体进行有计划的、有规模的专题化运作,让消费者对企业的产品、品牌形象有更深入的认知。

(2) 在线访谈　利用某些特殊场合，如展会、新品发布等有意义的事件，邀请企业高管进行在线访谈，与网友进行在线互动，宣传企业的产品和品牌已经成为常见的公关方法。例如，苹果公司的产品发布会，就是一场隆重且精心策划的产品秀。

(3) 网上新闻发布会　网上新闻发布会与传统新闻发布会相比，成本相对较低。互联网的亿级用户规模，为企业信息的传播提供了良好的受众基础，使信息能实现"病毒式"的高速传播。如今，许多大型网络新闻平台如新浪，直播平台如 B 站、抖音等，都是网络新闻发布的良好渠道。

(4) 人物在线访谈　企业领导人通过分享自身的成长经历、企业经营理念，与网民互动，从而拉近企业与利益相关者的距离。

(5) 专题　企业通过某一焦点事件，搭配图像、视频、文案、链接等组成特殊的专题报道，完整地传达企业的产品信息及品牌形象，从而引起网络受众的话题讨论和关注。

此外，网络媒体的监测对于公共关系也非常重要，公关人员必须在第一时间获取最新的相关信息，包括竞争对手的最新动态、媒体报道、即时舆情、产品和品牌的重大危机、产业的新趋势等，才能做出及时应对和决策。

很多企业在面临危机时，会委托公关公司 24h 不间断地监控网上信息。因此，能够在第一时间获得最新消息是非常重要的，不仅有助于提高危机处理的效率，也能维护企业的品牌形象。

> **案例**
>
> **肯德基的危机公关**⊖
>
> 2005 年，肯德基发生了一起食品安全事件，肯德基的"新奥尔良鸡翅"和"新奥尔良鸡腿堡"调料被发现含有致癌物质"苏丹红一号"，引发了公众对肯德基食品安全的广泛关注和担忧。
>
> "苏丹红一号"是一种工业染料，被国际癌症研究机构归类为三类致癌物，长期接触可能增加患癌症的风险。肯德基作为全球知名的快餐品牌，在中国拥有广泛的消费者基础。面对突如其来的危机，肯德基迅速采取了一系列应对措施，包括立即停止售卖涉事产品，并销毁所有剩余调料。随后，肯德基主动向媒体发表声明，承认问题的存在，并向公众致歉。同时，承诺将严格追查责任，并确保类似事件不再发生。消费者是危机公关中的关键群体。肯德基通过开通热线电话、发布改进措施等方式，努力回应消费者的关切和诉求。肯德基还表示，将对受影响的消费者负责，并采取措施避免类似事件再次发生。

⊖ 资料来源：https://www.sohu.com/a/245483046_100202276。

尽管肯德基反应迅速，但在处理过程中也遇到了一些问题和挑战。例如，在声明中过度承诺可能导致公众怀疑其诚意。另外，由于信息沟通不畅，部分消费者和记者无法及时获得所需信息，这也增加了解决问题的难度。面对可能的健康风险和舆论压力，肯德基需要承担起巨大的社会责任。肯德基要确保食品安全，还要在危机中保持透明和诚信，以维护品牌形象。同时，肯德基需要积极配合政府调查，并遵守相关法律法规。

肯德基"苏丹红一号"危机案例是一个典型的食品安全事件，它不仅考验了企业的危机应对能力，也揭示了在全球化背景下食品企业面临的挑战和责任。在全球化时代，企业的任何小问题都可能被放大成重大危机。因此，及时、有效的危机公关策略对于维护企业形象至关重要。企业需要建立起一套完善的预警机制，一旦发现问题应迅速采取措施，同时与消费者保持开放和诚实的沟通。

课后思考题

1. 移动互联网广告有哪些特点？未来有哪些发展趋势？
2. 大数据营业推广的特点和流程是什么？
3. 在智慧营销中，如何通过动态沟通信息来提高企业的市场竞争力？

实训案例

上海市餐饮行业大数据分析实训案例

案例概要：

在本实训案例中，我们将以某网站上的餐饮数据为基础，利用大数据技术进行综合性的餐饮店数据分析。通过对上海市餐饮店数据的深入分析，本实训案例旨在培养学员在大数据广告、大数据营业推广等领域的综合能力，为他们进入相关职业领域提供实际操作经验和数据分析技能。

实训知识点：

1）数据收集与清洗：我们首先通过网络爬虫技术获取某网站上的上海市餐饮店数据，包括店铺信息、评分、评论等。通过数据清洗，我们处理缺失值、异常值，确保数据的质量和完整性。

2）文本分析：利用文本分析技术，我们对用户评论进行情感分析、关键词提取等，以了解消费者对餐饮店的看法和需求。这将有助于制定更有针对性的广告和宣传策略。

3）数据可视化：运用大数据可视化工具，我们将分析结果以图表、图形等形式生动展示，使复杂的数据变得更加直观。这不仅有助于快速了解数据背后的故事，还为决策者提供直观的参考。

4) 多元线性回归分析：我们将运用多元线性回归分析，探讨不同变量对餐饮店人气的影响。这有助于发现影响业绩的关键因素，为业务经营提供科学依据。

5) 营业推广策略：基于数据分析的结果，我们将制定有针对性的营业推广策略。通过了解受欢迎的菜品、高评分店铺的共性，我们可以推广类似的餐饮业务。同时，通过广告投放在特定时间和地点，吸引更多目标消费者。

数据分析与实训操作：

学员通过本案例，可以学习网络爬虫、数据清洗、文本分析，以及多元线性回归分析等方法，并将体会深入挖掘数据潜力的价值，为餐饮以及其他行业提供有针对性的营销策略和业务决策支持。原始数据与代码可登录教学实训平台（edu.credamo.com）或扫描下方二维码，加入"智慧营销"课程（在学生端单击"加入课程"，输入加课码：jkm_6015279262177280；教师可以在课程库中搜索该课程并直接导入），在相关章节的实训项目中获取。

11. 动态沟通场景

第12章 智慧营销：动态沟通渠道

案例引入

国货黑马：完美日记的营销逻辑

完美日记是一个彩妆品牌，由广州逸仙电子商务有限公司在2017年顺应美妆潮流而创立，其品牌秉承"美不设限"的理念，将口红与眼影作为核心产品。经过两年的快速成长，完美日记于2018年在天猫的"99大促"和"双11"活动中崭露头角，占据了美妆排行榜首位。2019年，该品牌凭借"爆品＋病毒"的营销逻辑，仅1h就登上"2019年天猫618活动"美妆榜榜首，在"双11"活动中夺取"首个销售额破亿彩妆品牌"的桂冠，被誉为国货美妆品牌的代表。

完美日记是怎样在创立三年内就如此成功的呢？

1. 线上渠道精准化

第一财经商业数据中心发布的《2018年美妆趋势报告》显示，"男色经济""口红经济"和"'95'后经济"是美妆行业的三大趋势。因此，"95后"女性成为完美日记的主要顾客群体。完美日记紧盯"95后"市场，主要营销适应"95后"购买力的价格为30~200元的眼影及口红等日常彩妆产品。但如何才能让"95后"在最大程度上认识完美日记呢？根据北京大学心理与认知科学学院发布的《"95后"手机使用心理与行为白皮书》，"95后"平均每天使用手机的时间为8.33h，因此完美日记优先考虑线上渠道进行推广。

另外,完美日记聘请备受年轻人喜爱的流量明星来吸引目标顾客。年轻人群体更注重与品牌的互动,线下渠道的"人员+展板+试用"的模式互动性差。因此,完美日记在线上直接向年轻群体展示其多样化的产品组合,满足他们对个性化和便捷性的追求。

2. 全平台营销多元化

完美日记结合社交媒体和带货平台,成为全平台营销的佼佼者。品牌的官方微博拥有超54万粉丝,使其成为微博上的重要影响者。同时,完美日记与知名博主合作,在新产品上市前后进行集中营销活动,打造了覆盖明星、顶级KOL及中层KOL的全面营销网络,有效积累了宝贵的公域流量。

随着抖音、快手和B站等短视频应用的兴起,完美日记迅速适应市场变化,采用"小红书种草+短视频/直播带货"的策略,不仅增加了公域流量,也促进了潜在顾客的转化。品牌还通过官方公众号和朋友圈的个性化推荐进一步吸引顾客,实现了公域与私域流量的联动,最终转化为销售成果。

为了将流量转化为长期收益,完美日记实施会员制度和社群运营策略,鼓励顾客成为重复购买者,并最终培养出忠实的顾客群体。

3. "爆品+联名"品牌化

完美日记在产品和营销中注入品牌理念,并在推出新产品前三个月启动"病毒式"营销活动,利用代言人和美妆KOL的影响力,扩大"粉丝"效应。

品牌还与大英博物馆、大都会博物馆等机构合作推出联名彩妆,增添了艺术和文化气息,吸引了众多文艺青年的关注。2019年,与《中国国家地理》联名的地理系列眼影盘以及与Discovery(探索)频道联名的动物系列眼影盘,都得到了年轻消费者的热情追捧,巩固了完美日记在市场上的品牌形象。

12.1 信息流动态沟通

12.1.1 信息流沟通的概念

信息流沟通是指在社交媒体用户或移动 App 用户浏览相关动态或信息时，穿插商品、促销、广告等信息的一种沟通方式。信息流具有实时性、信息化和主动推荐的特点，信息流沟通的核心在于依托社交媒体或标杆 App 的高流量，结合所选媒体的特点，充分考量用户的浏览场景和浏览习惯，精准定位用户的社交群体属性和兴趣爱好，然后以一种自然的方式将信息传递给用户，进行精准营销。

12.1.2 信息流的渠道分类

信息流是移动互联网时代的主要推广形式，根据投放渠道的不同，可以分为以下几种。

1) 搜索引擎类——百度、360、搜狗、UC 及各类手机自带的浏览器等搜索媒体。这些媒体整合大量的流量资源，在页面的下拉展示页和关联信息页等进行信息呈现，其核心是基于用户搜索行为进行精准的信息推送。

2) 新闻资讯类——今日头条、网易新闻、澎湃新闻、腾讯新闻、一点资讯、新浪新闻、央视新闻、搜狐新闻等资讯媒体。这类媒体的信息流方式主要是在新闻内容中插入广告等营销内容。

3) 社交媒体类——微博、微信、Facebook、抖音短视频、QQ、豆瓣、快手、虎扑社区等。这类媒体的信息推送策略是以用户的好友动态形式推送用户感兴趣的内容。

4) 视频媒体类——爱奇艺、优酷、芒果 TV、腾讯视频、咪咕视频等视频播放平台。这类媒体在视频浏览中插入视频广告。

5) 标杆 App——知乎、携程、网易云音乐等在细分领域处于领先地位的 App。这类 App 出于营利或其他目的，在其浏览界面插入广告等营销内容。

12.1.3 信息流的沟通分步策略

信息流精准营销策略要解决的问题是选择什么样的信息投放媒体，以何种方式传递给目标人群，并最终将媒体的用户人群转化为自身的目标人群。

(1) 定向 选择企业产品或服务的目标定向人群。企业在选择信息流的定向投放目标时，可以从两个方面进行考量。第一，根据企业的实际顾客数据或者第三方专业机构的数据来确定目标人群。电商、游戏、金融、生活服务类等拥有大量用户信息的企业可以根据客户关系管理系统、App 后台用户数据中的用户属性和分布来确定目标人群；教育、旅游等用户分布范围较广或目标顾客不太明确的企业，可以依据第三方专业机构的数据，结合企业拥有的用户信息进行用户画像，确定信息流广告定向投放人群。第二，根据企业目前的营销策略和产品定向来选择定向维度。如果企业投放信息流的目的是提高品牌知名度，则可扩大目标人群，广泛定向并加强品牌曝光；如果企业投放信息流的目的是实现销售转化、提高销售量，则需要将信息精准定向于最核心的用户人群；如果企业的产品是小众的，则需要将产品信息精准投放给有某种兴趣爱好或个性特征的消费者群体；如果企业的产品是面向大众的，则可放宽定向条件，扩大定向范围。

企业目标定向人群的确定决定投放媒体的选择。每个媒体都有其特定的用户人群画像，因而企业在选择信息流媒体时，要选择那些目标受众能够覆盖企业顾客人群的媒体。被选择用来投放信息的媒体，要么受众群体非常广泛，如微信；要么受众群体与企业的消费者群体高度重合，如在外语学习类 App 中投放有关外语教育机构或留学机构信息。

（2）体验　信息流精准营销的一个特点就是要悄无声息地将企业信息传递给处于浏览状态的用户。为了做到这一点，需要对所选媒体的特点、用户浏览习惯和浏览场景进行了解。

1）动态沟通媒体的特点及核心功能各不相同。搜索引擎类媒体的核心功能是解决用户带有目的性的信息检索，通过问题与答案的分享，使用户获得某一疑问的解决方案；新闻资讯类媒体的核心作用在于使用户了解时事热点新闻或专业潮流动态，满足其浏览、阅读的需要；社交类媒体通过社会化网络，满足用户与他人沟通的欲望和需要，实现人与人之间跨时空的沟通、表达和交往；视频类媒体的核心作用在于满足用户休闲、娱乐的需求；细分领域的标杆 App 则满足细分市场用户的特殊需求。各类动态媒体展现的信息内容和形式有所不同，有的媒体信息内容偏新闻类、有的偏娱乐类、有的偏问答类等，有的媒体信息形式为图文类、有的为视频类。企业在投放信息流广告，与用户进行动态沟通时，为了不打扰用户，使其有良好的浏览体验，要以媒体的核心定向人群为前提，了解所选媒体的核心功能，尽量让信息流广告在内容和形式上与媒体一致。

2）用户浏览习惯。在动态沟通媒体上进行信息浏览的用户，不是搜索单个需求的个体，而是兴趣不断变化的、有着多次浏览行为，并在性别、年龄、地域、职位等基础信息方面较为稳定的群体。因而，企业的任务是依托大数据，从一个需求的即时满足，到多个需求的挖掘发现，甚至潜在需求的预测，发现定向用户的基础信息、兴趣爱好和生活方式等标签属性。例如，关注金融类、教育类等问题的知乎用户，其浏览界面会推送金融求职、教育培训机构的信息；若用户搜索或浏览关于情感方面的问题，便会出现包括相亲交友平台的信息。

3）用户浏览场景。社交类媒体的浏览场景就是社交场景，具有高度的动态沟通性；新闻资讯类媒体通常是人们在吃饭时、坐地铁时或者睡前使用；视频播放类媒体通常是在下班、周末或者节假日使用，其场景是比较悠闲、放松的；餐饮外卖类 App 如美团、通常是在吃饭时间使用。企业在投放信息流时，需要结合用户使用媒体的时间段、时长、场景等进行优化。例如，在新闻类媒体中，早上投放肯德基等快餐广告，晚上投放台灯、玩偶等广告。

（3）转化 信息流投放的最终目的在于实现用户的转化。转化完美承接用户体验和用户定向，精准的用户定向和良好的用户体验是为了更好地激发兴趣，引导用户进入着陆页。此时，着陆页的页面布局、转化入口和转化流程决定用户是否转化为企业顾客。

1）着陆页的页面布局。根据人的视觉浏览和手动操作习惯，一般来说，内容和图片置于页面左边或上方，操作程序置于右边或下方。着陆页的内容应与投放媒体的内容保持一致，符合用户的浏览场景、浏览习惯和兴趣爱好。例如，在微信、微博和QQ等社交媒体上投放广告，其着陆页应该具有更多互动性设计；在今日头条和腾讯新闻等新闻资讯类媒体上投放广告，其着陆页应该更多地提供品牌文化、产品功能等信息，给人一种增长知识的满足感。

2）转化入口。从着陆页的第一屏到最后一屏，应该循序渐进、由浅入深地向用户介绍公司产品，内容尽可能简洁、充满故事性，不断激发用户的兴趣。最好在每一屏都设置转化入口，如"测一测""试一试""点我吧"等转化词，这既可以增加用户的互动性，也可以防止用户跳转页面。

3）转化流程。转化流程应尽可能简便、快速，让用户对企业或产品信息有一定的了解并产生兴趣即可，不可加载过多信息，用户在转化为顾客时会主动搜索更多信息。此外，简单地让用户填写手机号码和验证码即可，更多的信息同样在用户成为企业的顾客时再去收集，因为此时用户还没有转化为企业的顾客，还没有品牌信任度和忠诚度，这个时候让用户填写太多信息会吓跑用户。

> **案例**
>
> **美妆品牌在微信朋友圈的大数据动态沟通——雅诗兰黛和兰蔻**
>
> 微信作为智能手机用户必备的一款社交软件，成为企业进行广告宣传、与用户保持动态沟通的主要媒体。在微信朋友圈看到美妆品牌广告并进行点赞和评论，对于许多用户尤其是女性用户来说已成为常态。下面以雅诗兰黛和兰蔻这两大美妆品牌为例，探讨它们在微信朋友圈信息流广告方面的大数据投放策略，并从定向、体验和转化三个维度进行分析。
>
> 1. 雅诗兰黛大数据定向投放策略
>
> 2019年春节，雅诗兰黛利用其亚太区品牌代言人的人气，在朋友圈推出惊喜广告。用户点击代言人头像或名字后，将被引导至雅诗兰黛"小棕瓶"的视频广告。该策略通过模仿朋友圈中的"好友动态"，与用户开展平等对话，增强了品牌与用户间的情感联系，从而提升了广告的点击率和互动率。雅诗兰黛通过微信广告的大数据分

析,针对接收过广告并对之有所互动的用户群体进行了精准定向。这包括代言人的粉丝,对广告有点赞、评论或转发行为的用户,以及搜索过相关产品关键词的用户等。这种精准定向确保了广告能够触达最有可能对产品感兴趣的人群,从而提高了广告效果。基于用户互动数据(如点赞、评论和分享行为),雅诗兰黛不断调整和优化广告创意,使其更加符合目标受众的喜好和需求。这种数据驱动的创意优化有助于提升广告的吸引力和转化率。

2. 兰蔻精准投放增加用户体验(兰蔻"视频轻互动")

2019年2月,兰蔻与腾讯广告合作,在朋友圈投放以"吻你,闻我"为主题、"一笔画心,解锁惊喜密码"为标语的视频信息流广告。该广告以红色为基调,通过"一笔画心"的互动形式,有着浓郁的中国风和浓烈的浪漫气息,完美契合了春节和情人节的气氛。用户打开广告视频后,根据提示在屏幕上一笔画出心形图案,就能收获一份情人节专属礼品码,并能跳转至兰蔻官网精品商城购买自己喜爱的产品。此外,用户不仅可以在信息流广告下进行点赞和评论,还可以通过更进一步的"@好友评论"互动功能,与朋友讨论和相互"种草"。兰蔻此次广告凭借触屏互动和社交裂变效应,实现了超过300万次的"画心"互动,点击率高达行业平均水平的3.5倍。基于大数据分析用户的浏览历史、购买记录和兴趣偏好等信息,兰蔻为用户提供个性化的产品推荐。这种个性化推荐不仅提升了用户的购物体验,还增加了产品的曝光率和销售机会。

3. 大数据提高广告转化("广告+商城"的高效闭环转化)

广告投放的一个评价标准就是广告的转化率。如何精准地实现"粉丝"引流和闭环转化是信息流广告投放的关键。在兰蔻朋友圈广告中,用户点击"兰蔻LANCÔME"就可以进入兰蔻的官方微信公众号查看更多的产品信息。点击广告视频后,用户被引导至转化入口。当用户点击相应入口,页面自动跳转至"活动专场"或"兰蔻官网精品商城",此时仅需填写生日和手机号便可成为兰蔻精品商城会员。企业可以通过实时监测广告投放效果和用户行为数据来及时调整广告策略。例如,根据用户的点击率、转化率等指标来优化广告投放的时间、地点和频次等参数以提高广告效果。同时,运用A/B测试等方法来对比不同广告版本的效果,从而选择最优的广告方案。

通过上述策略,雅诗兰黛和兰蔻在微信朋友圈的信息流广告投放中实现了高效的用户定向、优质的互动体验以及顺畅的购物转化,充分展现了信息流广告在美妆品牌营销中的巨大潜力。

12.2 社会化媒体动态沟通

12.2.1 社会化媒体动态沟通的概念

社会化媒体营销,也称社交媒体营销。社会化媒体沟通指在微信、微博和在线社区论坛等社交网络媒体上发布和传播企业品牌、产品或促销活动的相关资讯,借助社交媒体传播速度快、覆盖面广、影响力大、推广成本低,以及与用户互动沟通性强的特点,帮助企业打造"病毒式"传播,迅速树立品牌形象、实现销售促进或者客户关系的持续维护。

社会化媒体的本质是分享。现在,几乎所有的网络媒体都有社交属性,视频播放网站或 App 客户端都属于社会化媒体。但就社会传播力而言,常见的社会化媒体有博客、微信、微博、播客、论坛、社交网络和内容社区等。本书选取新浪微博和微信这两大最具影响力的社会化媒体为例进行论述。

12.2.2 新浪微博

新浪微博是由新浪网推出的具有即时消息分享和互动功能的社交媒体平台。该平台具有高度曝光、无门槛的特点,因而无论是谁,只要传播内容火爆,在平台上保持活跃,就有可能成为拥有众多"粉丝"的"网红"。将微博平台作为社会化营销的媒体具有以下几个优势。

(1)速度快 微博的传播形式是一对多的,一个账号发出一条内容,看到的人可以进行评论,评论的人群具有多样性,评论的内容具有多维性和多向性。微博的互动性转发效果十分明显,一条关注度较高的内容能够在非常短的时间内经历上万次转发并引发全民讨论。微博好友之间的"轻关系",使得一个账号即使一天发布多条消息,也不会引起关注该账号的用户反感,因而比在微信朋友圈发布广告信息更具有多频次传播的特点。微博的这些传播特性使其具有其他社会化媒体不具有的传播速度。

(2)立体化 文字、图片、视频和链接等多种多媒体技术的灵活应用极大地满足了企业常规的营销宣传形式。多种多媒体技术的巧妙应用也有利于企业吸引不同的人群,并通过社会网络形成"病毒式"营销。

(3)广泛性 微博营销传播的快速性和宣传形式的立体化,使其影响面具有广泛性,尤其是与名人有关的事件所能实现的广泛性影响能达到其他社会化媒体达不到的宣传效果。

(4)经济性 企业通过微博进行营销宣传活动,无须投入太多的资源,也没有过多的限制条件,因而可以节约大量的时间和金钱成本。

通过微博平台进行社会化媒体营销的策略主要有以下几种。

(1) 打造明星形象　企业通过自己的数据库或第三方专业机构的数据获取用户地域、性别、年龄、学历等基础信息，以及个性特征和兴趣爱好等，对用户进行标签化，从而获得用户画像。针对用户画像的优缺点或者普遍的特性，可塑造多种具体而又生动的形象。卫龙就是一家善于根据用户画像通过微博塑造企业明星形象的企业。无论是《逃学"卫"龙》《一根辣条引发的血案》的恶搞视频，还是与游戏绑定做产品宣传的《假如我离开了英雄联盟》，或是用"再见"图片吸引用户兴趣，点开图片又变成"封杀辣条，跟我有什么关系？"这种"埋心机"的危机应对方式，都塑造了一种俏皮搞怪甚至带些"江湖气息"的品牌形象，很符合当代青年想要逃离高压环境和释放压力的心理需求。

(2) "粉丝"经营　"粉丝"经营可从吸引"粉丝"关注和维持"粉丝"关系两个方面来入手。

吸引"粉丝"关注的方法有三种。第一，通过发布有趣或实用的内容主动吸引特定人群，如有着相同兴趣爱好或消费特征的人群。第二，通过关注、评论或转发行业大咖的微博吸引用户，这种做法将企业放在与潜在用户同样的位置，即都是某个大V的"粉丝"。巧妙的、独树一帜的评论很容易吸引用户，同样能博取关注度。第三，通过发起有奖互动、有奖转发、有奖问答等活动，吸引用户转发微博内容并关注企业微博号。例如，关注、转发或集赞可以领取相关书籍、求职资料等。

维持"粉丝"关系的方法有两种。第一，经常与"粉丝"互动，即动态沟通。企业可以通过微博获取"粉丝"的意见和建议，定期举办"粉丝"见面会，定期赠送有纪念意义的礼品，送上生日及节日祝福等。第二，为"粉丝"创造收益，例如，给予一定的折扣或赠品，通过差异化的费用和特权，不断提高"粉丝"的转换成本，从而使其成为企业的长期顾客。

(3) 借助娱乐明星、大V和KOL的力量　微博是一个偏娱乐的媒体，娱乐明星在微博上的影响力和号召力非常强大。借助娱乐明星的形象及流量进行品牌宣传是企业常用的营销手段，其优点在于能迅速吸引一批"粉丝"用户，缺点在于代言费高昂，且品牌形象与明星捆绑在一起，易受明星负面新闻的影响。大V和KOL的力量也不容小觑，例如，淘宝某主播在2019年直播三周年"粉丝"狂欢节中，单场直播观看数1342.63万，点赞总数7.71亿，"粉丝"福利直播周总成交金额上亿元，传播总曝光量超过7亿。

(4) 事件营销　事件营销主要是指企业通过组织、策划或利用新闻价值和社会影响力大的人或事件吸引大众的关注，使之成为被媒体、社会团体和消费者广泛热议的话题，从而提高品牌知名度和美誉度，促进销售额的增长。事件营销的传播效果虽然非常明显，但是很难控制，因而企业在利用微博平台进行事件营销时，应注意舆论导向，避免营销流于恶意或低俗炒作。

12.2.3 微信

微信是一个基于强社交关系的较为私人的内容交流、消息传播与互动的社交工具。作为一款月活跃用户数达 13.43 亿（截至 2023 年第四季度）的社交软件，微信成为众多企业和商家进行营销推广的信息传播媒体。微信推广品牌和产品的渠道有四种：购物群、朋友圈、企业公众号和游戏。微信购物群通常是微信用户自发建立的，如代购群、二手物品买卖群等，在这里不过多介绍。我们将重点论述朋友圈、企业公众号和游戏这三种微信营销渠道。

（1）朋友圈　通过微信朋友圈进行广告宣传的方式主要有三种。第一种是微商在朋友圈晒图或转发公众号文章，这种传播方式是一对多的。因为朋友圈具有强社交性的特点，所以微商通过朋友圈发布的广告信息应是低频次的、相对柔软的，否则容易引起好友的反感甚至屏蔽。第二种是企业购买朋友圈广告位发布信息流广告，因为朋友圈传播的内容偏生活化，所以企业在发布这类广告时，应以文娱类的信息为主。第三种是通过分享、集赞有折扣或赠品等方式让用户自发在朋友圈发布内容，因为微信好友之间的戒备心理较弱，且有着维系好友关系的心理，这种传播方式能够得到有效且友好的回应。

（2）企业公众号　企业公众号作为企业与顾客保持动态沟通、维系顾客品牌忠诚度的一种手段，其打造过程需要注意以下三点。

1）精准定位平台功能。企业公众号与其品牌文化及产品一样，需要定位精准，针对性强，以吸引特定的消费人群，如服装公司的公众号，要明确定位是针对哪个年龄段的服装。

2）增加有效"粉丝"。企业公众号增加有效"粉丝"的途径有两种：一是通过活动和某种功能引导关注，二是通过活动或优质文章等方式引导用户分享至朋友圈以增加关注。为了维系和增加有效"粉丝"，企业需要按一定的频率进行公众号的内容更新和消息推送。社交媒体的核心在于分享，不同于微博的"轻关系"，微信属于强社交，因而在一般情况下，朋友圈发布的内容或具有强社交性，或具有强知识性，或具有强故事性。所以，微信公众号的内容应是至少满足这三点中一点的简短文章，以便用户转发至朋友圈。

3）价值转化。这涉及两个方面的内容：一方面，企业发布的文章应具有一定的实用性，可以是传授某种知识，如化妆品企业的公众号可发布关于美妆技巧的文章，也可以提供信息服务，如折扣信息、同城实体店搜索信息；另一方面，若在公众号中添加某些功能，其操作应能给顾客带来便利，如肯德基公众号上的自助服务，用户可以用手机点餐，避免排队。

（3）游戏　微信游戏是基于微信平台开发的交互游戏，其社交功能和社会传播力不容小觑。《王者荣耀》《跳一跳》等游戏都曾火爆网络，成为年轻用户追赶朋友圈潮流的一种手段。

瑞幸咖啡与社交媒体

瑞幸咖啡,作为中国新兴的咖啡连锁品牌,以其快速扩张和创新的商业模式迅速在市场上崭露头角。然而,随着市场竞争的加剧,瑞幸咖啡也面临着如何保持品牌活力、吸引新客户以及维护现有客户忠诚度的挑战。为了应对这些挑战,瑞幸咖啡积极拥抱社交媒体营销,通过一系列策略成功地提升了品牌知名度和用户参与度。

1. 创新的价格策略与病毒式传播

2018年年初,瑞幸咖啡在初入市场时,采取了一种颠覆性的价格策略,即"3元畅饮计划"。这一策略的核心在于以极低的价格提供高品质的咖啡,迅速吸引了大量用户的注意。在社交媒体,尤其是微信朋友圈的推动下,这一策略实现了病毒式的传播效果。用户通过分享瑞幸咖啡的优惠链接,不仅为自己获得了实惠,也为品牌积累了大量的潜在用户。这种策略的成功之处在于,它充分利用了社交媒体的分享机制,使每一个用户都可能成为品牌的传播者。瑞幸咖啡通过这种方式,不仅迅速扩大了市场份额,还建立了强大的品牌影响力。

2. 朋友圈广告与裂变传播

瑞幸咖啡的裂变营销策略是其社交媒体营销中的又一亮点。通过推出各种互动性强的小游戏和优惠活动,如"摇骰子"决定折扣力度,瑞幸咖啡不仅提高了用户的参与度,还增强了用户对品牌的忠诚度。这种策略让用户在享受优惠的同时,也能感受到与品牌互动的乐趣。瑞幸咖啡还鼓励用户通过社交媒体邀请新用户加入,通过"邀好友得优惠"等方式,实现了用户的自我增长。这种基于社交网络的裂变效应,为瑞幸咖啡带来了持续的用户增长。2019年,瑞幸咖啡继续加大在社交媒体上的营销力度,尤其是朋友圈广告的投入。通过精准的目标用户定位,瑞幸咖啡能够将优惠信息直接推送给潜在的消费者。这种营销方式不仅提高了广告的转化率,还强化了品牌在目标用户心中的形象。瑞幸咖啡的朋友圈广告通常会结合地理位置信息,向用户推送附近的门店信息,这种精准营销方式,大大提高了用户到店消费的可能性。2021年,瑞幸咖啡的社交媒体营销策略更加成熟,开始注重品牌形象的塑造和用户黏性的提升。例如,通过举办瑞幸咖啡大师赛等活动,进一步加深与消费者的互动和联系。瑞幸咖啡的社交媒体营销策略体现了其对市场趋势的敏锐洞察和对创新营销手段的熟练运用。2023年,瑞幸咖啡与茅台合作推出了"酱香拿铁",通过微信朋友圈等传播途径,在市场上引起了巨大反响。产品上线首日,销量就超过了542万杯,销售额达到1亿元人民币,成为当年饮品界的爆款产品。这次合作不仅提升了瑞幸咖啡的销量,还促进

> 了股价上涨,被认为是一场双赢的联动。通过一系列精心策划的社交媒体营销活动,瑞幸咖啡成功地塑造了自己的品牌形象,并在短时间内迅速崛起,成为中国咖啡市场的有力竞争者。[一]

12.3 移动互联动态沟通

12.3.1 移动互联动态沟通的概念

移动互联动态沟通是指企业以移动端设备(手机、平板电脑等)为载体,以大数据为支撑,利用移动互联网无边界的特征,充分挖掘线上与线下资源而产生的动态沟通。PC 时代的互联网营销是以搜索引擎为主要途径的,移动时代的互联网营销是以 App 为主要载体的,因而移动营销的核心在于 App 营销。其主要方向有两个:①如何推广 App;②如何借助 App 进行营销沟通,包括品牌广告、营业推广活动和公关等信息。App 营销的关键在于以下三点。

(1) 精准定向用户　一般来说,智能手机用户只会使用他们感兴趣或必备的 App,因而企业要做的第一件事就是找到企业的用户画像,对用户的基本信息和个性特征进行标签化,据此找到匹配度最高的 App,可选择信息流精准营销模式,在该 App 内插入沟通信息。

(2) 匹配浏览场景　微信和 QQ 等社交媒体的浏览场景就是社交场景,因而在社交媒体上推广 App 或者广告信息应该以偏生活化、娱乐化的形式呈现。例如,在微信朋友圈以"好友动态"的形式投放文案+视频的信息流广告。

(3) "跟踪"用户行为　每个 App 的使用背后都隐藏着用户的行为轨迹,包括用户来源、用户访问路径和用户最终转化。用户来源是指用户从什么渠道下载 App,可能是通过软件商店、百度手机助手或从其他 App 的沟通信息转化而来;用户访问路径是指用户的浏览习惯,包括其对内容的偏好、停留时间和浏览顺序等;用户最终转化是指用户使用 App 的目的,其中蕴含着用户的需求或痛点。

掌握了以上三个关键点,企业就能明白如何选择 App 的定向方式、投放媒体和投放位置等。

[一] https://www.jiemian.com/article/2148265.html.
　　https://www.digitaling.com/articles/472576.html.

12.3.2 如何推广移动互联 App

企业应如何推广 App？

（1）App 应用商店　国内常见的应用商店有手机自带的应用商店、安智市场、安卓市场、腾讯应用宝、百度手机助手、豌豆荚，以及苹果手机的应用程序商店。用户可通过关键词搜索或者平台提供的热门推荐及分类排行寻找想要的 App。

随着通信技术的迅速发展及电信业务的普及，中国移动应用产业链逐渐完善，行业发展速度加快。产业上游方面，截至 2020 年 7 月，中国在架移动应用达到 357 万款，厂商更加注重对用户便捷、安全体验的满足。中游方面，移动应用分发渠道发展产生了重要变化。艾媒咨询数据显示，2020 年中国小程序用户规模预计达到 8.3 亿人，新兴渠道对传统应用商店分发模式形成冲击。另一方面，在中美关系紧张的情况下，华为推进的 HMS 生态系统建设有望对标 iOS 及安卓，未来该系统有机会成为开发厂商竞争的新赛道。下游方面，移动应用在应用场景方面也往更加垂直化的方向发展，如电商、文娱等领域催生出更加细分的场景，也从更多维度满足用户需求，在总体移动应用用户规模增速放缓的情况下，挖掘新的发展机会。

（2）线下产业链渠道推广　线下推广主要依靠产业链的合理布局，主要有手机厂商预装推广和运营商合作推广等几种方式。

手机厂商预装推广是指手机出厂自带或者用户通过第三方刷机渠道预装到手机中的 App。

运营商合作推广是指借助国内三大通信运营商进行 App 推广，既可通过运营商平台进行推广，如中国联通的沃商店提供手机应用、手机工具和手机游戏等的下载，也可通过运营商的定制机进行推广。

其他的一些线下推广渠道包括海报宣传推广、Wi-Fi 的人气营销等，如通过公交车免费 Wi-Fi 的形式将用户引流至伊宅购智慧公交 App。

（3）新媒体——全面覆盖性渠道推广　新媒体主要是指包括网络媒体、手机媒体、数字电视等在内的与报刊、广播、电视等传统媒体相对的新的媒体形式。企业利用新媒体进行 App 推广的途径有如下几种：

1）移动平台推广。移动平台提供软件开发工具包（SDK），开发者通过 SDK 将广告代码嵌入应用中，用户下载并点击广告后，企业通过相应的计费方式付费给开发者。常见的计费方式有浏览收费、点击付费和效果付费。国内常见的移动广告优化平台有多盟、有米科技、艾德思奇和亿动智道等。

2）搜索引擎推广。搜索引擎推广是指通过引擎优化、搜索引擎排名，以及研究关键词的流行程度和相关性，在搜索引擎的结果页面取得较高排名的营销推广手段。主要的搜索引擎有百度、搜狗和好搜（原名 360 搜索）等。随着用户行为习惯的改变，各种手机 App 应用市场、标杆 App 引流成为主要的 App 推广手段，而搜索引擎的推广能力逐步降低。但是作为 App 的重要推广渠道，搜索引擎具有其他渠道不具备的特点。例如，搜索引擎可提升 App 的技术开发能力并使企业的营销定位更明确等。此外，搜索引擎可依靠其强大的用户流量推广自己的应用商店，如百度手机助手。

3) 网络视频平台。常见的网络视频平台有爱奇艺、腾讯视频、优酷、咪咕视频和芒果 TV 等，这些网络视频平台广告的投放方式有信息流式和捆绑式被动插屏。捆绑式被动插屏是指在视频播放中途暂停时，以半屏的形式跳出的广告。这种推广方式曝光率高、视觉冲击效果强，但是用户体验不太好，因而实际转化率低。

4) App 推广。微博、微信、知乎等大流量 App 都是很好的 App 推广渠道。例如，微博出现过一条热搜"×××陷入颜值争议"，用户点进去一看，才知道是一条借助某明星的微博影响力而进行的新氧美容 App 推广活动。App 推广还有一种可能引起用户反感的捆绑式推广模式，即用户在安装某个软件时，会自动安装其他软件。

5) 视频推广。视频推广是借助电视剧、电影、短视频、宣传片、直播等视频形式进行的营销推广活动。在快节奏的数字世界里，人们的注意力不会持续太久，视频是分享信息、展示产品、让更多人了解品牌的绝佳方式。视频推广的效果毋庸置疑。研究表明，在登录页面上加入视频可将转换率提高80％。对于企业来说，视频推广好处多。它通过展示您的专业知识和品牌形象，有助于与潜在客户建立信任和信誉。视频还可用于展示产品、提供教程以及介绍公司文化的幕后花絮。此外，视频很容易在社交媒体上分享，这有助于您的信息广泛传播，受到更多人的欢迎。随着越来越多的人使用智能手机并喜欢抖音、哔哩哔哩、Instagram 等平台，视频推广迎来了前所未有的巨大机遇，可以吸引观众并将他们转化为客户。

除本章所介绍的通过各类媒体进行信息流精准营销，通过社交媒体进行口碑传播、"病毒式"传播的社会化营销和通过各种媒体进行的 App 营销外，企业还可以通过电子邮件、手机短信和电话回访等方式与顾客进行动态沟通。李光斗在其著作《互联网下半场》中指出："多媒介、多触点、全渠道、全要素的循环论证，最为稳妥。"无论是传统媒体、PC 端还是移动端，只要是企业可以利用的资源，就应该全力进行全媒体整合传播。只有这样，才能真正实现社会化传播。最后，VR、AR 和 MR 技术的发展将进一步改变企业的动态沟通渠道。顾客通过 VR 设备或者不需要任何设备就可以体验到商品的使用效果，届时，企业的内容营销或将失去魅力，毕竟真实的体验就在眼前。

 案例

咪咕阅读 App

咪咕阅读是咪咕数字传媒有限公司旗下的一款集阅读和互动等多种功能于一体的电子书 App。在 2018 年 1—6 月主要的移动阅读 App 日活跃人数排名中，咪咕阅读以400 万人次排名第四，如下图所示。

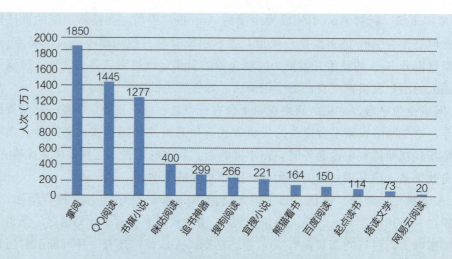

2018年1—6月主要移动阅读App日活量

（图片来源：中商情报网，https://baijiahao.baidu.com/s?id=1609673194819580835&wfr=spider&for=pc）

咪咕阅读App，作为一款充满活力的移动端阅读平台，汇聚了丰富的图书资源，包括了图书、杂志、漫画、网络小说和有声读物等多样化的阅读内容，全面满足用户的多元阅读需求。在2019年，为纪念中华人民共和国成立70周年，咪咕阅读特别推出了"70周年"主题专区，其中不仅包括与纪念日相关的专业书籍，还包含了大量红色主题的宣传视频和时事热点新闻，以增强用户的历史意识和时代感。此外，咪咕阅读App在内容的呈现上追求卓越，注重图书的质量和排版校对，以确保阅读体验的舒适性。其特色是整合了尖端的中文语音识别技术，使平台上的所有文章均能通过语音播放功能进行收听，同时，用户还能根据个人偏好选择不同的朗读音色，提升了用户的便捷性和个性化体验。咪咕阅读App还创新性地将社交元素融入阅读体验，打造了"阅读＋社区"的互动模式。在"发现"模块中，咪咕用户不仅可以推荐心仪的书籍，关注感兴趣的话题或其他咪咕用户，还能在阅读过程中通过做笔记的方式，分享自己的思考和感悟，从而激发社区内的交流与讨论，增强了阅读的社交互动性。

2015年，电视剧《花千骨》热播，咪咕阅读借势与小说原著作者合作推出电子书，让影视剧粉丝和明星粉丝享受一边追剧一边看小说的感觉；咪咕还趁机制作了一个画风随意的搞笑视频——《三分钟带你看完〈花千骨〉》，该视频一经推出，就在朋友圈、视频网站、B站引起了巨大反响。这些举动不仅为咪咕阅读打开了移动阅读App的市场，更为其收获了一大批忠实粉丝。疯狂侵入抖音进行App营销也是咪咕阅读的一种高效引流途径，通过混剪经典或流行的影视作品，以夸张的形式呈现小说内容，吸引用户观看，然后在剧情高潮时戛然而止，紧接着出现App的下载链接，将用户引流至App。

2017年9月，咪咕阅读借助微博、地铁媒体和《都市快报》等多种传播媒介，推出了以"阅读群效应"为话题的系列营销活动。在微博平台上，咪咕阅读发布了一条"据说具备以上九条的人都是坚持阅读的人"的微博，迎合当下网民喜欢贴标签以达到自我呈现目的的习惯。在《都市快报》和地铁媒体上，同样利用"坚持阅读的人满足的九个条件"，如"对纠正错别字的执念""旅行其中一站必须是书店"等"贴标签式"的广告文案，进行App营销推广。对咪咕阅读App感兴趣的用户只要扫描文案下方的二维码，便可以下载App。

根据易观分析数据显示，2020年中国移动阅读市场规模达351.6亿元，环比增长21.75个百分点，而在移动阅读App中，咪咕阅读凭借自身独特的营销优势，始终占据榜单前三位，有着不可估量的市场潜能。2020年1月15日，依据年度经营业绩，杭州市政府授予咪咕数字传媒有限公司2019杭州文旅消费掌上书城畅销奖。截至2021年3月，咪咕阅读汇聚了超60万册精品正版图书内容，月活用户突破1.6亿，并在全国200多个城市举办了1200多场"悦读咖"名家活动。上线至今，咪咕阅读先后荣获第四届中国政府出版奖、2018年度中国好书奖等百余种奖项，赢得了业内外的广泛好评与认可。

咪咕阅读之所以能快速抢占市场，其营销策略的成功可归因于三个关键因素：

（1）4C营销　以受众为本，持续优化体验：①优化视觉与内容，增强用户体验；②优化推荐机制，降低阅读成本；③增强平台便捷性，为用户提供便利性；④利用社交属性，强化阅读的社交性。

（2）精准营销　提供个性服务，增强市场穿透性：①交互性服务；②智能化服务；③定制化服务。

（3）渠道营销　加强战略合作，拓展市场空间：①手机硬件生产商渠道；②应用商场渠道；③媒体渠道。

课后思考题

1. 信息流广告与传统广告的主要区别是什么？这些区别怎样提高广告效果？
2. 微博营销与微信营销相比，有哪些不同之处？它们的特点和优势是什么？
3. 简述社交媒体在现代营销中的作用。选取一家公司，说明它如何成功地利用社交媒体来增加品牌曝光并与客户互动。

实训案例

新媒体营销——D平台产品营销与推广策划

案例概要：

甘孜州近年来在文化旅游资源上取得了显著的进展，尤其在旅游设施建设和文旅资源发掘上表现出色。然而，该州在 D 平台等主流新媒体平台的营销合作中，仍面临旅游产品单一和价格高昂等问题。为了深入了解消费者对 D 平台旅游团购的需求和看法，团队通过问卷调查收集了消费者的旅游偏好和购买意愿，为企业提供有针对性的营销策略和建议。

实训知识点：

新媒体营销：在当前数字化和网络化的背景下，新媒体营销已经成为旅游业的重要组成部分。特别是在 D 平台上，企业可以通过发布有吸引力的内容来吸引更多的目标用户，从而实现品牌推广和产品销售。针对消费者的实际需求和偏好进行有效的内容创作和营销活动是新媒体营销成功的关键。

数据分析与实训操作：

调研团队通过描述统计、逻辑回归和聚类分析等数据分析技术，揭示了消费者的旅游偏好和购买意愿，为企业提供了有针对性的营销建议。这一过程也为实训学员提供了一个宝贵的实践机会，使其能够在真实的数据环境中进行实际的分析和操作。

12. 动态沟通渠道

第13章 智慧营销前沿技术应用与展望

案例引入

惠普在3D打印领域的智慧营销战略

随着科技的不断进步,3D打印技术已经从原型制作的工具转变为制造业的一个重要分支。企业利用3D打印能够实现快速原型设计、定制化生产和复杂的结构制造。惠普作为全球领先的科技公司,通过推出高性能的3D打印解决方案,结合智慧营销前沿技术,为不同行业提供了创新的制造和营销模式。其创新实践体现在以下几个方面:

1) 产品创新:惠普推出了基于喷射熔融技术的3D打印机,这种打印机能够在速度、质量和精度上与竞争对手区分开来,满足专业级用户的需求。

2) 个性化定制:惠普的3D打印技术允许用户按需打印个性化的产品,这在医疗、牙科、汽车和消费品领域尤为受欢迎。

3) 数字库存:通过3D打印,惠普实现了数字库存,即通过存储3D打印文件而不是实体库存,大大减少了仓储成本并提高了供应链的灵活性。

4) 虚拟现实(VR)辅助设计:惠普利用虚拟现实技术为客户提供产品设计的预览,使客户在打印之前能够在虚拟环境中看到并评估他们的设计。

5) 在线平台和数据分析:建立了一个在线平台,客户可以上传和分享自己的设计,同时使用数据分析工具来优化打印过程和材料使用。

惠普在3D打印领域取得了以下成效：

1）用户体验提升：通过提供高质量的3D打印机和个性化服务，惠普提升了用户的满意度和忠诚度。

2）市场需求响应：惠普的智慧营销战略有效地响应了市场对快速制造和个性化产品的需求。

3）品牌形象强化：将3D打印技术与智慧营销相结合，强化了惠普在创新技术领域的品牌形象。

4）销售增长：通过这些前沿技术的应用，惠普在3D打印市场上取得了显著的销售增长。

惠普在3D打印领域的智慧营销展示了如何将产品技术创新与前沿营销技术相结合，以满足市场需求并提升用户体验。通过个性化定制、数字库存、虚拟现实设计和在线平台等策略，惠普不仅增强了其在3D打印市场的竞争力，也为其他行业树立了智慧营销的典范。这一案例证明了企业在数字化转型中，通过采用前沿技术和创新思维，可以实现商业模式的革新和市场优势的提升。

（资料参考：https://www.hp.com/cn-zh/printers/3d-printers.html.）

13.1 元宇宙与智慧营销

13.1.1 元宇宙概述

1. 什么是元宇宙

元宇宙是一个虚拟的数字生活空间,它集成了多种现有技术,旨在创建一个与现实世界交互并可能超越现实的虚拟世界。在元宇宙中,人们可以构建新型的社会体系,进行社交、工作、娱乐等活动,形成了一个全新的数字社会形态。

元宇宙具有以下三个核心属性:

(1)时空性 元宇宙包括时间和空间的维度,用户可以在这个虚拟世界中进行探索和互动,就像在现实世界中一样。

(2)人机性 在元宇宙中,不仅有自然人,还有虚拟人和机器人等多种形式的存在,这些实体可以在虚拟世界中进行社交、工作和娱乐等活动。

(3)经济增值性 基于区块链技术,元宇宙内部可以形成一套完整的经济系统,用户可以通过各种活动创造价值并实现经济利益的增长。

元宇宙是一个复杂的概念,它不仅包含了多个学科领域的知识,还涉及社会、文化等多个层面。中国通信院等发布的《2023元宇宙白皮书》对元宇宙概念做了如下解释:从技术视角,元宇宙是基于多种信息技术有机结合、沉浸式、自主化、虚拟融合的数字网络空间;从经济视角,元宇宙是基于互联网平台价值重构、数字内容通证化、内容创作货币化、开放互通的新型经济体系;从社会视角,元宇宙是基于现实世界社会活动与人际关系时空深度延伸的新型网络社会。

2. 元宇宙技术

元宇宙并不是一项新技术,而是一个技术综合体,它结合了5G、云计算、人工智能、虚拟现实(VR)、支付技术、物联网(IoT)和人机交互等多种技术的发展成果,以下介绍主要的元宇宙技术:

(1)物联网技术 这是实现物理世界与数字世界连接的关键技术,使现实世界中的物品能够通过网络互相沟通和交互。物联网技术是构建和维护元宇宙世界的重要基石,它不仅增强了虚拟环境的真实感,还为用户提供了更加丰富的互动体验。

(2)交互技术 交互技术包括虚拟现实(VR)、增强现实(AR)、混合现实(MR),以及全息影像技术等。这些技术通过提供沉浸式的视觉、听觉甚至触觉体验,使用户能够身临其境,从而增强了用户在虚拟世界中的存在感和参与度。

(3)人工智能技术 人工智能技术是指在元宇宙中应用的人工智能技术,它用于创建智能化的虚拟角色、提供个性化的用户体验、增强决策和预测能力等。在元宇宙中，人工智能技术可以帮助构建更加真实、互动性强的虚拟环境，使用户能够在其中获得更加丰富和真实的体验。例如，通过使用人工智能技术，可以创造出智能的非玩家角色，让它们能够与用户进行自然而流畅的交互，从而提高了用户在虚拟世界中的沉浸感和参与度。此外，人工智能技术还可以用于优化元宇宙的性能和安全性，例如，通过自动化的监控和分析系统来检测和防止潜在的安全威胁。人工智能技术在元宇宙中扮演着至关重要的角色，它不仅提高了用户体验的质量，还为元宇宙的发展提供了强大的技术支持。

（4）支付技术　支付技术是一种在虚拟世界中实现财务交易的技术支持，它包括数字货币、加密资产和区块链技术等。通过这些技术，用户能够在元宇宙中进行安全、快速且去中心化的支付和交易，从而支持虚拟世界中的经济活动和商业模式。

（5）网络及运算技术　高速可靠的网络连接是元宇宙运行的前提，5G及未来的6G网络技术将使大量数据的传输成为可能，保证用户体验的流畅性和实时性。强大的云计算和边缘计算能力保证了元宇宙复杂环境的渲染和处理，为用户提供逼真的虚拟体验。

总体来说，这些技术共同构成了元宇宙的基础架构，它们的发展和完善对元宇宙概念的实现至关重要。随着这些技术的进步，元宇宙的体验将变得更加丰富和真实，为用户提供全新的数字生活方式。

3. 元宇宙发展的问题与挑战

（1）技术瓶颈　元宇宙的发展受限于当前的技术水平，尽管虚拟现实、增强现实等技术已取得显著进展，但用户体验仍受延迟、分辨率、视场角等问题的影响。同时，高性能计算和图形处理需求巨大，对个人设备和数据中心的要求极高。此外，传感器和用户界面技术的局限性也影响了交互体验的自然性。网络带宽和低延迟通信对于保证流畅的元宇宙体验至关重要，目前这些技术仍在不断发展中，尚未成熟到可以完全支撑起一个宏大的虚拟世界的程度。

（2）数据安全与隐私保护　在元宇宙中，用户生成的数据量将非常大，如何确保这些数据的安全存储和传输是一个挑战。防止恶意攻击和数据泄露，保护用户的隐私信息不被滥用是关键问题。随着数据的重要性日益增加，建立有效的数据治理机制成为关键问题。

（3）经济模型与货币系统　设计一个稳定、可持续的元宇宙经济系统是一个挑战，包括虚拟商品的定价、交易和货币政策。数字货币和区块链技术的应用需要解决波动性、监管合规性和市场规模的问题。同时，平衡现实世界与虚拟世界的经济关系，以及如何处理虚拟资产的法律归属和税务问题也需要解决。

（4）社会接受度与伦理法律问题　元宇宙的概念被广泛理解和接受需要时间，同时需要教育用户如何正确使用。伦理问题，如虚拟身份的权利、虚拟行为的伦理规范等，需要明确界定。法律体系需要适应新的情况，如关于虚拟财产的所有权、虚拟工作的劳动法规等。

（5）舆论泡沫与市场理性　当前关于元宇宙的讨论可能存在过热现象，需要警惕资本市场的非理性炒作。投资者和用户需要对元宇宙的长期发展和潜在风险有清晰的认识，避免盲目跟风和投机行为。

（6）监管问题　政府和监管机构需要制定相应的政策和法规来监管元宇宙的发展，以防止市场失控。跨国监管合作对于应对元宇宙中的全球性问题至关重要，需要建立有效的国际协作机制。

（7）人才缺口　元宇宙的发展需要大量具备新技术能力的人才，从内容创造到系统开发都需要专业人才的支持。教育和培训体系需要更新，以满足新兴职业的需求，培养更多的专业人才来推动元宇宙的发展。

这些问题和挑战需要政府、企业、研究机构和社会各界的共同努力，通过技术创新、政策制定和公众教育来解决。

13.1.2　元宇宙与智慧营销实践

元宇宙为智慧营销带来了无限的可能性和广阔的空间。

（1）品牌互动与体验　元宇宙提供了一个全新的方式来连接用户和品牌，企业能够创造独特的虚拟环境，让用户以虚拟化的身份参与其中，通过搭建虚拟展厅、举办线上活动、设计互动游戏等方式，吸引用户参与，为用户提供独特的体验，提高品牌认知度和用户黏性。

（2）个性化与定制化　元宇宙中的技术使企业能够更好地了解用户的需求和偏好，从而提供更加个性化和定制化的产品或服务。这种个性化不仅体现在产品设计上，也体现在营销策略和沟通方式上。元宇宙中产生的大量数据为企业提供了宝贵的洞察数据。通过分析这些数据，企业可以更好地了解市场趋势、用户行为和竞争对手的动态，从而做出更加精准和有效的决策。

（3）数字人的应用　数字人作为用户在元宇宙中的虚拟代表，为企业与消费者互动提供了新的可能性。企业可以设计与品牌形象相契合的数字人，通过虚拟客服、虚拟导购等形式与用户进行更加个性化和情感化的交流。

（4）NFT与产品推广　非同质化代币（NFT）的兴起为产品推广提供了新的思路。企业可以创建独特的数字资产，如限量版的虚拟商品、数字艺术品等，并通过NFT的形式进行销售或赠送，以此吸引用户关注和参与。

（5）AR/VR与沉浸式体验　增强现实（AR）和虚拟现实（VR）技术的应用，使企业能够为用户提供沉浸式的体验。无论是虚拟试衣、虚拟试驾还是虚拟旅行，这些技术都能够让用户在元宇宙中获得前所未有的体验，从而增强用户对品牌和产品的认知和喜爱。

（6）内容生产与创新　人工智能生成内容（AIGC）技术的应用，使内容生产更加高效和个性化。企业可以利用这些技术为消费者提供定制化的内容，如根据用户的兴趣和偏好生成推荐文章、视频等，从而提高营销效果。元宇宙鼓励内容创新，通过创作独特的虚拟体验、游戏或故事来吸引用户的注意力。内容创新不仅可以提高品牌的知名度，也可以提高用户的参与度和互动性。此外，元宇宙为企业提供了一个展示科技感和艺术性的平台。品牌可以借助元宇宙中的创意工具和平台，创造独特的艺术作品或体验，塑造独特的品牌形象，提升品牌的文化内涵和艺术价值。

（7）产业融合与跨界合作　元宇宙不仅是技术创新的象征，也是产业和企业数字化转型的核心平台。企业可以通过元宇宙化，即"元宇宙即服务"（MaaS），探索新的商业模式和服务模式，实现线上与线下的无缝连接和深度融合。如进行数据可视化与共享，帮助品牌建立基于数据可视化的"透明公司"，通过开放数据生态，实现合作伙伴之间的数据共享和协同发展，提高企业的信誉和可信度。元宇宙的发展促使不同领域的品牌进行跨界合作与整合，提供了探索新的商业模式的机会。通过共同开发虚拟项目或共享资源，品牌可以扩大影响力并吸引更多目标用户。例如，品牌可以通过出售虚拟商品或服务来创造收入，或者通过与游戏开发者合作来推广产品。

元宇宙为智慧营销带来了新的启示和机遇。企业需要深入理解元宇宙的特点和趋势，并积极应对挑战和抓住机遇，以取得更好的市场表现和业务增长。

13.2　ChatGPT 与智慧营销

13.2.1　ChatGPT 概述

1. 什么是 ChatGPT

ChatGPT 的全称是"Chat Generative Pre-trained Transformer"，是 OpenAI 开发的一款基于人工智能技术的聊天机器人程序，能够进行自然语言处理和生成回答。它使用了先进的 Transformer 神经网络架构，这是一种专门用于处理序列数据的模型。ChatGPT 通过连接大量的语料库进行训练，这些语料库包含了真实世界中的对话，使它具备广泛的知识领域和强大的语言理解及文本生成能力。此外，ChatGPT 能够根据聊天的上下文进行互动，实现与人类几乎无异的聊天场景交流。OpenAI 为了让用户更容易使用这一技术，还为 ChatGPT 增加了用户友好的界面，使其可以像人一样"理解"和写出文字，实现了更加人性化的交互体验。

ChatGPT 的优点主要体现在其卓越的语言理解与处理能力、多轮对话的交互性，以及基于反馈的学习与适应能力等。

首先，ChatGPT 拥有强大的语言理解和自然语言处理能力。它能够清晰地理解用户的意图，并给出逻辑清晰的回答。这种能力使它在多种语言支持方面表现出色，包括英语、中文、西班牙语、法语、德语、意大利语等，能够满足不同国家和地区用户的需求。

其次，ChatGPT 具备优秀的交互性，它能够生成符合用户意图的多轮回复，并捕捉之前的对话背景来回答假设性问题，这大大增强了用户在对话互动模式下的体验。此外，它还可以通过指令微调和基于人类反馈的强化学习来增强其学习任务泛化的能力，使其与人类反馈保持一致。最后，ChatGPT 还具有基于反馈的学习与适应能力。它可以主动承认自己的错误，并根据用户的反馈优化答案。并在给出答案的同时还能提供解释，使结果更容易被用户接受。

2. ChatGPT 的应用

ChatGPT 已经在许多领域展现出强大的功能，以下介绍一些主要的应用行业：

(1) 商业办公　ChatGPT 被广泛应用于商业办公领域，如在 Office 软件中提供智能问答、内容创作、数据分析等功能。通过智能问答，用户可以快速获取所需信息，提高工作效率。在内容创作方面，ChatGPT 能够根据用户的需求生成各种类型的文本，如报告、邮件等，极大地提高了用户的工作效率和质量。此外，ChatGPT 还具有强大的数据分析能力，能够帮助用户快速整理和分析数据，为决策提供有力的支持。

(2) 客户服务　ChatGPT 也被广泛应用于客户服务领域。通过集成 ChatGPT，客服系统能够提供更精准的问题解答和更高效的服务流程。用户可以通过与 ChatGPT 进行自然语言交互来获取所需的信息和帮助，大大提高了客户服务的质量和效率。

(3) 教育领域　在教育领域，ChatGPT 可以作为教学辅助工具，帮助学生学习新知识。它可以根据学生的学习情况和需求，提供个性化的教学内容和辅导服务。同时，它也能帮助教师准备教材和回答学生提出的问题，减轻教师的工作负担。

(4) 医疗行业　在医疗行业中，ChatGPT 可以帮助医生快速获取所需信息，提高诊断效率和准确性。例如，它可以根据病人的症状和病史提供可能的诊断结果供医生参考，或者帮助医生查找相关的医学文献和研究资料。

(5) 搜索引擎　微软将 ChatGPT 集成到 Bing 搜索引擎中，提升了搜索结果的相关性和用户体验。用户可以通过与 ChatGPT 进行自然语言交互来获取更精准的搜索结果，提高了搜索的效率和质量。

(6) 家庭助理　在智能家居领域，ChatGPT 可以作为家庭助理，控制智能设备、管理日程安排等。用户可以通过与 ChatGPT 进行自然语言交互来控制家中的各种智能设备，如灯光、空调、电视等，或者查询天气、新闻等信息。

(7) 娱乐社交　在社交媒体和游戏等领域，ChatGPT 增加了交互性和娱乐性。用户可以与 ChatGPT 进行有趣的对话和互动，增加了娱乐性和趣味性。

(8) 智能汽车和 AR 眼镜　这些实体终端也开始集成大模型技术，以提供更加智能化的用户体验。例如，智能汽车中的 ChatGPT 可以帮助驾驶人进行导航、播放音乐、发送消息等操作，提高了驾驶的安全性和便利性。

随着技术的不断进步和应用的深入，ChatGPT 将在更多领域展现出其强大的功能和应用潜力。它将为用户提供更加智能化、个性化的服务，并与其他技术和应用场景相结合，创造出更多的可能性和价值。

13.2.2　ChatGPT 与智慧营销实践

ChatGPT 对市场营销发展有多方面的启发，主要包括以下几个方面：

（1）个性化营销　ChatGPT 可以根据用户的行为、需求和兴趣，提供个性化的产品和服务推荐。这不仅可以提高用户的满意度和忠诚度，还可以增加销售机会。例如，ChatGPT 可以根据用户的购买历史和浏览记录，推荐相关产品或服务，或者根据用户的兴趣和喜好，提供个性化的内容和活动。

（2）智能客服　ChatGPT 可以作为智能客服，快速响应用户的问题和需求，提供全天候服务。这不仅可以提高客户服务的质量和效率，还可以节省企业的运营成本。例如，ChatGPT 可以通过自然语言处理技术，理解用户的问题和需求，并提供准确的答案和解决方案。

（3）内容创作　ChatGPT 有很强的内容创作能力，可以生成各种类型的文本，如广告文案、产品描述、新闻稿等。这为企业提供了快速、高质量内容创作工具，有助于提高品牌知名度和用户参与度。例如，ChatGPT 可以根据企业的需求和目标受众，创作出有针对性的广告文案和产品描述，吸引用户的注意力和兴趣。

（4）市场分析　ChatGPT 能够分析大量的市场数据和用户反馈，为企业提供有价值的市场洞察和趋势预测。这有助于企业制定更有针对性的营销策略和产品开发计划。例如，ChatGPT 可以通过对社交媒体上的用户评论和反馈进行分析，了解用户对某个产品或服务的看法和评价，从而改进产品设计或优化营销策略。

（5）用户互动与参与　ChatGPT 可以与用户进行有趣的对话和互动，增加用户的参与度和黏性。通过有趣的问答、游戏等形式，用户可以更加深入地了解产品和服务，提高转化率。例如，ChatGPT 可以设计一个有奖问答活动，让用户回答问题并获得优惠券或积分奖励，增加用户的参与度和忠诚度。

（6）多渠道营销　ChatGPT 可以集成到各种营销渠道中，如社交媒体、电子邮件、短信等。这使企业可以在不同的渠道上统一管理用户的需求和反馈，提高营销效果。例如，ChatGPT 可以通过 API 接口与各种社交媒体平台连接，实现自动发布内容、回复评论等功能。

（7）实时反馈与优化　ChatGPT 可以根据用户的反馈和行为实时调整营销策略和内容。这有助于企业更好地满足用户需求，提高营销活动的 ROI（投资回报率）。例如，ChatGPT 可以通过监测用户点击率、转化率等指标的变化情况，及时调整广告投放策略或优化产品页面设计。

（8）跨领域创新　ChatGPT 的应用不仅限于传统的市场营销领域，还可以与其他领域相结合，创造出新的营销方式和商业模式。如与 VR/AR 技术结合的虚拟试衣、虚拟旅游等。这些创新的营销方式不仅能够吸引用户的注意力和兴趣，而且也为营销活动增加了趣味性和互动性。

随着技术的不断进步和应用的深入，ChatGPT 将在市场营销领域发挥更大的作用。它将帮助企业更好地了解和满足用户需求，提高营销效果和效率，同时也促进了营销创新和发展。

13.3 ESG 背景下的智慧营销

13.3.1 ESG 概述

1. 什么是 ESG

ESG 是指环境（Environmental）、社会（Social）和公司治理（Governance）这三个词的英文首字母缩写，它是评估企业在可持续性方面表现的一个标准框架。

ESG 涉及以下三个关键方面：

（1）环境　环境方面关注企业对自然环境的影响，包括温室气体排放、资源消耗、废物处理和生态保护等。企业的环境绩效通常与全球气候变化和自然资源保护等问题紧密相关。

（2）社会　社会方面考虑企业如何管理其与员工、供应商、客户，以及所在社区的关系。这包括但不限于劳工权益、产品责任、社区参与和公平交易等方面。

（3）公司治理　公司治理涉及企业的管理结构、董事会行为、股东权利，以及透明度和财务诚信等方面。良好的公司治理有助于降低风险并促进长期稳定的企业发展。

2. ESG 的价值

关注 ESG 对企业和个人都具有重要的价值。

（1）ESG 对企业的价值

1）风险管理。企业面临的环境和社会风险可能对其业务产生重大影响。例如，环境污染可能导致法律诉讼和声誉损失，而劳工问题可能引发罢工或抵制。通过关注 ESG，企业可以更好地识别和管理这些风险。

2）合规要求。随着政府和监管机构对环境保护、社会责任和透明度的要求越来越严格，企业需要更加关注 ESG 以确保合规。这不仅有助于避免罚款和法律纠纷，还可以提高企业的公信力。

3）投资者关注点。越来越多的投资者开始考虑企业的 ESG 表现，并将其作为投资决策的重要参考因素。这意味着，关注 ESG 可以帮助企业吸引和保留投资者，提高融资能力。

4）消费者意识。随着消费者对企业社会责任和可持续发展的意识不断增强，他们更倾向选择那些在环保、公平交易等方面表现良好的品牌。通过关注 ESG，企业可以更好地满足消费者的需求和期望。

5) 品牌形象。一个良好的 ESG 形象可以增强企业的品牌价值和竞争力。这不仅可以吸引更多的客户和合作伙伴，还可以提高员工的工作满意度和忠诚度。

6) 长期盈利能力。尽管短期内实施 ESG 措施可能会增加成本，但从长期来看，这些措施有助于提高企业的盈利能力。这可能是因为减少了资源浪费、降低了法律风险、提高了效率等。

(2) ESG 对个人的价值

1) 道德和责任。关注 ESG 有助于个人树立道德观念和社会责任感，促使其在生活和工作中更加注重环境保护、公平正义和诚信。

2) 职业发展。对于那些希望在企业中担任管理角色的人来说，了解和实践 ESG 原则是非常重要的。这不仅有助于他们更好地管理企业风险和合规问题，还可以提高他们的职业素质和竞争力。

3) 投资决策。对于投资者来说，关注企业的 ESG 表现可以帮助他们更全面地评估企业的长期价值和可持续性，从而做出更明智的投资决策。

4) 个人形象。在日常生活中展示对 ESG 问题的关注和行动，可以树立个人的社会形象和信誉，使自己成为一个更有社会责任感的公民。

无论是对企业还是个人来说，关注 ESG 都是一种对当前和未来负责任的行为。它有助于实现可持续发展目标，创造一个更美好、公正和繁荣的世界。

13.3.2 ESG 与智慧营销实践

1. ESG 对市场营销的启发

ESG 营销是一种将环境、社会和治理因素纳入营销策略中的方法。这种营销方法强调企业不仅要追求经济利益，还要关注其产品和服务对社会和环境的影响。

ESG 对市场营销的启发主要体现在以下几个方面：

(1) 品牌形象塑造　一个关注 ESG 的企业往往能够树立积极的品牌形象，这种形象有助于增强消费者的信任感和忠诚度。在营销活动中突出企业的环保措施、社会责任和良好的治理结构，可以让消费者对企业产生好感，从而提高购买意愿。

(2) 差异化竞争　在竞争激烈的市场中，企业需要寻找差异化的竞争点。关注 ESG 可以为企业提供独特的竞争优势，因为不是所有企业都能在环保、社会责任和公司治理方面取得显著成果。通过强调这些特点，企业可以在同类产品中脱颖而出，吸引更多的消费者。

(3) 目标市场拓展　随着消费者对可持续性和社会责任的关注不断增加，关注 ESG 的企业可以更容易进入这些消费者所在的目标市场。这些消费者往往更愿意选择那些与他们的价值观相契合的品牌，这为企业提供了新的市场机会。

（4）产品创新　关注 ESG 可以激发企业在产品设计和开发方面的创新。例如，在产品设计中采用环保材料、节能技术或可持续包装，不仅有助于降低环境影响，还可以满足消费者对绿色产品的需求。

（5）营销传播　企业可以利用 ESG 因素来制定有力的营销传播策略。通过讲述在环保、社会责任和公司治理方面的故事，企业可以与消费者建立情感联系，增强品牌吸引力。此外，这些故事还可以通过各种媒体渠道进行传播，进一步扩大品牌影响力。

（6）客户关系管理　关注 ESG 有助于企业建立和维护与客户之间的良好关系。通过积极参与社会责任项目、回应客户关切，以及采取透明沟通，企业可以赢得客户的信任和支持，提高客户满意度和忠诚度。

关注 ESG 对市场营销具有重要的启发作用。它不仅有助于企业树立积极的品牌形象、实现差异化竞争和拓展目标市场，还可以激发产品创新、制定有效的营销传播策略，以及建立良好的客户关系。因此，将 ESG 因素纳入市场营销策略中是当今企业应该重视的关键要素之一。

2. ESG 与智慧营销

在 ESG 背景下，智慧营销的发展可以体现在以下几个方面：

（1）数据驱动的决策　智慧营销利用大数据和人工智能技术来分析消费者行为和市场趋势，从而做出更加精准的营销决策。在 ESG 背景下，企业可以通过数据分析消费者对环保、社会责任和公司治理等方面的关注点和偏好，从而调整营销策略，更好地满足消费者需求。

（2）个性化的体验　智慧营销能够为消费者提供个性化的产品和服务体验。在 ESG 背景下，企业可以利用技术手段了解消费者的价值观和生活方式，从而推出符合其环保、社会责任和公司治理需求的个性化产品和服务，增强消费者的购买意愿和满意度。

（3）自动化的操作　智慧营销通过自动化工具和平台实现营销活动的高效执行和管理。在 ESG 背景下，企业可以利用自动化技术进行精准的目标受众定位、广告投放和内容推荐等，提高营销效率，降低成本。

（4）社交媒体的利用　智慧营销通过社交媒体平台与消费者建立紧密联系，开展互动和沟通。在 ESG 背景下，企业可以利用社交媒体传播自己在环保、社会责任和公司治理方面的努力和成果，增强品牌形象和声誉，吸引更多的关注和支持。

（5）持续的学习和改进　智慧营销注重对营销活动效果的监测和分析，不断学习和改进。在 ESG 背景下，企业可以通过对营销活动的持续追踪和评估，了解其对消费者认知和行为的影响，进一步优化策略，提高营销效果。

在 ESG 背景下，智慧营销的发展有助于企业更好地满足消费者对环保、社会责任和公司治理等方面的需求，提高市场竞争力和可持续发展能力。企业需要积极拥抱技术变革，不断创新营销方式和手段，以适应不断变化的市场环境和消费者需求。

13.4 智慧营销趋势展望

13.4.1 技术催生营销新时代——以人工智能（AI）为例

技术社会的演进历程可以分为以下几个重要阶段：

(1) 新石器时代　这是人类技术的起始阶段，从距今大约1万年前持续到5000年前。在这个阶段，人类学会了使用和制作简单的工具和武器，如石斧和陶器。这些技术的出现极大地提高了人类的生存能力。

(2) 机械时代　这个阶段从距今大约7000年前开始，一直持续到18世纪中叶。在这个时期，人类开始使用机械动力，如水车和风车。这些技术的发展推动了农业生产的效率和社会结构的变革。

(3) 能源驱动时代　始于18世纪初，至今仍在进行中。这个阶段以蒸汽机和电力的发明为标志，引发了工业革命，人类社会从此进入了现代化的工业社会。这个时期的技术进步包括纺织机械、铁路、电话等，极大地改变了人类的生产和生活方式。

(4) 智能制造时代　这个阶段从21世纪初开始，也被称为"工业4.0"。在这个阶段，信息技术、互联网、人工智能和机器人技术等开始广泛应用于生产和生活中，推动了社会的数字化和智能化转型。

(5) 赛博格时代　虽然这个阶段的具体含义与前景尚不明朗，但已经有迹象表明它将是技术发展的下一个方向。这可能涉及人类与机器的深度融合，以及生物技术、纳米技术等前沿科技的应用。

下面以人工智能技术为例，说明人工智能技术对未来营销"生态圈"的影响。

人工智能是计算机科学的一个分支，它企图了解智能的实质。人们运用人工智能技术生产出一种能以与人类智能相似的方式做出反应的智能机器。人工智能领域的研究包括机器人、语言识别、图像识别、自然语言处理和专家系统等。

人工智能经历了起起落落、螺旋状向上的发展。截至目前，人工智能取得的骄人成绩包括：商汤科技的人脸识别准确度接近99%，百度的语音识别准确率达到98%，围棋高手AlphaGo战胜了传奇围棋选手李世石等。

丰田公司推出的未来旗舰氢能源汽车Mirai的目标顾客群体是科学"怪客"和"大咖"潮人。为了迎合这些有个性的顾客的心理，丰田公司和盛世长城颠覆了传统广告，为不同的人群量身定做不同风格的广告。为了达到更好的营销效果，盛世长城洛杉矶办公室请来了IBM的沃森（机器人）亲自为丰田操刀制作广告。由沃森制作的广告以"千言万语就是没毛病"（Thousands of Ways to Say Yes）为主题，上千条人工智能广告在Facebook进行投放后吸引了很多人的目光，从而使丰田Mirai汽车的知名度大大提高，是一次较为成功的人工智能营销。

沃森仅用了两个半月就完成了以常规方式两三年才能构想出的创新文案。沃森参考最初的 50 条文案，通过自然语言处理和深度学习的方法，以维基百科和 YouTube 上的视频为训练集构建神经网络，学习如何创作文案。虽然每条文案在发布之前还需要人工检查，但这已经使人类一个根深蒂固的信念——创意为人类所独有，是人工智能不能触碰的领域被动摇。

现阶段人工智能处于弱人工智能时代——专注于单个方面的人工智能应用。但是随着人工智能技术的发展，会迎来通用人工智能时代——在各方面都能和人类比肩的人工智能，以及最终强大的超人工智能时代。那时的人工智能在几乎所有领域都比人类大脑更聪明，包括科学创新、通识和社交技能。营销是为了更好地满足消费者的需求，所以需要洞察消费者的心理。处于弱人工智能时代，人工智能主要作为辅助创意生成的工具，落地场景比较具体。但是未来人工智能在营销方面的前景十分可观，必将带来重大突破，颠覆整个营销产业圈，有的企业已经走在了前列，以下就是几个例子。

1) Salesforce 公司在 2017 年 7 月，发布了名为"爱因斯坦 AI 平台"的三项认知服务，包括情感检测、意图检测及对象检测。情感检测支持企业通过分析邮件中的文本信息和社交媒体内容判断顾客的情感，并据此判断出顾客对产品的质量和服务是否满意。企业一旦收到负面情感提醒，就可以通知相关人员给有负面情绪的顾客提供更多的帮助。意图检测可以从顾客的表达中识别与理解顾客的意图，自动对顾客查询按意向进行分类，从而使企业可以据此发起个性化的营销。对象检测让企业可以通过训练模型来识别图像中的物体大小、位置及数量，从而自动完成库存管理。

2) HubSpot 在人工智能的应用中快速跟进，发布了应用于营销领域的应答机器人 Growth Bot，让用户可以不用谷歌就能直接获得与品牌有关的信息。Growth Bot 通过一个对话界面提供对相关数据和服务的访问权限，从而帮助营销人员和销售人员提高工作效率。借助 Growth Bot，营销人员可以在创建内容、研究竞争对手和监控分析方面获得帮助。

3) 美国最大的汽车媒体 Edmunds 通过并购建成了即时通信导购机器人，并提供给超过 7000 家经销商。顾客向 Edmunds 发起询问，机器人会给不同的顾客提供个性化的建议，顾客几乎感知不到自己是在跟一个机器而非真人对话。机器人经过与顾客多轮对话，可以掌握顾客的需求，然后根据 Edmunds 的库存情况为顾客推荐合适的车辆和附近的经销商。

4) 小米发布"4M"智能营销体系，其目的就是要通过场景的感知捕获消费者的需求，通过大数据技术实现精准的匹配，用最优的媒体表现，在最佳时刻触达消费者，最后带来更可靠的实效衡量。

通过上述四个公司的例子可以看出，在营销领域运用人工智能技术将成为新的趋势，不仅可以节约人力和物力成本，还可以提高营销的精准度，优化营销效果。

人工智能的应用将解决相关性、即时性和个性化的问题。数据挖掘和神经网络能够帮助了解顾客并研发产品，算法和机器人帮助即时投放广告，自然语言处理和语音交互帮助有针对性地服务顾客。

在过去的几年中，数字营销的每一次重大突破都被人工智能影响甚至主导。未来，人工智能在营销中的应用将涉及销售数据收集、营销优化、顾客洞察、售后服务、机器人虚拟助手、决策系统、内容生产、智能搜索界面和品牌建设等方面。

据此，我们可以设想，在未来的营销中，人工智能将取代媒体和社交网络作为企业和顾客之间的媒介，企业和顾客的互动将真正实现一对一的沟通和个性化的服务，具体体现在以下五个方面。

1）人工智能视觉检测系统助推场景化营销。现在已进入读图时代，顾客在发布图像信息时，并不总是直接提及品牌和产品的名字。醒目的标识和产品造型更易于识别，且有助于消除图像信息产生的歧义。同时，图像中还经常有意无意地展现消费场景，如包含了消费场所、消费情景、与其他产品的关联消费等信息。因此，图像已经成为企业信息传播、情感表达、品牌曝光等互联网营销最重要的形式。视觉检测系统应用于数字营销领域能够为企业带来真实的商业价值。视觉检测系统采集全网图片，对图像进行标注，经过神经网络学习得到识别模型，机器能够实现自动判别，找到互联网中所有的提及某一产品、品牌和企业的相关数据，通过图像检测和后续数据分析构建适合产品的消费场景。

一方面，视觉监测系统通过分析顾客的购买场景，帮助企业挖掘图像中的潜在商业机会和顾客的消费意愿，加深企业对顾客的理解；另一方面，视觉监测系统通过图像识别找到众多KOL发布的图片。这些图片包含品牌信息，从而使企业快速找到线索，通过转发、评论、合作等多种形式吸引更大规模的消费者群体。

2）人工智能助力广告效果评估。传统的采用人力进行广告投放效果的测评，缺点是监测效率低、人力成本高、监测维度单一、数据价值没有获得充分挖掘。使用人工智能技术则无须大量人力的投入，能够进行实时监测，充分挖掘数据，且通过深度学习模型分析数据，能得到更好的营销效果。

3）人工智能精准预测广告点击率（CTR）。很多在线广告在用户点击的情况下才会向平台付费。预测CTR成为人工智能应用的一个重要方向，CTR精准度的测量对于广告决策和效果十分重要。谷歌和微软在人工智能预测CTR方面深耕已久，可以较为精准地预测顾客的想法和点击行为。这将带来两个方面的结果：对顾客来说，可以用更短的时间找到合适的产品；对企业来说，可以更快地接近目标用户群体，更好地向顾客推销产品。

微软必应搜索部门发布的一项研究报告指出，某种产品提高0.1%的预测精准度，就能产生数亿美元的额外收入。目前，微软、谷歌、阿里巴巴都利用深度学习来预测CTR，收获颇丰。这自然也吸引了资本对人工智能领域的投资兴趣。谷歌CEO桑达尔·皮查伊曾对公司战略进行了重大调整，即从"移动优先"转向"AI优先"。谷歌纽约办事处的研究人员曾发表一篇论文,称其成功开发了一个新的深度学习系统,此系统可用于预测 CTR,从而进一步增加广告营收。作者在这篇论文中指出,一家拥有大规模用户基础的公司,只需要"一个小的改进"就能大大增加收入。同时,该方法还能够击败其他系统,减少开发和运算的压力,而这种方法正是利用了人工智能技术。

4)人工智能定制个性化营销。个性化营销需要做到名单具体到个人、需求精准到个人、产品吸引力针对个人,以及打动人心的营销创意针对个人。目前,要想做到这些尚有些困难,但是未来依靠人工智能有望达到这些要求,对人工智能进行运用的能力将成为新的竞争门槛。

目前,人工智能还处于感知阶段,未来将达到认知阶段。例如,微软小冰写的诗集,机器人写的小说,沃森为丰田做的文案广告。虽然创意是人类区别于其他生物的特质,但是人工智能闯入营销创意领域不见得就是一件坏事。未来人工智能有望写出更多的营销文案,伴随着算法模型的逐渐精准化,以后人工智能是否可以设计出更优化的投放方案也未可知。而且,人工智能创作营销方案还有一个重要的优点,就是可以根据每个顾客的特质做出符合其个人品位的文案策划作品,实现个性化制作,即对于同一件产品,每个人看到的营销方案都不同。

另外,人工智能具有一定的学习能力,可以通过采集的数据对顾客可能产生的反应做出预测评估,进而个性化地选取会让顾客产生积极反应的方式,自动生成广告,并将广告进行个性化定向投放,大大提高了营销的精准度。

案例

Video++

Video++是定位于"专注于消费级视频领域"的人工智能科技公司,于 2017 年推出两大旗舰产品——"视频 AI 应用系统"和"内容电商系统"。Video++利用视频识别技术让机器拥有人的思维,通过对视频进行分析,可以识别出明星、品牌、场景等信息标签,再通过大数据技术将标签化信息与用户画像自动匹配。同时,用户在观看视频时看到感兴趣的产品,可以直接点击并把物品加入购物车,不用跳转就可以完成视频直播等特定 IP 衍生品的购买。在场景中通过互动广告和视频电商实现变现的同时增强了与用户的互动。

除了 Video++布局"营销+AI",国内互联网公司也开始纷纷发力,例如,京东和百度携手推出"京度计划",强强联手,深耕大数据。百度的用户画像数据和京东的购物车、订单等各级电商数据,将产生 1+1>2 的数据能力。在用户端,双方的重叠用户将享受更加完美的升级体验;在商户端,百度提供的人工智能技术将对整合后的数据进行分析,用于完善现有的合作模型,从而大大提升京东及其商户在百度投放广告的效果。

深知科技推出的"深钻"作为国内首个全自动化的人工智能营销平台,是主要针对淘宝图片类广告位竞价的投放平台——钻展开发的投放工具,在"营销+人工智能"方面已经取得了不错的实践成果。

据深知科技 CEO 陈辉介绍,传统的淘宝钻展推广方式十分复杂,投放人员面临 3000 万种不同的"定向+创意+广告位+出价"组合,需要凭经验和市场进行判断,管理困难、效率低、容易浪费预算,且投放效果不稳定。

针对传统广告投放面临的困境,深知科技的解决方案是基于深度学习和强化学习的自主决策,可以将优化时间从几周减少到几个小时,模型可以做到 15min 迭代一次。在实际的验证中,点击率(CTR)提升了七倍,投资回报率(ROI)提升了两倍。同时,深知科技利用精准定向和迁移学习技术解决数据缺乏的问题。机器可以自动对比类似的店铺,通过行业数据和跨店铺的迁移学习,即使在数据不足的情况下,仍能得到较好的初始模型。由于深知科技的模型可以做到 15min 迭代一次,因此数据较少的店铺也可以快速找到适合自己的模型,从而提升投放的效率与效果。

此外,深知科技解决了全站的私域互联网"自动登录"问题,机器人可以自动登录并接入第三方平台账号(如钻展的后台账号),自动控制 App、Web、电话系统和微信,并无缝对接到深知自研的机器学习平台,完成人能够完成的操作,从而使人的工作量减少,提高了工作的效率,并且以上操作都无须广告平台提供开放接口。

(资料参考:Video++视频 AI 应用系统,将人工智能与视频结合-搜狐网 https://m.sohu.com/a/168825330_179850?_trans_=010004_pcwzy。)

13.4.2 以人为本,注重深度体验——以 VR/AR 技术为例

未来的智慧营销将更加注重以人为本和个体的深度体验,这意味着营销策略将更加关注消费者的需求、偏好和情感,通过数据分析和个性化推荐来提供定制化的产品和服务。随着技术的进步,如虚拟现实(VR)、增强现实(AR)和物联网(IoT)等,企业将能够创造更具互动性和沉浸感的体验,使消费者能够更深入地参与并感受品牌的价值。这种以消费者为中心的营销方式不仅能够提高客户满意度和忠诚度,还能够提升品牌形象和增强竞争力。下面以 VR 技术为例,说明 VR 技术带来的丰富的产品体验。

VR 技术又称灵境技术,是 20 世纪发展起来的一项全新的实用技术。VR 技术集计算机、电子信息、仿真技术于一体,其基本实现方式是计算机模拟虚拟环境为人们带来环境沉浸感。

艾瑞咨询发布的《中国虚拟现实(VR)行业研究报告》显示,2016 年中国 VR 市场规模为 34.6 亿元,2019 年是消费级内容市场的一个转折点,行业内主要的内容制作商开始盈利。2021 年,全球 AR/VR 总投资规模接近 146.7 亿美元,并有望在 2026 年增

至 747.3 亿美元，五年复合增长率（CAGR）将达 38.5%。

VR 技术发展得越来越成熟，已经逐渐从应用较为广泛的游戏领域拓展到更大范围的生活应用领域，为广告营销、网上购物、艺术展览、教育、旅游、医疗等行业的顾客带来全新的互动体验。

VR 技术的应用将颠覆传统的营销，用更高效和互动的方式呈现产品，优化购物体验。例如，当顾客想要试穿一件衣服时，无须排队等候与更换试穿，只要站在试衣镜前，商家便可利用 VR 技术自动收集顾客的身材尺码等信息，并将顾客选定的衣服模拟穿在顾客身上，这样就使顾客省去了排队的时间和换衣服的麻烦，商家也可以获取顾客更细致的数据以便更精准地营销。这种轻松简单的购物模式，实现了顾客与商家的双赢，必然会得到市场的青睐。

未来，房地产开发商和室内设计师可以通过 VR 技术创建虚拟的空间模型，顾客可以根据此模型决定是否要购买。买家佩戴 VR 设备后可以立即看到每个房间的布局、风格和室内设计，甚至还可以看到每个房间中陈列的家具。VR、AR 和其他新技术的出现，为想要摆脱过去的商业模式的零售商提供了改变的策略和全新的与潜在顾客沟通的方式。以前只有在科幻电影中才可能出现的场景成为现实，让顾客获得更加真切的购物体验。

黑晶为海尔空调制定 VR 虚拟方案

海尔集团是世界白色家电第一品牌、中国最具价值品牌。海尔在全球设立了 10 大研发中心、71 个研究院、35 个工业国、143 个制造中心和 23 万个销售网络，是一家大规模的跨国企业集团。

黑晶，是国内一家专注于 AR、VR 及体感互动技术研发应用的公司，其为海尔集团定制了"海尔空调 VR 虚拟方案"。体验者戴上 VR 头盔，将以时间为轴开启"海尔全屋的一天"的虚拟之旅。在 $250m^2$ 的虚拟生活场景中，用户可以自由漫游，了解场景中海尔空调的功能和技术点，同时参与空调的调控操作，在互动娱乐的过程中了解海尔空调的各项功能。以其中五个场景为例。

(1) 厨房场景 利用 3D 建模技术还原了一个真实的厨房环境，并模拟了烹饪过程中产生的油烟问题。用户可以通过手柄操作来模拟炒菜动作，而空调则释放出形象化的"蓝风"，直观地展示其多重油烟隔离和自动清洁功能，有效解决厨房的油烟问题。这种交互方式使用户能够轻松理解并感受海尔空调所带来的生活便利。

(2) 卧室场景 在此场景中，焦点集中在海尔空调的"新风自洁净"和"热交换预处理"技术上。黑晶科技模拟了早晨起床时室内二氧化碳浓度过高的情况。用户可以在 VR 中看到具象化的二氧化碳被绿色光带代表的清新空气所替代，从而直观地感受到空调新风系统的效果。

（3）婴儿房场景　用户可以全方位查看婴儿房，并通过 UI 交互启动空调组件，监控室内温度。通过语音提示，用户可以了解到海尔空调提供的"凉而不冷，轻柔如羽毛"的舒适体验，从而更有效地吸引消费者。

（4）客厅场景　通过 3D 建模和 UI 设计，此场景全面展示了产品的外观和功能，特别是独有的"3D 送风"和"自清洁系统"。用户可以从第一视角观察和体验各项功能，辅以语音讲解，突出新功能的优势。

（5）衣帽间场景　通过蓝色光圈 UI 交互和语音提示，用户可以详细了解空调的"除湿不降温"功能，保护衣物和箱包不受潮湿影响。为了确保用户对产品的兴趣和注意力，黑晶科技采用了一种创新的互动方式——"海尔 VR 游戏"。用户戴上 VR 头盔后，进入健康生活馆，在虚拟助手"小海"的指导下，如同在玩一款端游或手游一般体验海尔家用空调。通过完成各种任务和收集徽章，用户不仅能够享受 VR 带来的沉浸式乐趣，还能更加集中地关注海尔空调的功能和技术。每个场景中的交互点都独具特色，增加了游戏的趣味性，激发用户的探索欲望，并引导他们按照设计的逻辑完成一系列体验。在完成任务的同时，用户也在不知不觉中深入了解了海尔空调的各种功能、技术和优势。

这种虚拟的场景化体验和趣味互动的 VR 沉浸式营销策略，不仅刺激了用户的感官，调动了他们的情绪，而且赋予了用户主动权，通过提供富有体验性、互动性和沉浸感的体验，极大地提升了用户对产品的信任度和好感。

（资料参考：https://baijiahao.baidu.com/s?id＝1645219519053874478&wfr＝spider&for＝pc.）

课后思考题

1. 在元宇宙环境中，如何利用虚拟现实（VR）和增强现实（AR）技术提升用户体验和互动性？

2. 解释 ChatGPT 如何与智慧营销相结合，并给出一些实际应用的例子。

3. 针对 ESG 背景下的智慧营销，讨论企业应如何在其营销策略中整合环境可持续性和社会责任，同时保持营销活动的有效性和创造性。

参考文献

[1] 李飞. 营销定位[M]. 北京：经济科学出版社，2013.
[2] 斯考伯，伊斯雷尔. 即将到来的场景时代[M]. 赵乾坤，周宝曜，译. 北京：北京联合出版公司，2014.
[3] 佳讯，秦翕嫣，杨清云，等. 创新还是怀旧？长期品牌管理"悖论"与老品牌市场细分取向：一项来自中国三城市的实证研究[J]. 管理世界，2007(11)：13.
[4] 李雁函. 网络经济时代下的市场营销思维转变[J]. 商场现代化，2017(10)：50-51.
[5] 刘光毅，王启星. 6G 重塑世界[M]. 北京：人民邮电出版社，2021.
[6] 杜刘通，徐晓燕，杜滢，等. 全球 6G 技术产业发展态势[J]. 信息通信技术与政策，2023，49(9)：2-6.
[7] 刘光毅. 中国移动：前瞻 6G 趋势牵手"产学研用"协同创新[J]. 通信世界，2023(13)：11-12.
[8] 陆建峰，王琼，等. 人工智能：智能机器人[M]. 北京：电子工业出版社，2020.
[9] 丁向民. 数字媒体技术导论[M]. 3 版. 北京：清华大学出版社，2021.
[10] 刘歆，刘玲慧. 数字媒体技术基础[M]. 北京：人民邮电出版社，2021.
[11] BORDEN. The concept of the marketing mix[J]. Journal of Advertising Research，1984(2)：7-12.
[12] 史亚光，袁毅. 基于社交网络的信息传播模式探微[J]. 图书馆论坛，2009，29(6)：220-223.
[13] 迈尔-舍恩伯格，库克耶. 大数据时代：生活、工作与思维的大变革[M]. 盛杨燕，周涛，译. 杭州：浙江人民出版社，2013.
[14] 施密特. 体验式营销：如何让顾客对企业和品牌产生感觉感受思维行动联系[M]. 张愉，译. 北京：中国三峡出版社，2001.
[15] 阿姆斯特朗，科特勒. 市场营销学[M]. 赵占波，孙鲁平，译. 北京：机械工业出版社，2019.
[16] 李蔚，牛永革. 创业市场营销[M]. 北京：清华大学出版社，2005.
[17] HELEN K. The Media Handbook：A Complete Guide to Advertising Media Selection，Planning，Research，and Buying[M]. Oxford：Taylor & Francis，2016.
[18] 张辉锋，金韶. 投放精准及理念转型：大数据时代互联网广告的传播逻辑重构[J]. 当代传播，2013(6)：41-43.